Michael Kolberg

Microsoft® Outlook® 2013
auf einen Blick

Michael Kolberg: Microsoft Outlook 2013 auf einen Blick
Copyright © 2013 O'Reilly Verlag GmbH & Co. KG

Kommentare und Fragen können Sie gerne an uns richten:

Microsoft Press Deutschland
Konrad-Zuse-Straße 1
85716 Unterschleißheim
E-Mail: mspressde@oreilly.de

15 14 13 12 11 10 9 8 7 6 5 4 3 2 1
16 15 14 13

ISBN: 978-3-86645-879-6
PDF-ISBN: 978-3-8483-3027-0
EPUB-ISBN: 978-3-8483-0161-4
MOBI-ISBN: 978-3-8483-1163-7

© 2013 O'Reilly Verlag GmbH & Co. KG
Balthasarstraße 81, 50670 Köln
Alle Rechte vorbehalten

Umschlag: Hommer Design GmbH, Haar (www.HommerDesign.com)
Layout, Satz: Robert Ott, München (www.rodesign.de)
Fachlektorat und Korrektorat: Frauke Wilkens, München
Druck: Media-Print Informationstechnologie GmbH, Paderborn

Inhalt

6 **E-Mail-Nachrichten verwalten** **115**

7 **Kontakte verwalten** **145**

8 **Kalender** **175**

9 **Aufgaben** **207**

10   Programmoptionen   **225**

1 Dieses Buch auf einen Blick

Willkommen zu »Microsoft Outlook 2013 auf einen Blick«. Wenn Sie mit einem Minimum an Zeit- und Arbeitsaufwand das Beste aus Outlook 2013 herausholen möchten, halten Sie genau das richtige Buch in Ihren Händen.

Es handelt sich hierbei um ein anschaulich geschriebenes und leicht verständliches Nachschlagewerk, das Ihnen helfen wird, Ihre Arbeit mit diesem Programm schnell und effizient zu bewältigen. Wir haben uns darin auf die Dinge konzentriert, die Sie im täglichen Umgang mit Outlook brauchen können und sie so dargestellt, dass sie leicht zu finden und einfach zu verstehen sind. Meist wird auch nur der jeweils einfachste bzw. der schnellste Weg zur Lösung eines Problems beschrieben. Denn wenn man nur herausfinden will, wie man eine bestimmte Aufgabe mit Outlook in möglichst kurzer Zeit erledigen kann, ist nichts nerviger, als seitenlange Abhandlungen über verschiedene Möglichkeiten lesen zu müssen.

Auf den folgenden Seiten dieses ersten Kapitels zeigen wir Ihnen, wie Sie mit diesem Buch am besten arbeiten, und liefern Ihnen auch einen Überblick über die wichtigsten Neuerungen in Microsoft Outlook 2013.

Für wen dieses Buch ist

Kenntnisse in Outlook 2013 werden nicht vorausgesetzt. Natürlich ist es dienlich, wenn Sie schon einmal mit diesem oder mit einem anderen Microsoft Office-Programm gearbeitet haben; notwendig für das Arbeiten mit diesem Buch ist das aber nicht.

Einige wenige Voraussetzungen sollten Sie aber mitbringen, um mit dem Buch sinnvoll umgehen zu können:

- Sie sollten schon einmal mit dem Computer gearbeitet haben und sich mit der Verwendung von Tastatur und Maus auskennen.

- Sie sollten auch die Grundbegriffe der Arbeit mit dem Betriebssystem Windows kennen: Begriffe wie Laufwerk, Ordner und Dateien sollten Ihnen also geläufig sein. Wenn Sie mit Windows 7 arbeiten, sollten Sie wissen, wie man mit Elementen wie *Startmenü*, *Computer* oder *Desktop* arbeitet. Bei Verwendung von Windows 8 sollten auch die Begriffe *Startseite* und *Apps* keine Fremdwörter für Sie sein.

- Die Mehrzahl der Themen in diesem Buch setzt eine Verbindung des Rechners mit dem Internet voraus. Sie sollten also wissen, wie man eine solche Verbindung bei dem von Ihnen benutzten Betriebssystem herstellt.

Siehe auch

Wenn Sie noch nie mit Outlook gearbeitet haben, erklären Ihnen die Seiten 20 ff. die Grundprinzipien der Arbeit mit diesem Programm.

Der Inhalt im Überblick

In diesem Buch finden Sie in zehn aufgabenbezogenen Kapiteln alle wichtigen Informationen zu Microsoft Outlook 2013 – eben: Wissen auf einen Blick!

- Die folgenden Seiten dieses einführenden Kapitels zeigen Ihnen, wie Sie mit diesem Buch am besten arbeiten und liefern Ihnen auch einen Überblick über die wichtigsten Neuheiten der Version 2013.

- In Kapitel 2 finden Sie einen Überblick über die Programmoberfläche sowie Hinweise zu den einzelnen Programmfunktionen und zu den Werkzeugen der Programmsteuerung.

- Bevor Sie mit der eigentlichen Arbeit des Informationsaustauschs beginnen können, müssen Sie die Konten für die Nachrichtenübermittlung und andere Informationsdienste einrichten. Die betreffenden Arbeiten beschreiben wir in Kapitel 3. Sie können ein oder mehrere unterschiedliche Konten für diverse Zwecke verwenden.

- In Kapitel 4 kommen wir zum ersten und wahrscheinlich wichtigsten Aufgabenbereich des Programms – dem Austausch von E-Mail-Nachrichten. Wir zeigen Ihnen in diesem Kapitel zunächst die Grundlagen im Zusammenhang mit E-Mail: wie man Nachrichten erstellt, versendet, empfängt, darauf antwortet oder sie weiterleitet sowie die wichtigsten Optionen im Rahmen dieser Tätigkeiten.

- Nachdem Sie die Grundlagen des Nachrichtenaustauschs kennengelernt haben, bringen wir Ihnen in Kapitel 5 diverse Feinheiten der Gestaltung von E-Mails näher. Dazu gehören die verschiedenen Nachrichtenformate, die Möglichkeiten zum Bearbeiten von Texten, das Hinzufügen von weiteren Elementen und das Formatieren von Nachrichten.

■ Mit steigendem Nachrichtenaustausch wächst auch die Anzahl der abgelegten Mails. Damit ergibt sich die Notwendigkeit, die Nachrichten – besonders aber die Ablage der empfangenen Nachrichten – verstärkt zu organisieren. Dafür bieten sich sowohl manuelle als auch automatische Techniken mit unterschiedlichen Zielrichtungen an. Meist geht es zunächst darum, im *Posteingang* eine bestimmte Nachricht zu finden. Für die Nachrichtenverwaltung stehen Ihnen aber noch weitere spezielle Optionen zur Verfügung. Darüber und über weitere Möglichkeiten zur Organisation von Outlook-Elementen reden wir in Kapitel 6.

■ Kapitel 7 beschäftigt sich mit einem weiteren Bereich des Programms – der Verwaltung von Kontakten im Bereich *Personen*. Kontakte sind die Personen und Unternehmen, mit denen Sie kommunizieren möchten. Sie können in diesem Bereich für die einzelnen Kontakte mehrere Adressen, Telefon- und Faxnummern, E-Mail-Adressen oder sonstige private oder geschäftliche Informationen übersichtlich in einem Formular aufnehmen. Ganz nach Bedarf können diese Informationen umfassend oder kurz gehalten sein. Beispielsweise können Sie sich bei Geschäftspartnern auf Namen und E-Mail-Adresse beschränken, bei Freunden und Bekannten hingegen ausführlichere Angaben wie Privatadresse, Spitzname, diverse Telefonnummern und den Geburtstag aufnehmen. Diese Datengrundlage hilft Ihnen bei der Kommunikation auf vielfältige Weise.

■ Die Funktionen im Outlook-Bereich *Kalender*, die wir in Kapitel 8 besprechen, helfen Ihnen, Ihre Termine im Auge zu behalten. Sie können sowohl Aktivitäten von kürzerer Dauer als auch ganztägige oder mehrtägige Aktivitäten planen. Ihre Eintragungen im Kalender können nach Tagen, Wochen oder Monaten angeordnet angezeigt werden. Zur Planung von Einzel- oder Gruppenterminen können Sie die freien und gebuchten Zeiten der gewünschten Teilnehmer vergleichen und so einen Zeitpunkt finden, zu dem alle beteiligten Personen verfügbar sind.

■ In Kapitel 9 dreht sich alles um den Outlook-Bereich *Aufgaben*. Sie können in diesem Bereich Aktivitäten – ähnlich wie bei einer handgeschriebenen Aufgabenliste – nachverfolgen. Obwohl Aufgaben nicht unbedingt mit einem Termin verbunden sein müssen, sind sie doch häufig auf einen bestimmten Zeitpunkt datiert. So ähneln die Funktionen im Modul *Aufgaben* denen im Modul *Kalender*.

■ Microsoft Outlook 2013 verfügt – wie alle Microsoft Office-Programme – über eine Vielzahl von Möglichkeiten, die Verhaltensweise des Programms an Ihre Vorstellungen und Wünsche anzupassen. Den Zugang zu diesen Einstellungen finden Sie über den Befehl *Optionen* der Registerkarte *Datei*. Damit Sie das Beste aus Outlook 2013 herausholen können, sollten Sie zumindest die wichtigsten dieser Optionen kennen. Kapitel 10 fasst diese Einstellmöglichkeiten für alle Outlook-Bereiche – *E-Mail*, *Personen*, *Kalender* und *Aufgaben* – zusammen. Einige der hier verfügbaren Optionen betreffen nicht nur Outlook, sondern mehrere oder alle installierten Office 2013-Programme.

■ Auf den letzten Seiten des Buches finden Sie ein ausführliches Stichwortverzeichnis, das Ihnen beim Suchen nach bestimmten Begriffen hilft.

Arbeiten mit diesem Buch

Machen Sie sich vor dem Verwenden dieses Buches mit seinen wesentlichen Elementen vertraut, damit Sie seine Vorzüge für Ihre Arbeit mit dem Programm Microsoft Outlook 2013 nutzen können. Fast alle Seiten in diesem Buch weisen dieselbe klare Struktur auf. Wenn Sie diese Form des Aufbaus jetzt gleich verinnerlichen, wird Ihre Arbeit schnell vorangehen.

① Outlook 2013 starten

Wie Sie Microsoft Outlook starten, hängt vom verwendeten Betriebssystem – Windows 8 oder Windows 7 – ab. Aber auch innerhalb eines Betriebssystems gibt es verschiedene Möglichkeiten. Sie sollten diese Alternativen kennen, um die für Sie jeweils bequemste benutzen zu können. Bei beiden Betriebssystemen lässt sich Outlook z.B. sowohl über die Startseite bzw. das Startmenü als auch über eine Verknüpfung in der Taskleiste des Desktops bzw. auf dem Desktop starten; eine solche Verknüpfung müssen Sie jedoch zuerst anlegen.

Outlook über die Windows 8-Startseite starten

① Sorgen Sie dafür, dass auf der Startseite die Gruppe mit den Kacheln für Microsoft Office 2013 angezeigt wird.

② Klicken Sie auf die Kachel *Outlook 2013*. Windows 8 wechselt zum Desktop, Outlook wird geöffnet und der Posteingang wird angezeigt.

Tipp ✔

Wenn Sie Windows 8 mit der Maus bedienen, verwenden Sie die Bildlaufleiste am unteren Rand der Startseite, um die Kacheln für weitere installierte Programme und Apps sichtbar zu machen.

Gewusst wie 🖱

Um unter Windows 8 eine Verknüpfung zu Outlook in der Taskleiste des Desktops zu erstellen, klicken Sie auf der Startseite mit der rechten Maustaste auf die Kachel *Outlook 2013* und in der daraufhin am unteren Bildschirmrand angezeigten Befehlsleiste auf *An Taskleiste anheften*. Nach dem Wechsel zum Desktop können Sie Outlook ab jetzt über das entsprechende Symbol in der Taskleiste starten.

18 Outlook 2013 starten

Die Grundstruktur

(1) Jede Seite oder Doppelseite beginnt mit einer Überschrift, die einen Themenkreis beschreibt. Beispielsweise finden Sie in Kapitel 2 einen Themenkreis mit dem Titel »Outlook 2013 starten«.

(2) Unterhalb einer solchen Überschrift finden Sie eine kurze Einführung in das jeweilige Thema. Lesen Sie diese zuerst durch, damit Sie wissen, worum es auf der jeweiligen Seite oder Doppelseite geht.

(3) Zu jedem Themenkreis gehören mehrere mögliche Aufgaben – wenn wir beispielsweise über »Outlook 2013 starten« reden, müssen wir u.a. auf »Outlook über die Windows 8-Startseite starten« eingehen.

(4) Wie man konkret vorgeht, um die jeweilige Aufgabe durchzuführen, wird in der Schritt-für-Schritt-Anleitung darunter beschrieben. Die Reihenfolge der Schritte ist in der Regel wichtig. Führen Sie sie in der angegebenen Reihenfolge durch.

(5) Damit Sie wissen, welche Stellen auf dem Bildschirm Sie zum Durchführen dieser Schritte ansteuern müssen, finden Sie auf den Seiten mehrere Bildschirmabbildungen. Die Marken mit den Zahlen daran zeigen Ihnen, auf welches Bildschirmelement sich die genannten Schritte beziehen.

Weitere Elemente

■ Hinweiskästchen mit der Überschrift »Tipp«, »Achtung« oder »Gewusst wie« sagen Ihnen, was Sie noch zusätzlich beachten müssen, sollen oder können. Wichtig ist hier besonders der Hinweis »Achtung«.

■ Wenn ein Thema an einer anderen Stelle im Buch eingehender besprochen wird, finden Sie auch dazu Verweise mit der entsprechenden Seitenzahl in einem Kästchen mit der Überschrift »Siehe auch«. Schlagen Sie bei Bedarf dort nach.

■ Auf einigen Seiten finden Sie auch Angaben zu den Tasten, die Sie drücken müssen, um eine Aktion durchzuführen – wie etwa Eingabe. Wenn zwei Tastenbezeichnungen mit einem Pluszeichen verbunden sind – wie etwa Strg+C –, müssen Sie die beiden Tasten gleichzeitig drücken.

■ Eine kursive Darstellung zeigt Ihnen, dass es sich bei diesem Begriff um ein Element handelt, das Sie auch auf Ihrem Bildschirm wiederfinden.

Neuheiten in Outlook 2013

Wie jede Generation der Programme des Microsoft Office-Pakets verfügt auch die Version 2013 über eine Vielzahl von Neuerungen; mit einigen dieser Neuheiten wollen wir Sie im Folgenden kurz bekannt machen. Zunächst fällt Kennern vorheriger Versionen des Programms natürlich die Neugestaltung der Oberfläche auf. Nicht ganz so offensichtlich, aber deutlich spürbar: Dank der neuen und verbesserten Funktionen können Sie nicht nur Informationen schneller auffinden und Ihre E-Mails effizienter verwalten, sondern auch Zeitpläne effektiver koordinieren und Ihre Kontaktdaten sowie Aktivitäten in sozialen Netzwerken von einer zentralen Stelle aus auf dem Laufenden halten.

Die Registerkarte »Datei« und die Backstage-Ansicht

Die Registerkarte *Datei* wurde neu organisiert. Sie beinhaltet zwar weiterhin die Funktionen der sogenannten Backstage-Ansicht, die zum Verwalten von dateispezifischen Daten und Einstellungen dienen, verfügt aber auch über neue Inhalte. Beispielsweise fasst die neue Kategorie *Office-Konto* Benutzer- und Produktinformationen zusammen. Nach Aktivieren dieser Registerkarte werden die restlichen Oberflächenelemente von Outlook ausgeblendet und erst wieder angezeigt, nachdem Sie die Backstage-Ansicht durch Klicken auf die Schaltfläche mit dem nach links weisenden Pfeil geschlossen haben.

Touchscreen-Unterstützung

Nachdem Office 2013 für die Verwendung auf Tablet-PCs optimiert wurde, gibt es für den komfortablen Einsatz auf solchen Geräten bei allen Office-Programmen einen speziellen Modus für die Befehlseingabe mit den Fingern bzw. dem Stift. In diesem Modus werden die Schaltflächen im Menüband sowie andere Bedienelemente etwas größer dargestellt, um die Bedienung mit den Fingern zu erleichtern.

Siehe auch

Mehr zur Registerkarte *Datei* finden Sie auf Seite 28 f. Mehr zum Fingereingabemodus lesen Sie auf Seite 26 f.

Die neue Navigationsleiste

Die oberhalb der Statusleiste angeordnete Navigationsleiste – mit der Sie schnell zwischen den Outlook-Modulen *E-Mail*, *Kalender*, *Personen* und *Aufgaben* wechseln können – besteht standardmäßig aus größeren Schaltflächen, sodass man leichter auf die einzelnen Outlook-Hauptbereiche zugreifen kann.

Schneller Überblick über wichtige Dinge

In den verschiedenen Modulen können nun die wichtigsten Informationen aus den anderen Bereichen auf einen Blick eingeblendet werden. Wenn Sie den Mauszeiger in der Navigationsleiste auf eine Bereichsbezeichnung bewegen, erscheint ein Popupfenster, in dem jeweils die wichtigsten Informationen zu diesem Bereich enthalten sind. Wenn der Mauszeiger beispielsweise auf *Aufgaben* ruht, werden die anstehenden Aufgaben angezeigt – direkt in Ihrem aktuellen Arbeitsbereich. Sie müssen kein separates Fenster mehr öffnen.

Umfangreiche Suchfunktionen

Mit einer verbesserten Suche finden Sie E-Mails, Dateianhänge, Kalendereinträge und Kontaktinformationen noch leichter. Das Programm verfügt über eine kontextbezogene Registerkarte, die umfangreiche Suchfunktionen beinhaltet. Diese Registerkarte wird angezeigt, sobald Sie die Suche beginnen, indem Sie mit der Maus in das ... *durchsuchen*-Feld klicken. Über die Befehle auf dieser Registerkarte können Sie festlegen, wo gesucht werden soll, die Suche verfeinern sowie weitere Optionen festlegen.

Exchange ActiveSync-Unterstützung

Sie können Outlook jetzt direkt mit einem Exchange ActiveSync-Konto verknüpfen. Mit dieser neuen Funktion werden nun auch Kontakte und der Kalender synchronisiert.

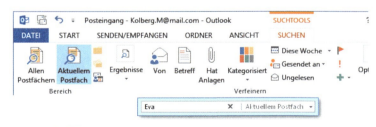

Siehe auch

Details zu den Suchfunktionen finden Sie auf Seite 134 ff. Über die Einrichtung eines Exchange ActiveSync-Kontos erfahren Sie mehr auf Seite 44.

Verbindung zu sozialen Netzwerken

Die Möglichkeit der Verbindung zu sozialen Netzwerken – wie Facebook, LinkedIn usw. – ist direkt in Office 2013 integriert. Wenn Sie solche Verbindungen einrichten, werden Ihnen automatisch die neuesten Benachrichtigungen und Statusaktualisierungen für die Personen angezeigt, mit denen Sie über Outlook kommunizieren.

Neue Ansichten für Personeninformationen

Der Outlook-Bereich *Personen* – früher *Kontakte* genannt – verfügt über verbesserte Ansichten, die die Vorteile von besserer Übersicht und umfangreicherer Anzeige in sich vereinen.

Siehe auch

Diese *Personen*-Ansichten sind Thema der Seiten 150 f.

Mehr Schaltflächen für schnelle Aktionen

In vielen Bereichen finden Sie zusätzliche Schaltflächen, die ein schnelles Reagieren auf neue Informationen vereinfachen. Beispielsweise sind im Ansichtsbereich der E-Mail-Nachrichten die Schaltflächen *Alle* und *Gelesen* verfügbar, mit deren Hilfe Sie schnell festlegen können, was angezeigt werden soll; und im Lesebereich finden Sie die Schaltflächen *Antworten*, *Allen antworten* und *Weiterleiten*.

Anzeige der Wetterbedingungen

Neu ist auch die Integration der Informationen zu aktuellen Wetterbedingungen sowie der Vorhersage in der Kalenderansicht. Damit können beispielsweise Outdooraktivitäten leichter direkt aus Outlook heraus geplant werden.

Siehe auch

Hinweise zur Integration der Informationen aus sozialen Netzwerken finden Sie auf den Seiten 56 f. und 172.

2 Outlook 2013 kennenlernen

In diesem ersten Arbeitskapitel werden wir Sie mit den Basics von Microsoft Outlook 2013 vertraut machen. Dabei geht es zum einen um Standardaufgaben – wie das Starten des Programms, die Gestaltung des Programmfensters, den Zugriff auf die Programmhilfen und das Beenden des Programms. Diese Dinge kennen Sie vielleicht schon von Ihrer Arbeit mit anderen Programmen, denn heutzutage verfügen fast alle Programme über gewisse Ähnlichkeiten bei solchen Grundfunktionen.

Wichtig ist natürlich die Kenntnis der Elemente der Oberfläche von Outlook 2013. Dazu gehört beispielsweise das Arbeiten mit dem Menüband und der Symbolleiste für den Schnellzugriff. Diese beiden Oberflächenelemente bilden bei allen Microsoft Office-Programmen die wichtigste Befehlsschnittstelle und so wollen wir auf diese hier gleich eingehen. Außerdem gibt es bei der Oberfläche von Outlook natürlich einige Besonderheiten, die sich aus der speziellen Aufgabenstellung dieses Programms erklären. Outlook dient zur Kommunikation und das verlangt eine andere Oberfläche als ein Programm für Textverarbeitung oder eines für Tabellenkalkulation. Outlook zeichnet sich auch durch seine spezielle programminterne Ordnerstruktur aus. Damit Sie sich problemlos im Programm zurechtzufinden, machen wir Sie in diesem Grundlagenkapitel auch mit dem Navigationsgrundprinzip von Outlook vertraut.

Outlook 2013 starten

Wie Sie Microsoft Outlook starten, hängt vom verwendeten Betriebssystem – Windows 8 oder Windows 7 – ab. Aber auch innerhalb eines Betriebssystems gibt es verschiedene Möglichkeiten. Sie sollten diese Alternativen kennen, um die für Sie jeweils bequemste benutzen zu können. Bei beiden Betriebssystemen lässt sich Outlook z.B. sowohl über die Startseite bzw. das Startmenü als auch über eine Verknüpfung in der Taskleiste des Desktops bzw. auf dem Desktop starten; eine solche Verknüpfung müssen Sie jedoch zuerst anlegen.

Outlook über die Windows 8-Startseite starten

① Sorgen Sie dafür, dass auf der Startseite die Gruppe mit den Kacheln für Microsoft Office 2013 angezeigt wird.

② Klicken Sie auf die Kachel *Outlook 2013*. Windows 8 wechselt zum Desktop, Outlook wird geöffnet und der Posteingang angezeigt.

Tipp ✓

Wenn Sie Windows 8 mit der Maus bedienen, verwenden Sie die Bildlaufleiste am unteren Rand der Startseite, um die Kacheln für weitere installierte Programme und Apps sichtbar zu machen.

Gewusst wie 🖱

Um unter Windows 8 eine Verknüpfung zu Outlook in der Taskleiste des Desktops zu erstellen, klicken Sie auf der Startseite mit der rechten Maustaste auf die Kachel *Outlook 2013* und in der daraufhin am unteren Bildschirmrand angezeigten Befehlsleiste auf *An Taskleiste anheften*. Nach dem Wechsel zum Desktop können Sie Outlook nun über das entsprechende Symbol in der Taskleiste starten.

Outlook über das Windows 7-Startmenü starten

1 Klicken Sie auf die Schaltfläche *Start* in der Taskleiste.

2 Klicken Sie links unten im Startmenü auf *Alle Programme*, um die installierten Programme anzuzeigen.

3 Klicken Sie auf die Gruppe *Microsoft Office 2013*, um ein Untermenü mit den Namen der auf Ihrem Rechner installierten Microsoft Office-Programme einzublenden.

4 Klicken Sie auf den Eintrag *Outlook 2013*, um das Programm zu starten.

Gewusst wie

Wenn Sie es vorziehen, unter Windows 7 mit Verknüpfungen zum Starten von Outlook zu arbeiten, haben Sie folgende Möglichkeiten: Klicken Sie im Startmenü mit der rechten Maustaste in der Gruppe *Microsoft Office 2013* auf *Outlook 2013*, um das Kontextmenü zu öffnen. Wenn Sie eine feste Verknüpfung im Startmenü erstellen wollen, wählen Sie im Kontextmenü *An Startmenü anheften*. Wenn Sie eine Verknüpfung in der Taskleiste wünschen, wählen Sie im Kontextmenü *An Taskleiste anheften*. Wenn Sie eine Verknüpfung auf dem Desktop anlegen möchten, wählen Sie im Kontextmenü *Senden an/Desktop (Verknüpfung erstellen)*.

Nachdem Sie eine Verknüpfung zu Outlook im Startmenü oder in der Taskleiste angelegt haben, genügt ein einfacher Klick auf das Verknüpfungssymbol, um das Programm zu starten. Zum Starten über eine Verknüpfung auf dem Desktop verwenden Sie einen Doppelklick.

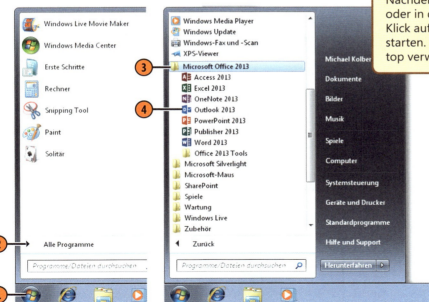

Tipp

Auf den meisten Tastaturen finden Sie links unten zwischen den Tasten Strg und Alt auch eine Taste mit dem Windows-Logo, die Sie unter Windows 7 zum Öffnen des Startmenüs verwenden können.

Die Outlook-Benutzeroberfläche im Überblick

Microsoft Outlook beinhaltet aufgrund seiner speziellen Aufgabenstellung als Anwendung für Kommunikation und Organisation von Daten einige andere Oberflächenelemente als Programme wie beispielsweise Microsoft Word oder Excel. Sie sollten sich mit den wichtigsten Elementen gleich zu Anfang vertraut machen.

Bestandteile des Programmfensters

(1) Oben im Programmfenster befindet sich – wie in allen Microsoft Office-Programmen – das *Menüband*. Die Elemente darin ersetzen die früher in den Menüs angesiedelten Befehle.

(2) Unten links im Fenster, oberhalb der Statusleiste, befindet sich in der Version 2013 die *Navigationsleiste* mit den Schaltflächen *E-Mail*, *Personen*, *Kalender* und *Aufgaben* zum schnellen Zugriff auf die betreffenden Outlook-Module. Klicken Sie auf ein Element in der Leiste, um die zu dem Bereich gehörenden Ordner und Elemente anzuzeigen. Hinter den drei Punkten rechts verbergen sich übrigens noch weitere Outlook-Bereiche.

(3) Wenn Sie den Mauszeiger auf ein Element in der Navigationsleiste bewegen, werden die aktuellen Daten aus diesem Bereich angezeigt – beispielsweise die gerade anstehenden *Aufgaben*.

(4) Oberhalb der Navigationsleiste befindet sich im linken Teil des Programmfensters der *Ordnerbereich*, dessen Elemente sich je nach gewähltem Modul unterscheiden. Haben Sie beispielsweise den Bereich *E-Mail* gewählt, werden hier die verschiedenen programminternen Ordner aufgelistet, in denen die Nachrichten abgelegt sind. Im Ordner *Posteingang* befinden sich beispielsweise standardmäßig die von Ihnen empfangenen Mails.

Wichtig ist zunächst der folgende Punkt: Je nachdem, welchen Programmbereich – also *E-Mail*, *Kalender*, *Personen*, *Aufgaben* usw. – Sie gerade ausgewählt haben, finden sich auf der Programmoberfläche zum Teil unterschiedliche Elemente.

(5) Im zentralen Bereich des Programmfensters werden die Elemente aus dem Outlook-Bereich angezeigt, den Sie gerade in der Navigationsleiste bzw. im Ordnerbereich gewählt hatten. Dieser Hauptbereich ist in mehrere Abschnitte untergliedert, deren Inhalte sich je nach gewähltem Modul bzw. Ordner unterscheiden. Ist gerade das Modul *E-Mail* aktiv, sehen Sie hier die einzelnen Nachrichten, im *Kalender* die einzelnen Termine.

(6) Unten im Fenster wird die *Statusleiste* mit mehreren Elementen angezeigt, deren Bedeutung bei allen Bereichen nahezu identisch ist.

(7) Für Detaileingaben – beispielsweise zum Verfassen einer E-Mail-Nachricht – werden Formulare benutzt. Diese Formulare verfügen über ein eigenes Menüband.

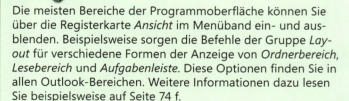

Tipp

Die meisten Bereiche der Programmoberfläche können Sie über die Registerkarte *Ansicht* im Menüband ein- und ausblenden. Beispielsweise sorgen die Befehle der Gruppe *Layout* für verschiedene Formen der Anzeige von *Ordnerbereich*, *Lesebereich* und *Aufgabenleiste*. Diese Optionen finden Sie in allen Outlook-Bereichen. Weitere Informationen dazu lesen Sie beispielsweise auf Seite 74 f.

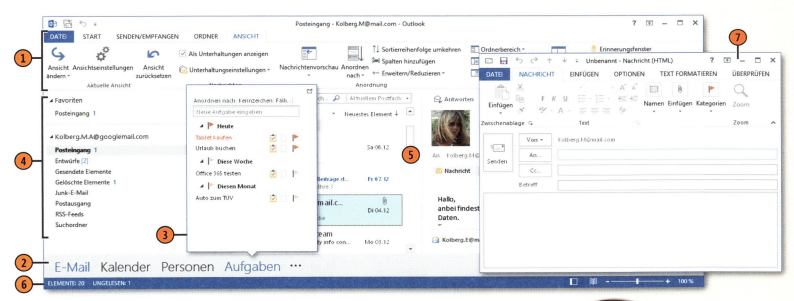

Einige wichtige Elemente in der Statusleiste

ELEMENTE: 20	Links finden Sie in allen Outlook-Bereichen Angaben über die Anzahl der im spezifischen Ordner vorhandenen Elemente oder eine eventuelle Filterung der Anzeige.
UNGELESEN: 2	Daneben werden oft zusätzliche Angaben angezeigt – im Bereich *E-Mail* finden Sie beispielsweise die Anzahl der ungelesenen Nachrichten.
	Zwei Schaltflächen erlauben den Wechsel zwischen dem *Normal-* und den *Leselayoutmodus*. Im *Leselayoutmodus* werden einige Bereiche zugunsten des Lesebereichs ausgeblendet.
	Über den Schieberegler können Sie den Maßstab der Vergrößerung einstellen.
100 %	Ein Klick auf die Prozentangabe öffnet das Dialogfeld *Zoom*, in dem Sie den Darstellungsmaßstab einstellen können.

Siehe auch

Weitere Informationen zur Oberfläche im Outlook-Bereich *E-Mail* finden Sie auf Seite 60 ff., zum Kalender auf Seite 176 ff., zum Personen-Modul auf Seite 146 ff. und zu Aufgaben auf Seite 208 f.

Das Menüband kann in minimierter Form angezeigt werden. Sie können es mit der Maus, im Fall eines Touchscreens mit den Fingern oder mit der Tastatur bedienen; siehe hierzu Seite 22 f.

Das Menüband mit den Befehlen zur Programmsteuerung

Das Menüband stellt die wichtigste Befehlsschnittstelle in allen Programmen der Microsoft Office-Familie dar. Dieses Menüband mit den verschiedenen Registerkarten finden Sie im oberen Bereich des Programmfensters. Jede Registerkarte bezieht sich auf eine Art von Aktivität – beispielsweise enthält die Registerkarte *Senden/Empfangen* im Outlook-Bereich *E-Mail* alle Werkzeuge,

die Sie zum Senden und Empfangen von E-Mail-Nachrichten benötigen. Innerhalb einer Registerkarte sind die einzelnen Elemente in Gruppen zusammengefasst. Innerhalb einer Gruppe finden Sie Schaltflächen für die einzelnen Befehle. Davon gibt es unterschiedliche Typen.

Die Elemente über die Maus ansprechen

① Das Menüband finden Sie zum einen im Programmfenster. Nach dem Öffnen des Programms wird immer die Registerkarte *Start* angezeigt.

② Klicken Sie hier, um beispielsweise die Registerkarte *Senden/Empfangen* anzuzeigen.

③ In Outlook verfügen auch andere Fenster – z.B. E-Mail-Formulare – über ein Menüband.

④ Ein Klick auf eine Schaltfläche startet meist eine bestimmte Aktion. Beispielsweise bewirkt ein Klick auf *Ausschneiden* das Entfernen des vorher markierten Bereichs.

⑤ Bei einigen Schaltflächen im Menüband handelt es sich um Umschalter, die durch Anklicken ein- und ausgeschaltet werden können. Eine unterschiedliche Farbgebung kennzeichnet den jeweiligen Zustand eines Schalters.

⑥ Über andere Befehlsschaltflächen, die mit Dropdownpfeilen ausgestattet sind, werden Listen, Kataloge oder Menüs mit weiteren Befehlen aufgeklappt.

⑦ Wenn Sie die Breite des Fensters verringern, werden die Elemente des Menübands anders angeordnet. Bei einem schmalen Fenster müssen Sie einige Gruppen erst durch einen Klick auf eine Schaltfläche aufklappen.

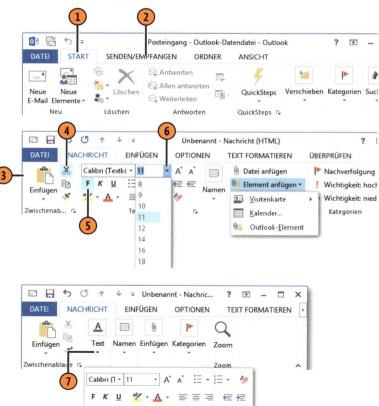

Die Tastatur zur Steuerung verwenden

1 Drücken Sie die Taste Alt und lassen Sie sie wieder los. Die Information zu den Zugriffstasten der obersten Ebene wird angezeigt.

2 Drücken Sie dann die Zugriffstaste für den gewünschten Bereich – beispielsweise T für die Registerkarte *Start*.

3 Je nach gedrückter Taste werden weitere Zugriffstasteninfos angezeigt. Drücken Sie die Taste(n), um den entsprechenden Befehl aufzurufen. In einigen Fällen müssen Sie zwei Tasten nacheinander drücken.

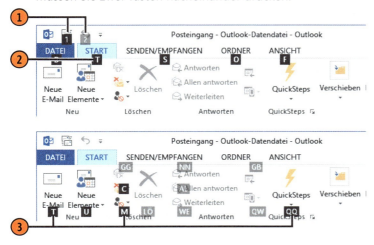

Tipp

Um die Zugriffstasteninfos wieder auszublenden, drücken Sie die Taste Esc.

Das Menüband minimieren

1 Klicken Sie auf die Schaltfläche *Menüband lösen* ganz rechts im Menüband.

2 Die Elemente des Menübands verschwinden bis auf die Namen der Registerkarten. Klicken Sie auf einen solchen Namen, um die Elemente wieder anzuzeigen. Nach der Wahl eines Befehls wird das Menüband wieder minimiert.

Um die Elemente wieder vollständig und permanent anzuzeigen, doppelklicken Sie auf den Namen einer beliebigen Registerkarte.

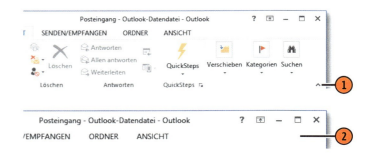

Gewusst wie

Sie können die Form der Anzeige des Menübands auch über die Optionen zur Schaltfläche *Menüband-Anzeigeoptionen* einstellen.

Menüband automatisch ausblenden
Menüband ausblenden. Klicken Sie an den oberen Rand der Anwendung, um es anzuzeigen.

Registerkarten anzeigen
Zeigt nur die Registerkarten an. Tippen Sie auf eine Registerkarte, um die Befehle anzuzeigen.

Registerkarten und Befehle anzeigen
Zeigt die Registerkarten und Befehle des Menübands ständig an

Die Symbolleiste für den Schnellzugriff

Links in der Titelleiste des Programmfensters befindet sich die sogenannte Symbolleiste für den Schnellzugriff. Das ist die einzige aus früheren Office-Versionen übrig gebliebene Symbolleiste. Sie beinhaltet Schaltflächen für Befehle, die Sie wahrscheinlich sehr häufig verwenden werden. Sie können aber auch selbst festlegen, welche Schaltflächen darin angezeigt werden sollen. Wie das Menüband wird die Symbolleiste nicht nur im Hauptfenster des Programms, sondern auch in diversen Formularen – z.B. bei dem zum Verfassen einer neuen Nachricht – angezeigt.

Die Schaltflächen der Symbolleiste

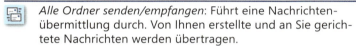 *Alle Ordner senden/empfangen*: Führt eine Nachrichtenübermittlung durch. Von Ihnen erstellte und an Sie gerichtete Nachrichten werden übertragen.

Speichern: Speichert das aktuelle Element.

Rückgängig: Macht einen gerade gewählten Befehl oder eine gerade durchgeführte Eingabe wieder rückgängig.

Wiederherstellen: Stellt einen rückgängig gemachten Befehl oder eine Eingabe wieder her.

Wiederholen: Führt die gerade durchgeführte Aktion nochmals aus.

Vorheriges Element: Zeigt das vorherige Element an – z.B. beim Lesen von geöffneten E-Mail-Nachrichten.

Nächstes Element: Zeigt das nächste Element an – z.B. beim Lesen von geöffneten E-Mail-Nachrichten.

Symbolleiste für den Schnellzugriff anpassen: Erlaubt es, weitere Befehle in der Symbolleiste anzeigen zu lassen.

Tipp ✔

Welche Schaltflächen in der Symbolleiste für den Schnellzugriff angezeigt werden, unterscheidet sich von Fall zu Fall. Beispielsweise finden Sie die Schaltfläche *Speichern* nur im Formular zum Verfassen einer neuen Nachricht.

Die Symbolleiste für den Schnellzugriff anpassen

(1) Klicken Sie auf die Schaltfläche *Symbolleiste für den Schnellzugriff anpassen*. Eine Liste mit Optionen wird geöffnet. Die mit einem Häkchen versehenen Optionen werden in der Symbolleiste angezeigt.

(2) Klicken Sie auf eine Option ohne Häkchen, um die betreffende Schaltfläche in der Symbolleiste für den Schnellzugriff anzuzeigen.

(3) Klicken Sie auf eine Option mit einem Häkchen, um sie aus der Symbolleiste zu entfernen.

(4) Über die Option *Weitere Befehle* können Sie weitere Befehlsschaltflächen in diese Symbolleiste aufnehmen.

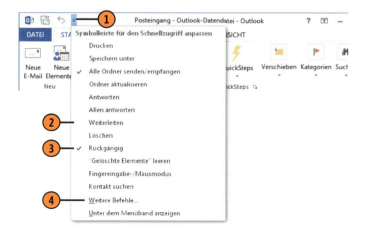

Die Fensterdarstellung regeln

Die Methoden zur Regelung der Fensterdarstellung kennen Sie wahrscheinlich schon: Am rechten Rand der Titelleiste des Programmfensters finden Sie drei – für Windows-Anwendungen typische – Schaltflächen, über die Sie die Darstellung des Fensters regeln und auch das Programm schließen können. Sollte das Outlook-Programmfenster in der Fensterdarstellung den Blick auf

andere Fenster versperren, können Sie es an eine andere Stelle auf dem Bildschirm verschieben oder auch seine Breite und/oder seine Höhe ändern. Innerhalb von Outlook können weitere Fenster, z.B. zum Verfassen einer Nachricht, geöffnet sein, zwischen denen Sie über die Windows-Taskleiste wechseln können.

Größe und Position des verkleinerten Fensters ändern

(1) Zum Ändern der Position eines Fensters auf dem Bildschirm setzen Sie den Mauszeiger auf die Titelleiste und ziehen das Fenster mit gedrückter Maustaste an die neue Position.

(2) Um die Breite zu ändern, setzen Sie den Mauszeiger auf den rechten oder linken Fensterrand und ziehen diesen mit gedrückter Maustaste in die gewünschte Richtung.

(3) Entsprechend können Sie die Höhe des Fensters ändern, indem Sie den oberen oder unteren Fensterrand mit gedrückter Maustaste auf eine neue Größe ziehen.

Verkleinern, Maximieren, Minimieren

—	*Minimieren*: Reduziert das Fenster zum Symbol in der Taskleiste. Ein Klick auf dieses Symbol zeigt den Inhalt wieder an.
☐	*Maximieren*: Schaltet von der Fensterdarstellung auf Vollbilddarstellung um. Damit nutzen Sie den zur Verfügung stehenden Platz voll aus.
❐	*Verkleinern*: Schaltet von der Vollbilddarstellung zur vorher eingestellten Fensterdarstellung um.
✕	*Schließen*: Schließt Microsoft Outlook bzw. das betreffende Fenster, z.B. das Formular zum Verfassen einer Nachricht.

Arbeiten mit dem Touchscreen

Wenn Sie Outlook unter Windows 8 mit einem Touchscreen betreiben, stehen Ihnen die Möglichkeiten zur Interaktion durch *Tippen* und *Streifen* bzw. *Wischen* zur Verfügung. Da Microsoft Office 2013 für die Verwendung auf Geräten mit Touchscreen, wie Tablet-PCs, optimiert wurde, gibt es bei allen Programmen auch einen speziellen Modus für die Eingabe mit Fingern. Im sogenannten Fingereingabemodus werden die Schaltflächen im Menüband sowie andere Bedienelemente größer dargestellt, um die Bedienung mit den Fingern zu erleichtern. Dieser Modus wird über das entsprechende Symbol in der Symbolleiste für den Schnellzugriff ein- und ausgeschaltet (dieses Symbol muss ggf. erst noch in die Leiste eingefügt werden).

Touchscreen-Gesten unter Windows 8

 Tippen: Tippen Sie auf ein Element, um die dem Element zugeordnete Aktion auszuführen. Beispielsweise wird beim Tippen auf ein Programmsymbol das Programm gestartet.

 Gedrückthalten: Lassen Sie den Finger einige Sekunden auf dem Element, werden zusätzliche Informationen angezeigt. Öffnet ein für die ausgeführte Aktion spezifisches Menü. Das ähnelt dem Klicken mit der rechten Maustaste.

 Ziehen zum Scrollen: Ziehen Sie den Finger auf dem Bildschirm, können Sie durch die Elemente auf dem Bildschirm scrollen. Das ähnelt dem Scrollen mithilfe der Bildlaufleisten.

 Ziehen zum Auswählen: Ziehen Sie ein Element ein Stück nach unten, wird das Element ausgewählt. Dadurch werden oft weitere Befehle angezeigt.

 **Zoomen:** Berühren Sie den Bildschirm oder ein Element mit mindestens zwei Fingern und führen Sie dann die Finger zusammen oder spreizen Sie sie, verkleinern bzw. vergrößern Sie die Anzeige.

 Drehen: Setzen Sie mindestens zwei Finger auf ein Element und drehen Sie dann Ihre Hand, wird das Element entsprechend gedreht (dies ist nicht bei allen Elementen möglich).

Bildschirmtastatur anzeigen

(1) Klicken Sie mit der rechten Maustaste auf die Taskleiste des Windows 8-Desktops.

(2) Wählen Sie im Kontextmenü *Symbolleisten/Bildschirmtastatur*, um das Symbol zum Aufruf der Bildschirmtastatur in der Taskleiste anzuzeigen.

(3) Klicken Sie in der Taskleiste auf das Symbol *Bildschirmtastatur*, um die Bildschirmtastatur einzublenden.

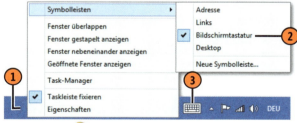

 Achtung

Die Grundprinzipien der Touchscreen-Bedienung entsprechen denen der Arbeit mit der Maus. In diesem Buch gehen wir deshalb nur an wenigen Stellen besonders darauf ein.

Schaltfläche zum Aktivieren des Fingereingabemodus anzeigen

(1) Klicken Sie ganz rechts in der Symbolleiste für den Schnellzugriff auf die Schaltfläche *Symbolleiste für den Schnellzugriff anpassen*. Die in der Liste mit einem Häkchen versehenen Optionen werden in der Symbolleiste angezeigt.

(2) Aktivieren Sie die Option *Fingereingabe-/Mausmodus*, indem Sie darauf klicken.

Nach dem Aktivieren der Option erscheint in der Symbolleiste für den Schnellzugriff eine zusätzliche Schaltfläche mit der Bezeichnung *Fingereingabe-/Mausmodus*.

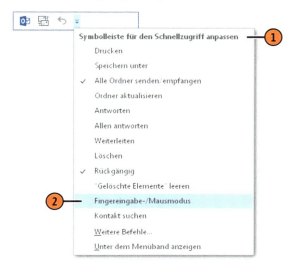

Den Fingereingabemodus ein- und ausschalten

(1) Klicken Sie in der Symbolleiste für den Schnellzugriff auf die Schaltfläche *Fingereingabe-/Mausmodus*, um die Optionen für den Eingabemodus anzuzeigen.

(2) Wählen Sie die Option *Fingereingabe*, wenn Sie das Programm mit den Fingern bedienen wollen. Im Modus *Fingereingabe* werden die Bedienelemente etwas größer und mit größeren Abständen zueinander dargestellt.

(3) Klicken Sie in der Symbolleiste für den Schnellzugriff auf die Schaltfläche *Fingereingabe-/Mausmodus* und wählen Sie *Maus*, um den Fingereingabemodus zu beenden.

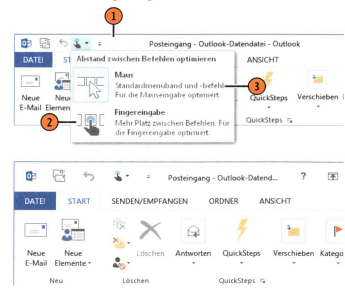

Die Registerkarte »Datei«

Eine Sonderstellung unter den Registerkarten des Menübands nimmt die Registerkarte *Datei* ein. Wenn Sie darauf klicken, wird bei allen Programmen der Microsoft Office-Familie die sogenannte Backstage-Ansicht angezeigt. Diese Ansicht dient zum Verwalten von Dateien, dateispezifischen Daten und Einstellungen. Über diese Registerkarte finden Sie u.a. auch den Zugang zu den Office-Kontoeinstellungen und den Programmoptionen.

Die Backstage-Ansicht anzeigen und ausblenden

① Klicken Sie links im Menüband auf *Datei*, um die Backstage-Ansicht anzuzeigen.

② Die Backstage-Ansicht der Registerkarte *Datei* wird dann als einziges Programmelement angezeigt. Die anderen Elemente der Programmoberfläche – auch das Menüband – sind ausgeblendet.

③ Im linken Bereich der Backstage-Ansicht finden Sie den Navigationsbereich mit mehreren Kategorien.

④ Standardmäßig wird zunächst der Bereich *Informationen* angezeigt. Klicken Sie hier auf den Eintrag der Funktion, zu der Sie Einstellungen vornehmen wollen, und legen Sie diese dann fest.

⑤ Wenn Sie die Backstage-Ansicht wieder verlassen wollen, klicken Sie auf die Schaltfläche mit dem nach links weisenden Pfeil. Anschließend wird wieder die Programmoberfläche mit der vorher aktiven Registerkarte angezeigt.

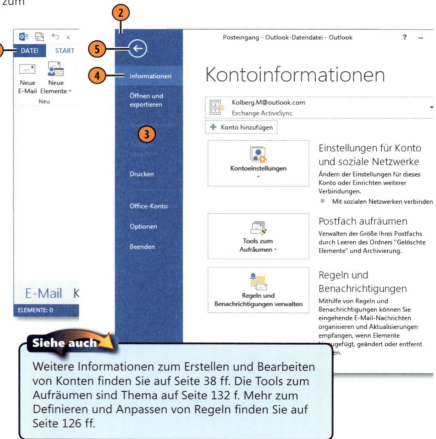

Siehe auch

Weitere Informationen zum Erstellen und Bearbeiten von Konten finden Sie auf Seite 38 ff. Die Tools zum Aufräumen sind Thema auf Seite 132 f. Mehr zum Definieren und Anpassen von Regeln finden Sie auf Seite 126 ff.

Die einzelnen Kategorien der Registerkarte »Datei«

- Im standardmäßig zuerst angezeigten Bereich *Informationen* werden mehrere Daten zusammengefasst. Über *Kontoeinstellungen* haben Sie die Möglichkeit, neue Konten anzulegen und vorhandene zu bearbeiten. Unter *Tools zum Aufräumen* finden Sie mehrere Befehle, die Ihnen beim Organisieren von E-Mail-Nachrichten helfen. *Regeln und Benachrichtigungen verwalten* bietet beispielsweise die Möglichkeit, Konten zu konfigurieren, das Postfach aufzuräumen oder Regeln zur Weiterverarbeitung von Nachrichten zu erstellen.

- Über *Öffnen und Exportieren* können Sie unterschiedliche Outlook-Elemente – wie Kalenderdateien, Datendateien usw. – importieren und exportieren. Diese Befehle benötigen Sie beispielsweise, wenn Sie Ihre Outlook-Daten auf einen anderen Rechner übertragen wollen.

- Mit *Speichern unter* bringen Sie das – wahrscheinlich – bekannte Dialogfeld gleichen Namens auf den Bildschirm. Darüber können Sie ein zuvor markiertes Outlook-Element – beispielsweise eine E-Mail-Nachricht – als separate Datei speichern.

- Über den Bereich *Anlagen speichern* können Sie Anlagen zu Nachrichten beispielsweise auf dem lokalen Rechner speichern. Anlagen sind Dateien, die als Anhang zu einer E-Mail-Nachricht gesendet werden.

- Der Bereich *Drucken* erlaubt es, alle Druckaufgaben – inklusive der für den Ausdruck wichtigen Seiteneinstellungen – von einer zentralen Stelle aus auszuführen. Vorher müssen Sie gegebenenfalls markieren, was Sie drucken wollen. Für die einzelnen Outlook-Elemente gibt es unterschiedliche Formate für den Ausdruck.

- Im Bereich *Office-Konto* finden Sie eine Zusammenfassung mehrerer Informationen zu Ihrem Benutzerkonto, Ihrer Office 2013-Kopie und den Diensten, mit denen Ihr Office 2013 verbunden ist. Sie können darüber auch den Zugang zu weiteren Diensten herstellen.

- Auch die Optionen, mit denen Sie das Programm an Ihre Vorlieben anpassen können, können Sie über den betreffenden Befehl ansprechen. Für die einzelnen Bereiche des Programms gibt es individuelle Einstellungsmöglichkeiten. Einige Optionen gelten jedoch für Outlook oder Office insgesamt.

- Mit einem Klick auf *Beenden* schließen Sie Outlook. Im Allgemeinen geschieht das kommentarlos. Manchmal müssen Sie aber noch zusätzliche Angaben machen.

Siehe auch

Hinweise zum Importieren und Exportieren finden Sie auf Seite 52 ff. Wie man einzelne Outlook-Elemente speichert, erfahren Sie auf der Seite 142. Weitere Informationen zum Speichern von Anlagen gibt es auf Seite 83. Das Drucken von E-Mail-Nachrichten besprechen wir auf Seite 84, den Ausdruck des Kalenders auf Seite 204 f., den Ausdruck der Daten von Personen auf Seite 170 f. und das Drucken von Aufgaben auf Seite 224. Über die Möglichkeiten der Arbeit im Bereich *Office-Konto* lesen Sie auf Seite 30 f. Die Optionen zum Programm besprechen wir in dem separaten Kapitel 10 ab Seite 227. Das Beenden von Outlook wird auf Seite 36 beschrieben.

Office-Kontoeinstellungen

In der Kategorie *Office-Konto* der Registerkarte *Datei* finden Sie eine Zusammenfassung verschiedener Informationen zu Ihrem Benutzerkonto, Ihrer Office 2013-Kopie und den Diensten, mit denen Ihr Office 2013 verbunden ist. Zu diesen Diensten zählen Ihre Konten beispielsweise auf SkyDrive und bei sozialen Netzwerken. Sie können über diese Kategorie Ihre Kontodaten anpassen, das Konto wechseln und auch weitere Dienste hinzufügen.

Einstellungen zum Benutzerkonto, zum Office-Design und zu Diensten anpassen

1. Wählen Sie auf der Registerkarte *Datei* die Kategorie *Office-Konto*.

2. Benutzen Sie die Links unterhalb von *Benutzerinformationen*, um die Angaben zu Ihrem Konto zu ändern oder zu ergänzen. Sie werden über das Internet mit der Profilseite Ihres Kontos verbunden, auf der Sie die Anpassungen durchführen können.

3. Öffnen Sie die Dropdownliste *Office-Hintergrund* und wählen Sie einen Hintergrund aus.

4. Öffnen Sie die Dropdownliste *Office-Design* und wählen Sie ein Design aus.

5. Öffnen Sie das Dropdownmenü zu *Dienst hinzufügen*.

6. Wählen Sie die Art des Dienstes – *Bilder und Videos*, *Speicher* oder *Freigeben*. Die Bedeutung dieser Alternativen wird in der Liste geliefert.

7. Klicken Sie auf den Namen des Dienstes und geben Sie die erforderlichen Angaben zu Ihrem Konto ein.

Konto wechseln

(1) Klicken Sie in der Backstage-Ansicht der Registerkarte *Datei* auf *Konto wechseln*.

(2) Wählen Sie aus, ob die Verbindung zu Ihrem persönlichen Konto oder zu dem Konto einer Organisation hergestellt werden soll.

(3) Geben Sie die mit dem Konto verbundene E-Mail-Adresse und das Kennwort ein.

(4) Klicken Sie auf *Anmelden*. Die Kontoanzeige enthält dann die Daten des neuen Benutzers.

(5) Sind mehrere Konten angelegt, werden diese nach dem Klicken auf *Konto wechseln* aufgelistet. Sie können dann das gewünschte Konto durch einen Klick auf den betreffenden Eintrag auswählen.

(6) Sie können hier auch weitere Konten anlegen; klicken Sie dazu auf *Konto hinzufügen*.

Achtung!

Beachten Sie, dass ein eingestelltes Konto erhalten bleibt und – auch nach einem Neustart – weiterhin aktuell ist. Wenn Sie an einem fremden Rechner Ihre Zugangsdaten eingegeben haben, müssen Sie diese vor dem Beenden der Arbeit entfernen. Klicken Sie dazu wieder auf *Konto wechseln*, markieren Sie Ihr Konto und klicken Sie auf *Abmelden*.

Tipp ✔

Sollten Sie noch nicht über ein Microsoft-Konto verfügen, klicken Sie im Fenster *Microsoft-Konto* auf *Jetzt registrieren* und geben die betreffenden Daten ein.

Die Programmhilfen kennenlernen

In der Outlook-Hilfe können Sie auf verschiedene Arten nach benötigten Informationen suchen – beispielsweise indem Sie durch die einzelnen Ebenen der Hilfe navigieren oder indem Sie die Suchfunktion der Hilfe verwenden.

Die Programmhilfe anzeigen und einstellen

① Klicken Sie auf die Schaltfläche *Microsoft Outlook-Hilfe* rechts oben im Programmfenster oder drücken Sie die Taste F1.

② Das Hilfefenster wird geöffnet. Sie finden in diesem Startfenster verschiedene Angebote mit Links zu Hilfethemen.

③ Klicken Sie auf ein Thema, beispielsweise auf den Link *Hinzufügen eines E-Mail-Kontos*.

④ Der betreffende Artikel wird angezeigt.

⑤ Um das Hilfefenster wieder auszublenden, klicken Sie auf die *Schließen*-Schaltfläche.

Gewusst wie

Wenn Sie im Hilfefenster auf die Pinnnadel rechts oben klicken, wird das Hilfefenster immer im Vordergrund angezeigt – verdeckt also die weiteren geöffneten Fenster. Wenn Sie erneut auf die Pinnnadel klicken, verhält sich das Hilfefenster wieder normal, d.h., es kann von anderen Fenstern überlagert werden.

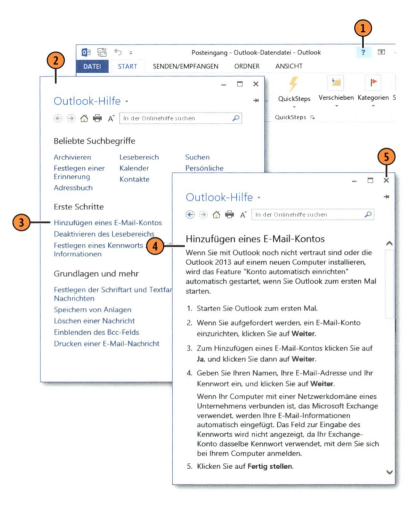

Nach Informationen in der Hilfe suchen

(1) Klicken Sie im Hilfefenster in das Feld für die Suche und geben Sie Stichwörter oder eine Frage ein, z.B. **Wie kann ich ein Konto anlegen?** Natürlich reicht auch eine Kurzform wie **Konto**.

(2) Starten Sie die Suche durch Drücken von Eingabe oder klicken Sie auf das Lupensymbol.

(3) Outlook bietet eine Liste mit Themen an, die zu Ihrer Eingabe passen könnten. Klicken Sie auf ein Thema – beispielsweise auf das Thema *Hinzufügen eines E-Mail-Kontos*.

(4) Der Artikel zu diesem Thema wird angezeigt.

Die Schaltflächen im Hilfefenster

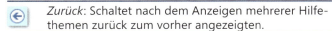	*Zurück*: Schaltet nach dem Anzeigen mehrerer Hilfethemen zurück zum vorher angezeigten.
	Vorwärts: Zeigt nach dem Zurückschalten wieder das vorher angezeigte Hilfethema an.
	Startseite: Zeigt die Startseite – die erste Seite – der Hilfe an.
	Drucken: Druckt das aktuell angezeigte Hilfethema aus.
	Großen Text verwenden: Vergrößert die Darstellung der Schrift im Hilfefenster. Ein weiterer Klick verkleinert die Schrift wieder.

Navigation in den Outlook-Bereichen

Die *Navigationsleiste* – früher als *Outlook-Leiste* bezeichnet – finden Sie bei der Programmversion 2013 links unten im Programmfenster oberhalb der Statusleiste. Sie beinhaltet weiterhin standardmäßig die Elemente *E-Mail*, *Kalender*, *Personen* – früher als *Kontakte* bezeichnet – und *Aufgaben*. Es gibt einige Optionen, über die Sie einstellen können, wie die Elemente angezeigt werden. Über die Leiste haben Sie auch Zugriff auf zwei weitere – seltener genutzte – Bereiche des Programms: den Bereich *Notizen* und den Bereich *Ordner*. Die *Notizen* verwenden Sie – wie beim klassischen Original – dazu, um Fragen, Ideen, Erinnerungen oder beliebige andere kurze Texte schnell zu notieren.

Die Navigationsoptionen

① Klicken Sie mit der rechten Maustaste auf die drei Punkte in der Navigationsleiste.

② Wählen Sie im Kontextmenü die Option *Navigationsoptionen*, um das gleichnamige Dialogfeld anzuzeigen.

③ Die Anzahl der Elemente in der Navigationsleiste können Sie hier festlegen.

④ Die Reihenfolge der in der Navigationsleiste angezeigten Elemente können Sie ändern. Benutzen Sie die beiden Schaltflächen *Nach oben* und *Nach unten*, um die Platzierung des markierten Elements festzulegen.

⑤ Wenn Sie mehr Platz auf dem Bildschirm brauchen, können Sie die Option *Kompaktnavigation* wählen. Damit wird der Ordnerbereich inklusive Navigationsleiste zu einem schmalen Balken verkleinert.

⑥ Sie können auf die standardmäßig nicht angezeigten Outlook-Bereiche auch zugreifen, indem Sie sie im Kontextmenü auswählen.

⑦ Über Aktivieren der Option *Ordner* können Sie z.B. erreichen, dass die Ordnerstruktur des Programms eingeblendet wird.

⑧ Zum Bereich *Notizen* siehe nächste Seite.

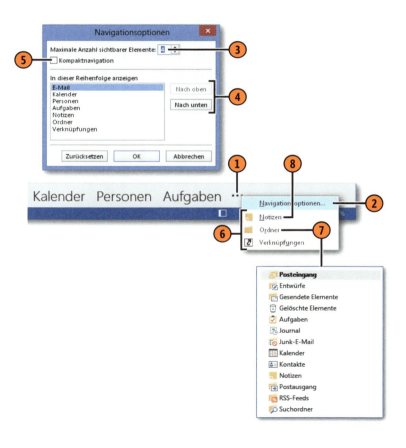

Der Bereich »Notizen«

1. Durch Aktivieren der Option *Notizen* blenden Sie dieses Outlook-Modul ein.

2. Klicken Sie auf *Neue Notiz*.

3. Geben Sie im Notizformular den Text zur Notiz ein.

4. Hierüber schließen Sie die Notiz.

5. Nach dem Schließen erscheint die Notiz im Hauptbereich des Fensters.

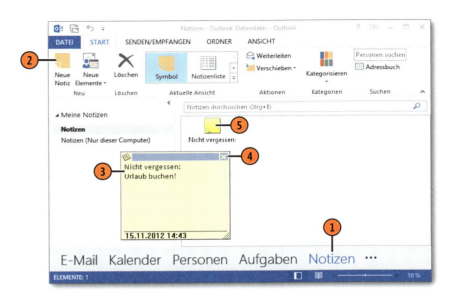

Mit Notizen arbeiten

- Sollte Ihnen der Platz für den Notizentext nicht ausreichen, können Sie die Größe des Fensters mit den üblichen Verfahren über die Maus verändern. Außerdem finden Sie im Kontextmenü zur Titelleiste des Notizfensters die Standardbefehle zum Regeln der Fenstergröße. Auch durch einen Doppelklick auf die Titelleiste vergrößern Sie das Fenster auf Bildschirmgröße.

- Eine Notiz mit Inhalt wird automatisch gespeichert. Der Beginn des in der ersten Zeile eingegebenen Textes wird als Name für das Notizelement verwendet. Haben Sie keinen Text eingegeben, wird das leere Notizfenster beim Schließen vom Bildschirm entfernt.

- Wenn Sie viel mit der Notizfunktion arbeiten, empfiehlt es sich, die Möglichkeiten zur schnellen Unterscheidung zwischen einzelnen Typen oder Gruppen von Notizen zu nutzen. Sie können dazu verschiedene Farben für die Notizsymbole und -fenster wählen, die Notizen in Kategorien einordnen oder einem Kontakt zuordnen.

- Um die Farbe des Notizformulars zu ändern, markieren Sie das Notizsymbol und wählen die gewünschte Farbe über die Liste zum Befehl *Kategorisieren* aus. Hier stehen Ihnen sechs Farben zur Verfügung. Standardmäßig erhalten neue Notizfenster die Farbe Gelb. Über *Notizoptionen* können Sie die standardmäßig für neue Notizfenster verwendete Farbe festlegen.

Outlook beenden

Um Microsoft Outlook zu beenden, steht unter anderem das unter Windows übliche Verfahren zur Verfügung. Wenn Sie beim Beenden des Programms Daten noch nicht gespeichert haben oder einen laufenden Vorgang unterbrechen, der noch Zeit bean-

sprucht – wie beispielsweise die Übermittlung einer längeren Nachricht –, müssen Sie in beiden Fällen angeben, wie verfahren werden soll.

Das Programm beenden

① Zum Beenden der Arbeit mit Outlook können Sie auf die *Schließen*-Schaltfläche ganz rechts in der Titelleiste des Microsoft Outlook-Fensters klicken.

② Für diese Aufgabe finden Sie auch auf der Registerkarte *Datei* den entsprechenden Befehl: *Beenden*.

Elemente speichern, verwerfen oder abbrechen

③ Klicken Sie auf *Ja*, wenn Sie speichern wollen.

④ Klicken Sie auf *Nein*, wenn Sie Outlook beenden wollen, ohne das betreffende Element zu speichern. Die Eingaben oder Änderungen sind dann verloren.

⑤ Klicken Sie auf *Abbrechen*, wenn Sie Outlook doch nicht beenden und weiterhin auf dem Bildschirm behalten wollen.

Siehe auch

Mehr zum Speichern von Nachrichten erfahren Sie auf Seite 142.

3 Konten und Dienste einrichten

Wir wollen uns in diesem Kapitel mit den Voraussetzungen beschäftigen, die es Ihnen ermöglichen, elektronische Nachrichten mit anderen Personen auszutauschen. Dazu benötigen Sie – neben einer Zugriffsmöglichkeit aufs Internet – mindestens ein Konto. Oft stellt beispielsweise der Internetdienstanbieter ein solches Konto zur Verfügung. Sollte das nicht der Fall sein, finden Sie im Internet diverse Stellen, bei denen Sie ein Konto – meist kostenlos – einrichten und betreiben können.

Nachdem Sie über ein solches Konto verfügen, müssen Sie Outlook darüber informieren, dass dieses Konto benutzt werden soll und wie die Zugangsdaten dazu lauten. Legen Sie diese Informationen für die Arbeit mit diesem Kapitel bereit. Diese Aufgabe erledigen Sie in Outlook 2013 über die Optionen im Bereich *Informationen* der Backstage-Ansicht der Registerkarte *Datei*. Sie können darüber neben E-Mail-Konten, die wohl für Ihre Arbeit mit Outlook am wichtigsten sind, auch Verbindungen zu anderen Konten anlegen – beispielsweise zu einem sozialen Netzwerk.

Wir werden in diesem Kapitel auch auf den Export und Import von Outlook-Daten eingehen. Diese Funktionen benötigen Sie beispielsweise, wenn Sie die in einem anderen Kommunikationsprogramm vorhandenen Daten nach Outlook 2013 übertragen wollen.

E-Mail-Konten automatisch einrichten lassen

Die Konfiguration eines Kontos für den E-Mail-Verkehr gehörte früher zu den etwas unangenehmeren Aufgaben in Outlook. Seit der Version 2007 verfügt das Programm aber über einen Assistenten, der die Einrichtung einer solchen Verbindung zum Kinderspiel macht. Es reicht jetzt aus, wenn Sie drei Daten eingeben. Der Assistent durchsucht dann das Internet und nimmt die restlichen Einstellungen automatisch vor. Den Assistenten können Sie jederzeit selbst starten. Außerdem wird beim ersten Starten von Outlook ein Assistent gestartet, mit dem Sie direkt ein E-Mail-Konto einrichten können.

Den Assistenten starten

① Klicken Sie auf die Registerkarte *Datei* und stellen Sie sicher, dass die Kategorie *Informationen* ausgewählt ist.

② Klicken Sie auf die Schaltfläche *Konto hinzufügen*, um das gleichnamige Dialogfeld anzuzeigen.

③ Geben Sie in den betreffenden Feldern Ihre Daten ein.

④ Klicken Sie auf *Weiter*. Das Programm versucht, mit diesen Daten eine Verbindung zum Server aufzubauen. Nach erfolgreichem Verbindungsaufbau klicken Sie auf *Fertig stellen*.

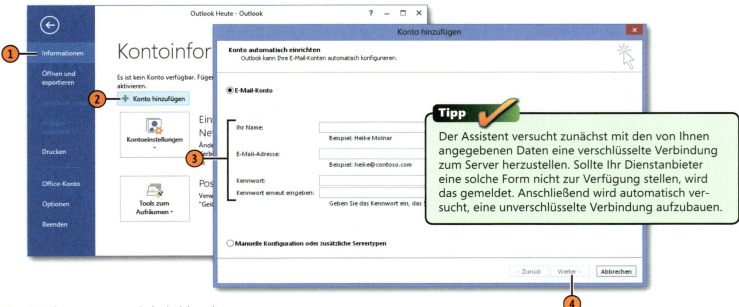

Tipp

Der Assistent versucht zunächst mit den von Ihnen angegebenen Daten eine verschlüsselte Verbindung zum Server herzustellen. Sollte Ihr Dienstanbieter eine solche Form nicht zur Verfügung stellen, wird das gemeldet. Anschließend wird automatisch versucht, eine unverschlüsselte Verbindung aufzubauen.

Die Anmeldedaten

■ Im Feld *Ihr Name* geben Sie den Anzeigenamen an, der zu Ihrer E-Mail-Adresse gehört. Beim Versenden von E-Mail-Nachrichten wird dieser Name im Feld *Von* angezeigt. Meist werden Sie also Ihren normalen Namen für diese Angabe verwenden – notwendig ist das aber nicht; Sie können auch einen Fantasienamen benutzen.

■ Im Feld *E-Mail-Adresse* geben Sie die Adresse an, die verwendet werden soll, um über dieses Konto E-Mails an Sie zu senden. Die Adresse muss das Format *benutzername@domainname* besitzen. Sie haben diese Adresse von der Organisation bzw. dem Anbieter erhalten, über die bzw. den Sie Ihr Konto betreiben.

■ Im Feld *Kennwort* geben Sie das Kennwort ein, das Ihnen von Ihrem Dienstanbieter mitgeteilt wurde. Aus Sicherheitsgründen werden die Eingaben in diesem Feld durch Sternchen ersetzt. Die Eingabe des Kennworts müssen Sie wiederholen, um Tippfehler auszuschließen.

> **Achtung !**
>
> Im Allgemeinen liefert der Assistent zum automatischen Einrichten eines E-Mail-Kontos das gewünschte Ergebnis. Sollte keine Verbindung hergestellt werden können, müssen Sie die Konfiguration manuell durchführen; siehe hierzu Seite 40 ff.

> **Tipp** ✓
>
> Der Assistent zum automatischen Einrichten von E-Mail-Konten funktioniert übrigens mit allen Kontotypen. Auch eine Verbindung zu einem Exchange Server können Sie darüber herstellen.

Der Begrüßungsassistent

① Wenn auf Ihrem Rechner noch keine Vorversion von Outlook installiert war, wird beim ersten Starten von Outlook auch ein Assistent gestartet, dessen Ziel in der Einrichtung eines E-Mail-Kontos besteht. Klicken Sie auf der Willkommensseite auf *Weiter*.

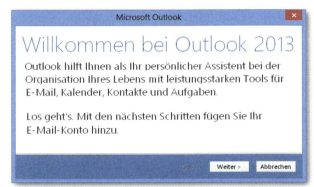

② Klicken Sie in der Abfrage, ob Sie eine Verbindung zu einem E-Mail-Konto einrichten möchten, auf *Ja* und dann auf *Weiter*.

③ Die weitere Vorgehensweise entspricht der Arbeit mit dem Assistenten zur automatischen Konfiguration eines Kontos (siehe vorherige Seite).

> **Tipp** ✓
>
> Es empfiehlt sich, den Assistenten zur Einrichtung eines Kontos zu benutzen. Notwendig ist das aber nicht. Wenn Sie kein Konto einrichten, wird eine Datendatei ohne Anbindung an ein Konto erstellt.

E-Mail-Konten manuell einrichten

Wenn die Arbeit des Assistenten zur Einrichtung eines E-Mail-Kontos nicht erfolgreich war, müssen Sie das Konto manuell konfigurieren. Dazu sollten Sie unbedingt die verschiedenen Kontotypen kennen. Diese Typen verlangen bei der Einrichtung teilweise die Angabe unterschiedlicher Daten. Diese Daten sollten Sie von Ihrem Dienstanbieter erhalten und jetzt parat haben.

Der Zugang zu den verschiedenen Kontotypen

① Klicken Sie auf die Registerkarte *Datei* und stellen Sie sicher, dass die Kategorie *Informationen* ausgewählt ist.

② Klicken Sie auf die Schaltfläche *Konto hinzufügen*, um das gleichnamige Dialogfeld anzuzeigen.

③ Wählen Sie die Option *Manuelle Konfiguration oder zusätzliche Servertypen.*

④ Klicken Sie auf *Weiter.*

⑤ Die verschiedenen Kontotypen werden angezeigt; wählen Sie hier den zu Ihrem Konto gehörenden Typ aus.

⑥ Klicken Sie auf *Weiter.*

Siehe auch

Die weiteren Schritte zur Einrichtung der verschiedenen Kontotypen sind auf Seite 42 ff. beschrieben.

Die unterschiedlichen Kontotypen

■ *POP* steht für *Post Office Protocol*. Bei *POP3* befinden sich alle Nachrichten in einem einzigen Ordner des Servers. Beim Zugriff auf diesen Ordner wird der Inhalt, einschließlich der Anhänge, auf Ihren Rechner heruntergeladen – also auf den lokalen Rechner kopiert – und anschließend in der Regel standardmäßig vom Server gelöscht. Die anschließende Verwaltung findet auf dem lokalen System – also Ihrem Rechner – statt. Ein Nachteil bei dieser Methode zeigt sich, wenn Sie Ihre Nachrichten auf verschiedenen Computern bearbeiten wollen. Die heruntergeladenen Nachrichten befinden sich auf der Festplatte des Rechners, von dem aus Sie den Download vorgenommen haben. Um von einem anderen Ort aus an diese Nachrichten zu kommen, müssen Sie Verbindung zu diesem Rechner haben.

■ *IMAP* steht für *Internet Message Access Protocol*. Bei *IMAP* findet die gesamte Nachrichtenverwaltung auf dem Server statt. Damit haben Sie von jedem Ort, von dem Sie Ihre Mails abrufen, den gleichen Stand an gelesenen, noch nicht gelesenen oder gelöschten Nachrichten. Bei einem *IMAP*-Konto werden die Nachrichten nicht wie bei POP3 direkt auf den Rechner heruntergeladen; stattdessen erhalten Sie – wie bei einem Newsserver – zunächst nur eine Liste der Nachrichten mit den Betreffzeilen. Die Nachricht selbst wird erst dann angezeigt, wenn Sie einen Doppelklick darauf ausführen. Sie können darüber hinaus auf dem Server Ordner einrichten, in die Sie Nachrichten verschieben können. *IMAP* erlaubt außerdem, zunächst nur die Titel der Nachrichten anzuschauen und dann auszuwählen, welche Mails vom Server heruntergeladen werden sollen. Gerade bei Nachrichten mit Anhängen verkürzen sich so die Ladezeiten erheblich.

■ *Exchange ActiveSync* ist ein Protokoll, das über *HTTP* oder *HTTPS* kommuniziert. Solche Konten – wie beispielsweise die von *Microsoft Hotmail* oder *Outlook.com* – legen die Nachrichten auf Webseiten ab, auf die nur Sie Zugriff haben sollten. Diese Nachrichten können auch ohne spezielles Kommunikationsprogramm dort eingesehen und auch dort bearbeitet werden. Wenn Sie die Nachrichten in Outlook herunterladen wollen, müssen Sie auch hierfür ein spezielles Konto einrichten.

■ Als vierte Alternative steht Ihnen eine Verknüpfung von Outlook mit einem *Microsoft Exchange Server* zur Verfügung. Damit haben Sie Zugriff auf eine Vielzahl von zusätzlichen Diensten. Sie können darüber die Verwaltung von E-Mail-Nachrichten, Kalendern, anderen Daten innerhalb und auch außerhalb eines Firmennetzwerks abwickeln oder auch Videokonferenzen durchführen. Der genaue Leistungsumfang hängt vom verwendeten Server ab.

Achtung

Die Option *Microsoft Exchange Server* kann nicht direkt von der Outlook-Oberfläche aus eingerichtet werden. Schließen Sie ggf. das Programm, öffnen Sie die Windows-Systemsteuerung und klicken Sie dort auf *E-Mail*. Klicken Sie dann im Einrichtungsdialogfeld für E-Mail auf *E-Mail-Konten*, um das Dialogfeld *Kontoeinstellungen* anzuzeigen. Klicken Sie darin auf *Neu*, wählen Sie *Manuelle Konfiguration oder zusätzliche Servertypen*, bestätigen Sie mit *Weiter*, wählen Sie *Microsoft Exchange Server*, klicken Sie auf *Weiter* und geben Sie dann die erforderlichen Daten ein.

POP- oder IMAP-Konto

① Wählen Sie im Dialogfeld *Konto hinzufügen* auf der Seite *Dienst auswählen* die Option *POP oder IMAP*.

② Klicken Sie auf *Weiter*.

③ Geben Sie die erforderlichen Daten ein.

④ Klicken Sie auf *Weiter*.

⑤ Die Kontoeinstellungen werden getestet.

⑥ Klicken Sie abschließend auf *Schließen* und dann auf *Fertig stellen*.

Tipp

Das Testen der Verbindung wird automatisch vorgenommen, wenn die Option *Kontoeinstellungen durch Klicken auf "Weiter" automatisch testen* eingeschaltet ist. Ist die Option ausgeschaltet, können Sie das Senden einer Testnachricht durch einen Klick auf die Schaltfläche *Kontoeinstellungen testen* bewirken.

Gewusst wie

Standardmäßig wird für jedes Konto eine eigene Datendatei eingerichtet, in der die Nachrichten gespeichert werden. Über die Optionen unter *Neue Nachrichten übermitteln in* rechts unten auf der Seite *POP- und IMAP-Kontoeinstellungen* können Sie auch festlegen, dass stattdessen eine bereits vorhandene Datendatei verwendet werden soll.

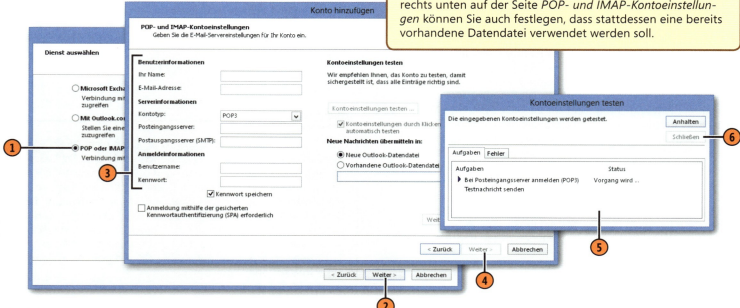

Wichtige Anmeldedaten für POP und IMAP

■ Im Feld *Ihr Name* geben Sie den Anzeigenamen an, der zu Ihrer E-Mail-Adresse gehören soll. Beim Versenden von Nachrichten wird dieser Name im Feld *Von* angezeigt. Sie können hier einen beliebigen Namen verwenden, wobei sich Ihr tatsächlicher Name gerade im geschäftlichen Umfeld wohl am ehesten anbietet.

■ Im Feld *E-Mail-Adresse* geben Sie die Adresse an, die zu verwenden ist, um über dieses Konto E-Mail-Nachrichten an Sie zu senden. Die Adresse muss das Format *benutzername@domainname* besitzen.

■ Unter *Kontotyp* legen Sie den Typ des Kontos fest. Hier stehen die beiden Alternativen *POP3* und *IMAP* zur Verfügung.

■ In den Feldern *Posteingangsserver* und *Postausgangsserver (SMTP)* geben Sie die Server für Ihre eingehenden und ausgehenden Nachrichten an.

■ Im Feld *Benutzername* geben Sie Ihren Kontonamen an. Dieser kann beispielsweise dem Teil Ihrer E-Mail-Adresse links vom @-Zeichen entsprechen.

■ Im Feld *Kennwort* geben Sie das Kennwort ein, das Ihnen von Ihrem Dienstanbieter mitgeteilt wurde. Aus Sicherheitsgründen wird die Eingabe in diesem Feld durch Sternchen ersetzt. Das Kennwort für den Zugang per *POP* wird aber unverschlüsselt übertragen.

■ Aktivieren Sie das Kontrollkästchen *Kennwort speichern*, wenn es in Outlook gespeichert werden soll. Sie müssen dann bei der Verbindungsaufnahme nicht jedes Mal das Kennwort erneut eingeben. Allerdings können dann auch andere Personen von Ihrem Rechner aus das Konto benutzen.

Weitere Einstellungen

■ Manche Dienstanbieter verlangen spezielle Einstellungen, die über die Standarddaten hinausgehen. Diese Einstellungen geben Sie über das Dialogfeld ein, das Sie durch einen Klick auf die Schaltfläche *Weitere Einstellungen* im Dialogfeld *Konto hinzufügen* auf den Bildschirm bringen.

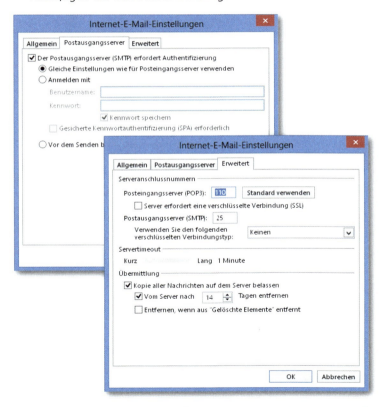

Exchange ActiveSync-Konto einrichten

① Wählen Sie im Dialogfeld *Konto hinzufügen* die Option *Mit Outlook.com oder Exchange ActiveSync kompatibler Dienst* und klicken Sie dann auf *Weiter*.

② Geben Sie die erforderlichen Daten ein.

③ Klicken Sie auf *Weiter*, um die Kontoeinstellungen testen zu lassen.

④ Klicken Sie abschließend auf *Schließen* und dann auf *Fertig stellen*.

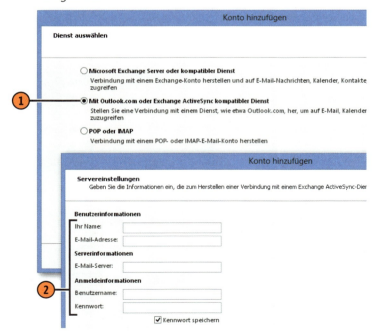

Anmeldedaten zu einem Exchange ActiveSync-Konto

◼ Im Feld *Ihr Name* geben Sie den Anzeigenamen an, der zu Ihrer E-Mail-Adresse gehört. Beim Versenden von Nachrichten wird dieser Name im Feld *Von* angezeigt.

◼ Im Feld *E-Mail-Adresse* geben Sie die Adresse an, die zu verwenden ist, um über dieses Konto E-Mail-Nachrichten an Sie zu senden. Die Adresse muss das Format *benutzername@domainname* besitzen.

◼ Im Feld *E-Mail-Server* geben Sie die Serveradresse ein, zu der das Konto Kontakt aufnehmen soll. Die Serveradresse von *outlook.com* lautet beispielsweise *dub-m.hotmail.com*.

◼ Im Bereich *Anmeldeinformationen* geben Sie Ihren Benutzernamen und das zugehörige Kennwort ein.

 Tipp

Standardmäßig ist das Kontrollkästchen *Kennwort speichern* aktiviert. Das Deaktivieren führt dazu, dass Sie bei jedem Kontakt zum Server das Kennwort neu eingeben müssen. Das kann Vor- und Nachteile haben.

Tipp

Auch bei dem Dienst *outloook.com* – früher *hotmail.com* – von Microsoft handelt es sich um einen Exchange Active-Sync-kompatiblen Dienst. Wenn Sie diesen Dienst benutzen, können Sie Ihre Kontakte und Ihren Kalender einfach zwischen mehreren Rechnern synchronisieren.

Outlook-Datendateien

Die in Outlook angezeigten Daten – beispielsweise Nachrichten, Termine, Aufgaben – sind in einer sogenannten *Datendatei* gespeichert, die bei der Installation des Programms angelegt wird. Diese Datendatei ist das vielleicht wichtigste Element Ihrer Outlook-Installation, da darin alle Informationen – Kontodaten, Nachrichten, Kontaktdaten, Kalendereinträge usw. – enthalten sind. Sie sollten die wichtigsten Fakten zu solchen Datendateien kennen und dann entscheiden, wie Sie mit solchen Daten verfahren wollen.

Wissenswertes zu Datendateien

- Wenn auf dem Rechner bei der Installation von Outlook noch keine Vorversion des Programms – und damit auch keine Outlook-Datendatei – vorhanden war, wird die erste Datendatei automatisch beim ersten Starten von Outlook – erstellt. War bereits eine Vorversion vorhanden, wird deren Datendatei auch für die Version Outlook 2013 übernommen.

- Haben Sie auf Betriebssystemebene mehrere Benutzerkonten eingerichtet, wird für jeden Benutzer eine eigene Datendatei erstellt.

- Wenn Sie mehr als ein Konto für E-Mail-Nachrichten erstellen, können Sie entscheiden, ob die Elemente aller Konten in einer gemeinsamen Datendatei oder pro Konto in separaten Datendateien gespeichert werden sollen. Im zweiten Fall können Sie beispielsweise Ihr für die Arbeit verwendetes Konto und Ihr persönliches Konto vollständig getrennt halten.

- Datendateien, die in Outlook 2013 erstellt werden, werden auf dem Computer im Ordner *Dokumente\Outlook-Dateien* gespeichert. Wenn Sie ein Upgrade auf Outlook 2013 auf der Basis von Outlook 2007 oder einer früheren Version durchgeführt haben, finden Sie diese Dateien in einem verborgenen Ordner unter *Laufwerk:\Benutzer\Benutzer\AppData\Local\Microsoft\Outlook*.

- Sie können aber eine Datendatei an einem anderen Ort auf Ihrer Festplatte oder auf einer Netzwerkfreigabe speichern oder sie dorthin kopieren bzw. verschieben.

- Wenn Ihre Installation mehrere Datendateien beinhaltet, ist eine davon immer die Standarddatei. Das ist die, in der – neben den E-Mail-Nachrichten – der Kalender, die Aufgabenliste und die Einstellungen für die Favoriten gespeichert werden. Sie können selbst festlegen, welche Datendatei die Standarddatei sein soll.

- Sie können Datendateien auch selbst erstellen – etwa dann, wenn Sie die Daten zu einem E-Mail-Konto in einer speziellen Datendatei ablegen möchten.

- Standardmäßig sind Datendateien nicht kennwortgeschützt. Sie können das aber jederzeit ändern und ein Kennwort zum Öffnen der Datei festlegen.

- Outlook-Datendateien werden übrigens auch zum Archivieren von Elementen eines beliebigen E-Mail-Kontotyps verwendet.

Siehe auch

Hinweise zum Archivieren finden Sie auf Seite 130 f.

Der Zugang zu Datendateien in Outlook 2013

① Klicken Sie auf die Registerkarte *Datei* und lassen Sie die Backstage-Ansicht zu *Informationen* anzeigen.

② Öffnen Sie die Liste zur Schaltfläche *Kontoeinstellungen*.

③ Klicken Sie auf *Kontoeinstellungen*.

④ Wählen Sie die Registerkarte *Datendateien*, um die vorhandenen Datendateien aufzulisten.

Standarddatendatei festlegen

⑤ Markieren Sie die Datendatei, die Sie als Standard festlegen wollen.

⑥ Klicken Sie auf *Als Standard festlegen*.

⑦ Bestätigen Sie die Abfrage im daraufhin angezeigten Dialogfeld *E-Mail-Übermittlungsort* mit einem Klick auf *OK*.

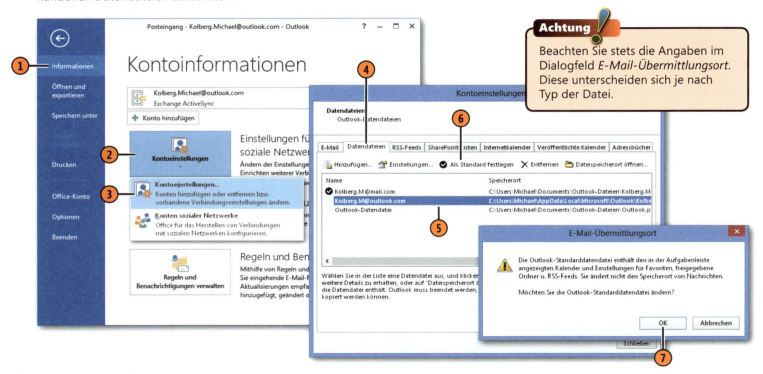

Achtung

Beachten Sie stets die Angaben im Dialogfeld *E-Mail-Übermittlungsort*. Diese unterscheiden sich je nach Typ der Datei.

Den Speicherort einer Datendatei anzeigen lassen

(1) Stellen Sie sicher, dass die Registerkarte *Datendateien* im Dialogfeld *Kontoeinstellungen* angezeigt wird.

(2) Markieren Sie die Datendatei, deren Speicherort Sie anzeigen lassen wollen.

(3) Klicken Sie auf *Dateispeicherort öffnen*.

(4) Der Ordner mit der Datendatei wird angezeigt.

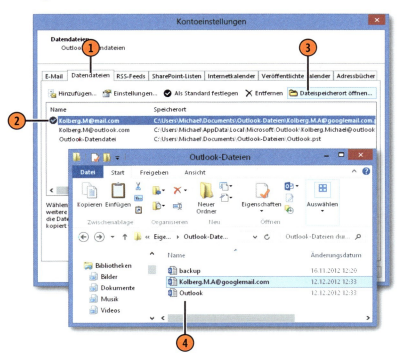

Neue Datendatei anlegen

(1) Stellen Sie sicher, dass die Registerkarte *Datendateien* im Dialogfeld *Kontoeinstellungen* angezeigt wird.

(2) Klicken Sie auf *Hinzufügen*.

(3) Wählen Sie ggf. den Speicherort für die neue Datendatei aus.

(4) Geben Sie der neuen Datendatei einen Namen.

(5) Klicken Sie auf *OK*.

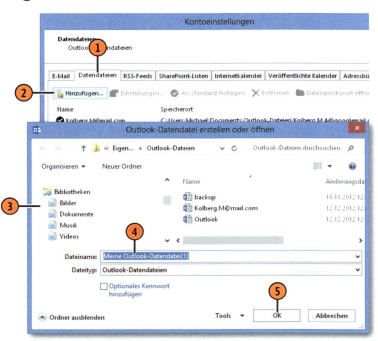

Einstellungen einer Datendatei anpassen

① Stellen Sie sicher, dass die Registerkarte *Daten-dateien* im Dialogfeld *Kontoeinstellungen* angezeigt wird.

② Markieren Sie die Datendatei, deren Einstellungen Sie anpassen wollen.

③ Klicken Sie auf *Einstellungen*, um das Dialogfeld *Outlook-Datendatei* anzuzeigen.

④ Sie können den Eintrag im Feld *Name* editieren. Damit ändern Sie aber nur die Anzeige innerhalb von Outlook, nicht den Namen der Datei am Speicherort.

⑤ Mit einem Klick auf *Kennwort ändern* lassen Sie das gleichnamige Dialogfeld anzeigen.

⑥ Wenn Sie die Datendatei durch ein Kennwort sichern wollen, geben Sie es zweimal ein und bestätigen dann mit *OK*.

⑦ Durch einen Klick auf *Jetzt komprimieren* können Sie die Größe der Datendatei reduzieren.

⑧ Bestätigen Sie mit *OK*, um das Anpassen der Eigenschaften abzuschließen.

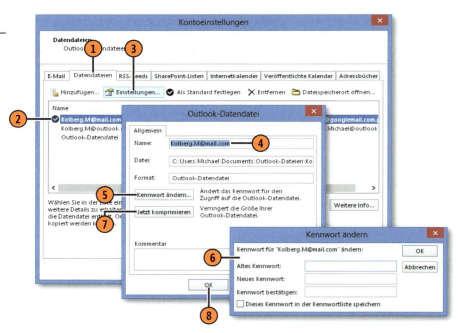

Achtung

Niemand außer Ihnen hat Zugriff auf Ihr Kennwort. Sollten Sie es vergessen, kann der Inhalt der Out-look-Datendatei nicht wiederhergestellt werden.

Gewusst wie

Nicht mehr benötigte Datendateien können Sie entfernen. Achten Sie aber darauf, dass Sie dabei nicht Daten löschen, die Sie noch benötigen. Markieren Sie auf der Registerkarte *Datendateien* im Dialogfeld *Kontoeinstellungen* die Daten-datei, die Sie löschen wollen, klicken Sie auf *Entfernen* und bestätigen Sie mit *OK*. Die als Standarddatendatei festge-legte Datei kann nicht gelöscht werden. Das heißt auch, dass nicht alle Datendateien gelöscht werden können.

Den Speicherort der Datendatei ändern

① Stellen Sie fest, wo sich die zu verschiebende Datendatei befindet (siehe Seite 47), und beenden Sie dann
Outlook 2013.

② Öffnen Sie den Explorer, navigieren Sie zu dem Speicherort, der die zu verschiebende Datendatei enthält,
markieren Sie die Datei und wählen Sie im Kontextmenü den Befehl *Ausschneiden*. Navigieren Sie zu dem
Ordner, den Sie als Speicherort verwenden wollen, und
wählen Sie im Kontextmenü den Befehl *Einfügen*.

③ Starten Sie Outlook 2013.

④ In einer Fehlermeldung werden Sie darüber informiert,
dass eine Datendatei nicht gefunden werden konnte.
Bestätigen Sie diese Meldung mit *OK*.

⑤ Im daraufhin angezeigten Dialogfeld *Outlook-Datendatei erstellen oder öffnen* navigieren Sie zu dem Speicherort Ihrer Datendatei.

⑥ Markieren Sie die Datei und klicken Sie auf *Öffnen*.

Gewusst wie

Wenn Sie ein Konto benutzen, bei dem die Elemente auf
einem E-Mail-Server verwaltet und gespeichert werden –
beispielsweise ein Microsoft Exchange-Konto –, benutzt
Outlook zusätzlich *Offline-Datendateien*. Diese Datendateien
werden verwendet, wenn Sie offline arbeiten möchten. Die
darin gespeicherten Elemente sind immer Kopien von Elementen, die auf einem E-Mail-Server gespeichert sind. Sie
benötigen dafür im Allgemeinen keine Sicherungskopien,
wie sie für die üblichen Outlook-Datendateien sinnvoll sind.

Tipp

Wenn Sie eine Datendatei manuell sichern wollen, müssen
Sie darauf achten, dass Outlook während dieser Zeit nicht
geöffnet ist. Klicken Sie auf das Explorer-Symbol in der Taskleiste und navigieren Sie zu dem Speicherort der Datendatei.
Klicken Sie die Datei mit der rechten Maustaste an und wählen Sie *Kopieren* im Kontextmenü. Navigieren Sie dann zu
dem gewünschten Speicherort und fügen Sie die Datei dort
ein.

Kontoeinstellungen anpassen

Es kommt zwar nicht oft vor, aber hin und wieder werden Sie Ihre Konteneinstellungen bearbeiten müssen. Der Grund dafür kann darin liegen, dass aufseiten des Dienstanbieters bestimmte Einstellungen geändert wurden oder dass das Konto aus irgend- welchen Gründen nicht mehr funktioniert. Wenn Sie bereits mit mehreren E-Mail-Konten arbeiten, werden Sie außerdem eines davon als Standardkonto festlegen wollen.

Der Zugang zu den eingerichteten Konten

① Klicken Sie auf die Registerkarte *Datei* und lassen Sie die Backstage-Ansicht zu *Informationen* anzeigen.

② Öffnen Sie die Liste zur Schaltfläche *Kontoeinstellungen*.

③ Klicken Sie auf *Kontoeinstellungen*.

④ In dem daraufhin angezeigten Dialogfeld *Kontoeinstel- lungen* werden alle eingerichteten Konten aufgelistet.

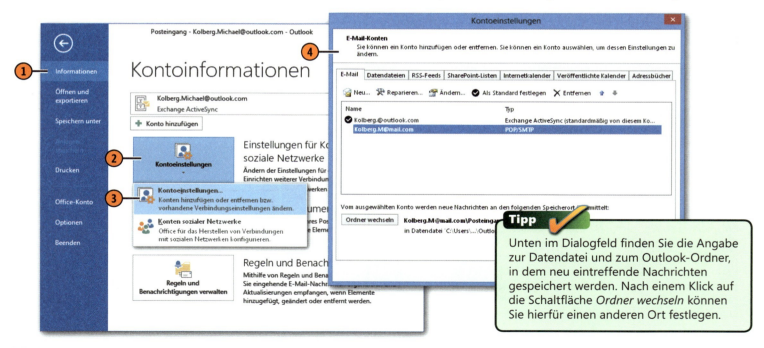

Tipp

Unten im Dialogfeld finden Sie die Angabe zur Datendatei und zum Outlook-Ordner, in dem neu eintreffende Nachrichten gespeichert werden. Nach einem Klick auf die Schaltfläche *Ordner wechseln* können Sie hierfür einen anderen Ort festlegen.

Kontoeinstellungen ändern

① Markieren Sie im Dialogfeld *Kontoeinstellungen* das Konto, an dem Sie Änderungen durchführen möchten.

② Klicken Sie auf *Ändern*.

③ Das Dialogfeld *Konto ändern* zeigt die aktuellen Einstellungen zum Konto an. Führen Sie hier die gewünschten Änderungen durch.

④ Klicken Sie auf *Weiter*, um die Kontoeinstellungen testen zu lassen.

⑤ Klicken Sie zum Abschluss auf *Schließen* und dann auf *Fertig stellen*.

Weitere Bearbeitungsoptionen

■ Über die Option *Reparieren* im Dialogfeld *Kontoeinstellungen* wiederholen Sie die automatische Einrichtung des Kontos.

■ Wenn Sie mit mehreren Konten arbeiten, können Sie eines davon bevorzugen. Hierzu markieren Sie das Konto im Dialogfeld *Kontoeinstellungen* und klicken dann auf die Schaltfläche *Als Standard festlegen*. Dieses Konto wird dadurch immer verwendet, wenn Sie kein anderes auswählen.

■ Wenn Sie ein Konto nicht mehr benötigen, markieren Sie es im Dialogfeld *Kontoeinstellungen* und klicken auf die Schaltfläche *Entfernen*.

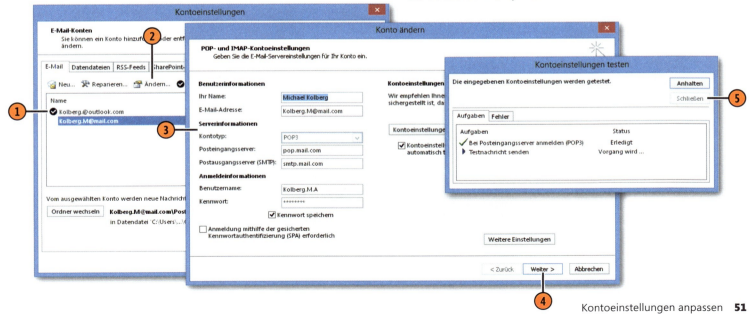

Daten und Einstellungen exportieren und importieren

Mithilfe der Funktionen zum Exportieren und Importieren können Sie die von Outlook verwendeten Daten und Einstellungen zwischen mehreren Rechnern übertragen. Diese Funktionen benutzen Sie auch, wenn Sie von einem anderen Programm zu Outlook 2013 wechseln. Zum Durchführen dieser Aufgaben stellt Outlook einen Assistenten zur Verfügung, der Sie durch die verschiedenen Arbeitsschritte und die Abfrage der notwendigen Daten führt.

Den Import/Export-Assistenten starten

(1) Klicken Sie auf die Registerkarte *Datei* und dann auf *Öffnen und exportieren*.

(2) Wählen Sie *Importieren/Exportieren*, um den Import/Export-Assistenten anzuzeigen.

Exportieren zur weiteren Verwendung in Outlook

(1) Um die Daten auf einem Rechner mit Outlook weiterzuverwenden, wählen Sie *In Datei exportieren*.

(2) Klicken Sie auf *Weiter*.

(3) Legen Sie den Dateityp für den Export fest. Wählen Sie zur weiteren Verwendung in Outlook den Typ *Outlook-Datendatei (*.pst)*.

(4) Klicken Sie auf *Weiter*.

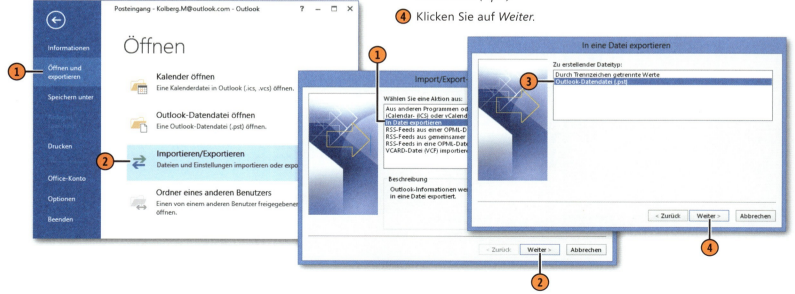

5 Geben Sie an, welche Elemente aus Outlook bei dieser Operation exportiert werden sollen:

- Wollen Sie alle Elemente einer Outlook-Datendatei exportieren, wählen Sie die oberste Ebene aus und aktivieren zusätzlich die Option *Unterordner einbeziehen*.

- Zum Exportieren eines einzelnen Outlook-Ordners wählen Sie diesen aus. Auch hier können Sie ggf. vorhandene Unterordner durch Aktivieren von *Unterordner einbeziehen* in den Export einschließen.

6 Klicken Sie auf *Weiter*.

7 Legen Sie fest, in welche Datei exportiert werden soll. Wollen Sie beim Export eine neue Datei erstellen, geben Sie den Namen und Pfad im Feld *Exportierte Datei speichern unter* an.

8 Hatten Sie die Elemente schon einmal exportiert, müssen Sie unter *Optionen* angeben, wie verfahren werden soll, wenn Elemente jetzt wieder exportiert werden:

- Um schon einmal exportierte Elemente ggf. durch neue Elemente ersetzen zu lassen, wählen Sie *Duplikate durch exportierte Elemente ersetzen*.

- Wollen Sie eventuell doppelt vorhandene Elemente erlauben, wählen Sie *Erstellen von Duplikaten zulassen*.

- Sollen doppelt vorhandene Elemente nicht exportiert werden, wählen Sie *Keine Duplikate exportieren*.

9 Klicken Sie auf *Fertig stellen*.

10 Im daraufhin angezeigten Dialogfeld *Outlook-Datendatei erstellen* können Sie ein Kennwort festlegen.

11 Klicken Sie auf *OK*.

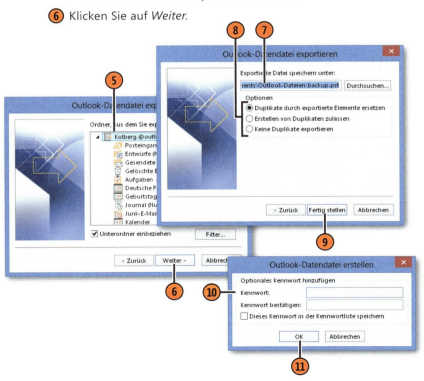

Tipp ✓

Durch einen Klick auf die Schaltfläche *Filter* im Dialogfeld *Outlook-Datendatei exportieren* bewirken Sie die Anzeige des Dialogfeldes *Filtern*, über das Sie die zu exportierenden Elemente anhand der definierten Kriterien auswählen lassen können.

Importieren von aus Outlook exportierten Daten

(1) Wählen Sie im Dialogfeld *Import/Export-Assistent* (siehe Seite 52) eine Option zum Importieren. Wollen Sie die vorher mit *In Datei exportieren* gespeicherten Daten mit dem Programm Outlook verwenden, wählen Sie die Option *Aus anderen Programmen oder Dateien importieren*.

(2) Klicken Sie auf *Weiter*.

(3) Geben Sie an, um was für eine Datei es sich handelt – wählen Sie z.B. *Outlook Datendatei (.pst)*.

(4) Klicken Sie auf *Weiter*.

(5) Geben Sie im Feld *Zu importierende Datei* Pfad und Namen der betreffenden Datei an. Klicken Sie ggf. auf *Durchsuchen*, um die Datei auszuwählen.

(6) Legen Sie unter *Optionen* fest, wie mit doppelt vorhandenen Daten verfahren werden soll.

(7) Klicken Sie auf *Weiter*.

(8) Verfügt die zu importierende Datei über eine Struktur, die der internen Ordnerstruktur von Outlook entspricht, können Sie angeben, welche Daten daraus importiert werden sollen. Das ist beispielsweise beim Import aus einer *Outlook-Datendatei (*.pst)* der Fall. Markieren Sie den Ordner, aus dem heraus der Import erfolgen soll.

- Wollen Sie alle Daten aus der Datei importieren, markieren Sie die oberste Ebene der angezeigten Struktur.

- Durch Aktivieren von *Unterordner einbeziehen* sorgen Sie dafür, dass die Inhalte der zur markierten Ebene vorhandenen Unterordner ebenfalls importiert werden.

(9) Klicken Sie auf *Fertig stellen*. Der Import erfolgt automatisch in die entsprechenden Outlook-Ordner.

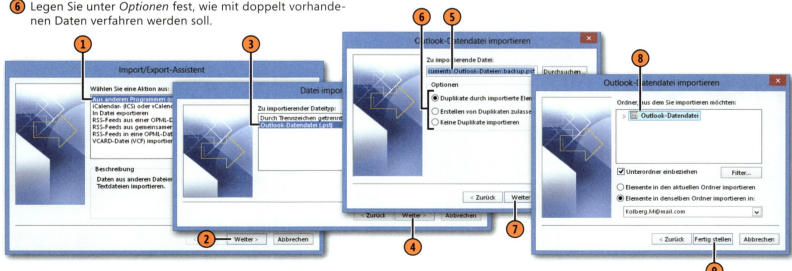

Importieren von Daten aus anderen Programmen

1 Sorgen Sie dafür, dass die zu importierenden Daten in einem von Outlook lesbaren Format vorliegen. Es empfiehlt sich, ein Textformat zu benutzen, bei dem die einzelnen Daten durch Kommata getrennt sind.

2 Wählen Sie in Outlook im Dialogfeld *Import/Export-Assistent* (siehe Seite 52) die Option *Aus anderen Programmen oder Dateien importieren* und klicken Sie dann auf *Weiter*.

3 Geben Sie an, um was für eine Datei es sich handelt – wählen Sie beispielsweise *Kommagetrennte Werte* – und klicken Sie dann auf *Weiter*.

4 Geben Sie im Feld *Zu importierende Datei* Pfad und Namen der zu importierenden Datei an; klicken Sie ggf. auf *Durchsuchen*, um die betreffende Datei auszuwählen. Legen Sie unter *Optionen* fest, wie mit doppelt vorhandenen Daten verfahren werden soll, und klicken Sie dann auf *Weiter*.

5 Geben Sie den Zielordner an – das ist der Ordner, in dem die Daten in Outlook erscheinen sollen – und klicken Sie dann auf *Weiter*.

6 Die Importaufgaben werden zusammengefasst. Es empfiehlt sich, hier auf die Schaltfläche *Benutzerdefinierte Felder zuordnen* zu klicken, um zu sehen, welchen Outlook-Feldern die einzelnen zu importierenden Daten zugeordnet werden. Bei Fehlern in der Zuordnung können Sie hier Änderungen durchführen. Schließen Sie dann das Dialogfeld *Benutzerdefinierte Felder zuordnen* und klicken Sie auf *Fertig stellen*.

Daten beim Importieren filtern

1 Durch einen Klick auf die Schaltfläche *Filter* im Importdialogfeld zeigen Sie das Dialogfeld *Filtern* an, über das Sie bestimmte Elemente aus der Quelldatei zum Importieren auswählen können.

2 Legen Sie die Filterkriterien fest. Beispielsweise können Sie nach allen Nachrichten von einer bestimmten Person suchen, die an einem bestimmten Tag nur an Sie allein gesendet wurden. Darüber hinaus können Sie nach beliebigen Dateien auf Ihrem Computer oder einem verfügbaren Netzlaufwerk suchen.

3 Bestätigen Sie die Definition der Filterkriterien durch Klicken auf *OK*. Anschließend werden nur die Daten importiert, die den Filterkriterien entsprechen.

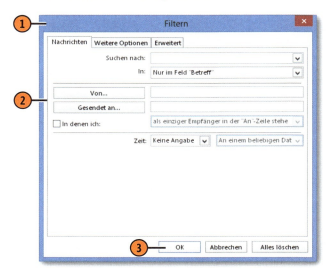

Konten für soziale Netzwerke

Outlook 2013 unterstützt den Zugriff auf verschiedene soziale Netzwerke wie Facebook oder LinkedIn. Wenn Sie eine solche Verbindung einrichten, werden Ihnen automatisch die neuesten Benachrichtigungen und Statusaktualisierungen für die Perso-

nen angezeigt, mit denen Sie über Outlook kommunizieren. Sie können für solche Aufgaben ein einzelnes oder mehrere Netzwerke benutzen.

Der Zugang zu den Konten für soziale Netzwerke

① Klicken Sie auf die Registerkarte *Datei* und lassen Sie die Backstage-Ansicht zu *Informationen* anzeigen.

② Öffnen Sie die Liste zur Schaltfläche *Kontoeinstellungen*.

③ Klicken Sie auf *Konten sozialer Netzwerke*.

④ Klicken Sie auf *Weiter*.

⑤ Das zeigt das Dialogfeld *Konten sozialer Netzwerke* an, in dem alle eingerichteten Konten aufgelistet sind.

> **Tipp** ✓
>
> Wenn Sie mit einem anderen, hier nicht aufgeführten sozialen Netzwerk eine Verbindung herstellen wollen, klicken Sie unter *Weitere* auf den entsprechenden Link. Weitere Hinweise zum Einrichten einer Verbindung in Outlook finden Sie sicherlich auch auf den Webseiten zu Ihrem sozialen Netzwerk.

> **Tipp** ✓
>
> Auch im Outlook-Bereich *Personen* gibt es unter *Meine Kontakte* den Eintrag *Verbindung mit einem sozialen Netzwerk herstellen*, über den Sie eine entsprechende Verbindung einrichten können.

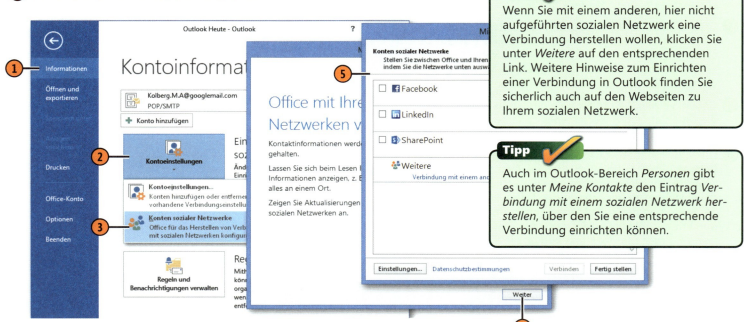

Die Verbindung mit Facebook herstellen

(1) Aktivieren Sie unter *Konten sozialer Netzwerke* die Option *Facebook*.

(2) Geben Sie Ihren Benutzernamen und Ihr Kennwort ein.

(3) Wenn Sie in den vollständigen Genuss des Datenaustauschs kommen wollen, aktivieren Sie auch die Option *Fotos und Informationen aus diesem Netzwerk bei Verfügbarkeit standardmäßig anzeigen*.

(4) Klicken Sie auf *Verbinden* und dann auf *Fertig stellen*.

(5) Die Verbindung wird bestätigt. Klicken Sie abschließend auf *Schließen*.

Tipp

Nachdem die Zugangsdaten eingegeben wurden, wird nach einem Klick auf die Schaltfläche *Verbinden* das Konto in Outlook 2013 integriert. Auf den ersten Blick ist von der Integration nichts zu sehen. Erst wenn ein neuer Kontakt hinzugefügt wird, prüft Outlook, ob der Kontakt im sozialen Netzwerk vorhanden ist, und zeigt ggf. Fotos und Statusinformationen für diesen Kontakt aus dem Netzwerk an.

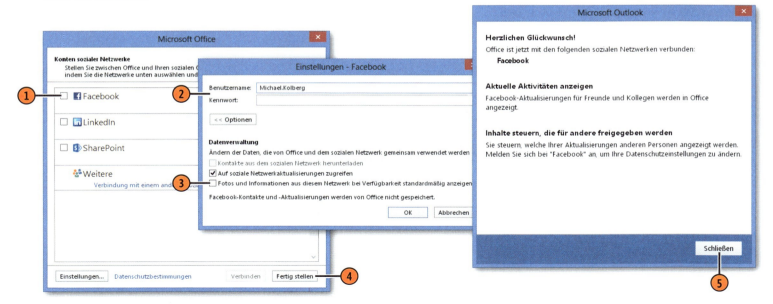

Konto löschen

Sie werden wahrscheinlich nicht sehr häufig einen Grund haben, ein vorhandenes Konto löschen zu müssen, Sie sollten aber für den Fall der Fälle wissen, wie man dabei vorgeht. Gelöscht werden können aber nur Konten, die nicht als *Standard* festgelegt wurden.

Ein Konto entfernen

① Klicken Sie auf die Registerkarte *Datei* und lassen Sie die Backstage-Ansicht zu *Informationen* anzeigen.

② Öffnen Sie die Liste zur Schaltfläche *Konto-einstellungen*.

Achtung

Wenn das gelöschte Konto über eine eigene Datendatei verfügt, wird diese beim Entfernen des Kontos auch automatisch gelöscht. Es empfiehlt sich, die darin vorhandenen Daten vorher durch Exportieren zu sichern. Wie Sie dabei vorgehen, erfahren Sie auf Seite 52 f.

③ Klicken Sie auf *Kontoeinstellungen*.

④ Markieren Sie im Dialogfeld *Kontoeinstellungen* das zu löschende Konto.

⑤ Klicken Sie auf *Entfernen*.

⑥ Bestätigen Sie das Löschen.

4 E-Mail-Nachrichten austauschen

Eine der wichtigsten Funktionen in Microsoft Outlook betrifft die Kommunikation per E-Mail. Wir wollen uns in diesem Kapitel zunächst mit den grundlegenden Aktionen und Elementen eines solchen Austauschs von E-Mail-Nachrichten beschäftigen.

Zum Verwalten der E-Mail-Nachrichten finden Sie mehrere programminterne Ordner vor – beispielsweise die Ordner *Posteingang* und *Postausgang*. Die Bedeutung dieser Ordner sollten Sie kennen.

Nachdem Sie ein E-Mail-Konto eingerichtet haben, können Sie sofort E-Mails verfassen und senden sowie E-Mails empfangen und lesen. Dabei gibt es Unterschiede je nach Art der verwendeten Kontotypen. Die Techniken zum Antworten und zum Weiterleiten machen es einfach, auf empfangene Nachrichten zu reagieren. Outlook hält auch Techniken bereit, mit denen Sie Dateien als Anhang zu einer Nachricht versenden oder empfangen können.

Auf weitere Details zum Thema E-Mail gehen wir an anderer Stelle noch detaillierter ein: In Kapitel 5 finden Sie Informationen zu Details der Nachrichtengestaltung, Kapitel 6 liefert Hinweise zum Organisieren von Mails und Kapitel 10 zu den Optionen des Outlook-Bereichs *E-Mail*.

Der Bereich »E-Mail« im Überblick

Im Outlook-Bereich *E-Mail* ist das Programmfenster in verschiedene Bereiche unterteilt, über die Sie auf die einzelnen Elemente und Funktionen dieses Moduls Zugriff haben. Was hier in welcher Form angezeigt wird, können Sie nach Belieben einstellen.

(1) Zur Anzeige des Outlook-Bereichs *E-Mail* klicken Sie in der Navigationsleiste auf *E-Mail*.

(2) Links im Programmfenster finden Sie den Ordnerbereich. Darin werden im Modul *E-Mail* verschiedene programminterne Ordner angezeigt, in denen die E-Mail-Nachrichten abgelegt sind. Im Ordner *Posteingang* befinden sich beispielsweise die von Ihnen empfangenen Nachrichten.

(3) Der zentrale Teil des Bildschirms ist in der Grundeinstellung des Programms durch den Ansichtsbereich belegt. Im Modul *E-Mail* werden hier in der Nachrichtenliste die E-Mail-Nachrichten aus dem Ordner angezeigt, den Sie gerade im Ordnerbereich markiert haben. Haben Sie beispielsweise im Ordnerbereich den *Posteingang* ausgewählt, werden hier die an Sie gerichteten Nachrichten aufgelistet.

(4) Im Lesebereich, der standardmäßig rechts von der Nachrichtenliste im Ansichtsbereich dargestellt wird, können Sie sich den Inhalt der in der Nachrichtenliste markierten E-Mail-Nachricht anzeigen lassen.

(5) Ein weiterer Bereich, der im Modul *E-Mail* eingeblendet werden kann, nennt sich Aufgabenleiste. In dieser Leiste können Sie einen Datumsnavigator, anstehende Termine, bevorzugte Kontakte und/oder eine Liste der noch nicht abgeschlossenen Aufgaben anzeigen lassen.

(6) Ob und wie die verschiedenen Bereiche und Leisten dargestellt werden, können Sie über die Befehle in der Gruppe *Layout* auf der Registerkarte *Ansicht* regeln. Über *Personenbereich* können Sie zudem unterhalb des Lesebereichs einen Bereich mit Kontaktinformationen einblenden lassen.

(7) In der Statusleiste unten im Programmfenster werden verschiedene Informationen zu den Elementen im Modul *E-Mail* angezeigt. Mit den Schaltflächen auf der rechten Seite der Statusleiste können Sie zwischen der Normal- und der Leselayoutansicht umschalten sowie über den Zoomregler die Darstellungsgröße im Lesebereich stufenlos einstellen.

Siehe auch

Informationen zum Arbeiten mit der Aufgabenleiste finden Sie auf Seite 215; der Personenbereich wird auf Seite 172 f. beschrieben. Informationen zum grundlegenden Anpassen des Outlook-Bereichs *E-Mail* finden Sie auf Seite 228 ff.

Gewusst wie

Um mehr Platz für die Darstellung der Elemente des Bereichs *E-Mail* im Programmfenster zu haben, können Sie das Menüband minimieren (siehe hierzu Seite 22 f.). Ebenso können Sie die verschiedenen Bereiche minimieren bzw. ganz ausblenden und/oder die Leselayoutansicht aktivieren (siehe hierzu Seite 74 f.).

Unabhängig davon können Sie die Breite der einzelnen Bereiche mit der Maus verändern: Setzen Sie den Mauszeiger auf eine Trennlinie zwischen zwei Bereichen und verschieben Sie sie mit gedrückter Maustaste.

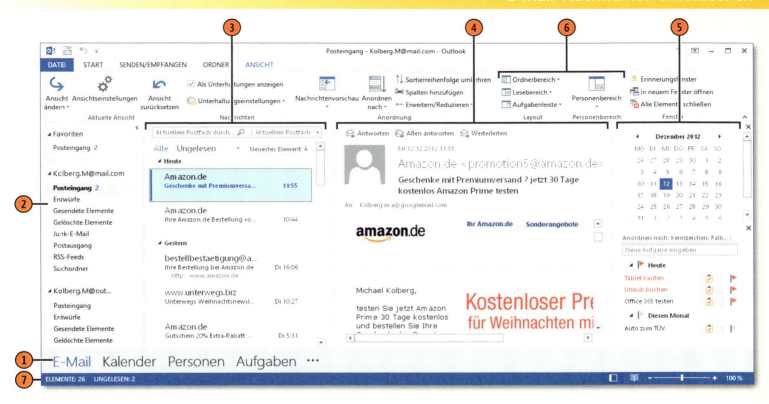

Darstellungsgröße im Lesebereich einstellen

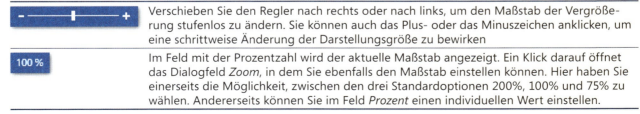

	Verschieben Sie den Regler nach rechts oder nach links, um den Maßstab der Vergrößerung stufenlos zu ändern. Sie können auch das Plus- oder das Minuszeichen anklicken, um eine schrittweise Änderung der Darstellungsgröße zu bewirken
100 %	Im Feld mit der Prozentzahl wird der aktuelle Maßstab angezeigt. Ein Klick darauf öffnet das Dialogfeld *Zoom*, in dem Sie ebenfalls den Maßstab einstellen können. Hier haben Sie einerseits die Möglichkeit, zwischen den drei Standardoptionen 200%, 100% und 75% zu wählen. Andererseits können Sie im Feld *Prozent* einen individuellen Wert einstellen.

Mit dem Ordnerbereich arbeiten

Links im Programmfenster finden Sie im Outlook-Modul *E-Mail* den Ordnerbereich. Hier werden die Konten und die zu den Konten gehörenden Ordner aufgelistet. In den Ordnern finden Sie die einzelnen Nachrichten.

Die Struktur des Ordnerbereichs

(1) Nachdem Sie ein Konto eingerichtet haben, finden Sie im Ordnerbereich dessen Namen.

(2) Unterhalb des Kontonamens werden die zu diesem Konto gehörenden Ordner aufgelistet.

(3) Haben Sie mehrere Konten eingerichtet, finden Sie auch diese im Ordnerbereich wieder.

(4) Die zu einem Konto gehörenden Ordner können Sie ein- und ausblenden. Klicken Sie dazu auf das Pfeilsymbol vor dem Kontonamen.

(5) Im Bereich darüber finden Sie einen mit *Favoriten* bezeichneten Abschnitt, in dem Verknüpfungen zu Ordnern abgelegt werden können. Dieser Bereich dient dazu, die am häufigsten benutzten Ordner an zentraler Stelle zusammenzufassen.

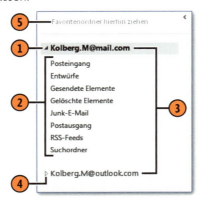

Die Ordner im Einzelnen

■ Im *Posteingang* werden die auf Ihren Rechner heruntergeladenen E-Mail-Nachrichten abgelegt. Sie können hier gelesen und bearbeitet – z.B. beantwortet oder weitergeleitet – werden.

■ Im Ordner *Entwürfe* speichern Sie E-Mail-Nachrichten, die Sie später fertigstellen bzw. versenden oder als Vorlage für zukünftige Nachrichten verwenden wollen.

■ Gesendete Nachrichten werden standardmäßig als Kopien im Ordner *Gesendete Elemente* abgelegt. Damit verfügen Sie über eine Kontrollmöglichkeit, wem Sie wann welche Nachricht gesendet haben.

■ Im Ordner *Gelöschte Elemente* werden in der Grundeinstellung des Programms die Elemente »zwischengelagert«, die Sie aus einem der anderen Ordner gelöscht haben.

■ Der Ordner *Junk-E-Mail* dient zur Ablage von Nachrichten, die von Outlook als Werbung oder ähnlich unerwünschte Sendungen identifiziert wurden.

■ Der *Postausgang* beinhaltet E-Mail-Nachrichten, die zwar gesendet werden sollen, aber noch nicht an den Mailserver übermittelt wurden. Wenn Sie Outlook beenden und sich im Postausgang noch nicht gesendete Nachrichten befinden, werden Sie darauf hingewiesen.

■ Outlook können Sie auch als Feedreader benutzen; im Ordner *RSS-Feeds* werden dann die entsprechenden Nachrichtenheader und heruntergeladenen Artikel angezeigt.

■ Über *Suchordner* finden Sie Nachrichten, die von Ihnen festlegbaren Kriterien entsprechen. Sie können hierüber auch eigene Suchläufe erstellen und speichern.

Die Inhalte eines Ordners anzeigen lassen

① Klicken Sie beispielsweise auf *Posteingang*, um die empfangenen E-Mail-Nachrichten anzuzeigen.

② Die Anzeige der Inhalte des Ordners erfolgt in der Nachrichtenliste rechts der Ordnerleiste.

③ Klicken Sie auf *Ungelesen*, um nur E-Mails anzuzeigen, die Sie noch nicht angesehen haben.

④ Klicken Sie z.B. auf *Gesendete Elemente*, um die von Ihnen gesendeten Nachrichten zu kontrollieren.

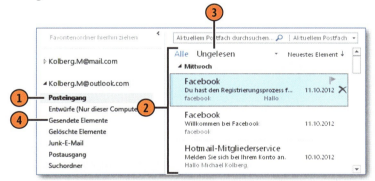

Tipp ✔

Wird hinter dem Namen eines Ordners – wie *Posteingang* – eine Zahl angezeigt, bedeutet das, dass sich in diesem Ordner entsprechend viele ungelesene Nachrichten befinden. Standardmäßig klassifiziert Outlook eine Nachricht als gelesen, wenn Sie sie im Lesebereich angezeigt hatten.

Einen Ordner als Favoriten klassifizieren

① Markieren Sie den gewünschten Ordner im Ordnerbereich – beispielsweise *Posteingang*.

② Ziehen Sie ihn mit gedrückter Maustaste auf die Überschrift *Favoriten* bzw. auf die bereits vorhandene Favoritenliste.

③ Der Ordner – d.h. die Verknüpfung zu dem Ordner – wird in der Favoritenliste angezeigt.

Gewusst wie 🖱

Um einen Ordner aus der Favoritenliste zu löschen, klicken Sie mit der rechten Maustaste auf seinen Namen und wählen im Kontextmenü *Aus Favoriten entfernen*.

Achtung !

Haben Sie mit Outlook 2013 ein Update auf der Basis einer vorhandenen Vorversion durchgeführt, werden die Namen der einzelnen Ordner aus der Vorversion übernommen.

E-Mail-Nachrichten erstellen und versenden

Nachdem Sie ein funktionierendes Konto eingerichtet haben, ist das Erstellen einer E-Mail-Nachricht eine einfache Sache. Sie müssen im Prinzip nur drei Dinge tun: die Adresse des Empfängers, den Betreff sowie den Text der Nachricht eingeben – dann können Sie die Nachricht abschicken. Beachten Sie, dass Sie eine Nachricht auch gleich an mehrere Empfänger senden können.

Eine E-Mail-Nachricht erstellen

1 Aktivieren Sie – wenn notwendig – den Bereich *E-Mail*.

2 Klicken Sie auf der Registerkarte *Start* in der Gruppe *Neu* auf die Schaltfläche *Neue E-Mail*, um das Formular zum Verfassen einer E-Mail-Nachricht zu öffnen.

3 Im Feld *An* geben Sie die Adresse des Empfängers ein, an den die Nachricht gesendet werden soll.

4 Geben Sie im Feld *Betreff* einen Hinweis dazu ein, worum es in der Nachricht geht. Diese Info wird – neben Ihrem Namen – dem Empfänger in der Nachrichtenkopfzeile angezeigt.

5 Geben Sie im Feld darunter die eigentliche Nachricht ein.

6 Klicken Sie auf die Schaltfläche *Senden*, um das Formularfenster zu schließen und die Nachricht abzuschicken. Je nach Konfiguration wird die Mail direkt an den Mailserver übertragen oder zunächst im *Postausgang* zwischengelagert.

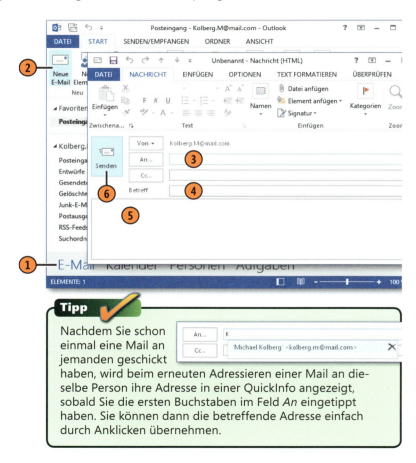

Tipp

Haben Sie mehrere E-Mail-Konten eingerichtet, können Sie über die Liste zur Schaltfläche *Von* wählen, von welchem Konto aus Sie die Nachricht senden wollen.

Tipp

Nachdem Sie schon einmal eine Mail an jemanden geschickt haben, wird beim erneuten Adressieren einer Mail an dieselbe Person ihre Adresse in einer QuickInfo angezeigt, sobald Sie die ersten Buchstaben im Feld *An* eingetippt haben. Sie können dann die betreffende Adresse einfach durch Anklicken übernehmen.

Eine Mail an mehrere Personen versenden

① Klicken Sie auf der Registerkarte *Start* in der Gruppe *Neu* auf die Schaltfläche *Neue E-Mail*, um das Formular zum Verfassen einer E-Mail-Nachricht zu öffnen.

② Um die Nachricht an mehrere Personen zu senden, setzen Sie im Feld *An* nach der Eingabe der ersten Adresse ein Semikolon und geben dann die nächste Adresse ein.

③ Wenn Sie die E-Mail-Nachricht als Kopie an eine andere Person senden wollen, geben Sie die betreffende Empfängeradresse im Feld *Cc* ein. *Cc* steht für *Carbon Copy* – Durchschlag.

④ Klicken Sie auf die Schaltfläche *Senden*, um das Formularfenster zu schließen und die Nachricht abzuschicken. Je nach Konfiguration wird die Mail direkt an den Mailserver übertragen oder zunächst im *Postausgang* zwischengelagert.

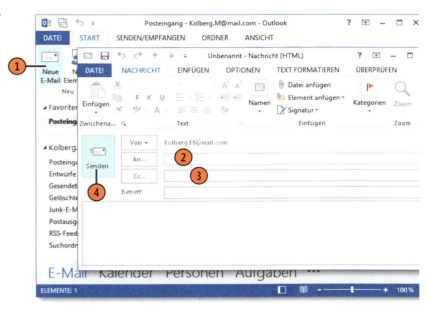

Tipp

Sie können mit *Bcc* eine zusätzliche Zeile zur Adresseingabe anzeigen lassen. Den betreffenden Befehl finden Sie im Menüband auf der Registerkarte *Optionen* in der Gruppe *Felder anzeigen*. *Bcc* steht für *Blind Carbon Copy* – Blindkopie – und funktioniert ähnlich wie *Cc*. Auch hier können Sie Empfänger auflisten, die eine Kopie der Mail erhalten sollen. Diese Angabe ist aber insofern »blind«, als sie den unter *An* und *Cc* aufgelisteten Empfängern nicht angezeigt wird. Die unter *Bcc* aufgeführten Empfänger bleiben also den eigentlichen Adressaten der Nachricht verborgen.

Achtung

Wenn nach dem Senden der Nachricht hinter dem Outlook-Ordner *Postausgang* eine Zahl angezeigt wird, befindet sich Ihre Nachricht noch in diesem Ordner. Das ist z.B. dann der Fall, wenn beim Sendeversuch gerade keine Internetverbindung bestand oder entsprechende Übermittlungsoptionen festgelegt wurden.

Weitere Sendeoptionen festlegen

Vor dem Senden können Sie verschiedene Optionen zu Ihrer Nachricht definieren. Sie können beispielsweise eine Stufe für die Wichtigkeit wählen oder die Nachricht zur Nachverfolgung markieren. Außerdem können Sie eine vorher definierte Signatur und/oder ein Briefpapier auswählen. Auch individuelle Einstellungen zur Sicherheit sind möglich.

Wichtigkeit festlegen

① Wählen Sie im Formular zum Erstellen einer Nachricht die Registerkarte *Nachricht*.

② Klicken Sie in der Gruppe *Kategorien* hier, um der Mail eine hohe Priorität zuzuweisen. Die Schaltfläche wirkt als Umschalter. Durch einen weiteren Klick setzen Sie die Wichtigkeit wieder auf *Normal*.

③ Klicken Sie hier, um der Mail eine niedrige Priorität zuzuweisen. Auch diese Schaltfläche wirkt als Umschalter.

Eine Signatur hinzufügen

① Wählen Sie im Formular zum Erstellen einer Nachricht die Registerkarte *Nachricht*.

② Klicken Sie auf die Schaltfläche *Signatur*.

③ Wählen Sie eine der bereits definierten Signaturen.

④ Die Signatur wird unten in der Nachricht angezeigt.

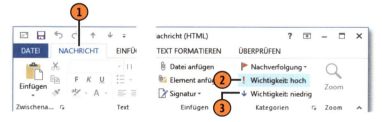

Tipp ✔

Normalerweise enthalten Nachrichten keinerlei Angaben zur Wichtigkeit. Wenn Sie die Wichtigkeit auf *Hoch* oder *Niedrig* setzen, wird das dem Empfänger durch ein entsprechendes Symbol an der Nachricht im Ansichtsbereich mitgeteilt.

❗ Wichtigkeit *Hoch*   ⬇ Wichtigkeit *Niedrig*

Achtung ❗

Signaturen müssen zunächst einmal erstellt werden. Wie man das macht, lesen Sie auf Seite 236 f.

Zur Nachverfolgung kennzeichnen

(1) Wählen Sie im Formular zum Erstellen einer Nachricht die Registerkarte *Nachricht*.

(2) Klicken Sie auf die Schaltfläche *Nachverfolgung*.

(3) Sie können angeben, dass eine Aufgabe erstellt werden soll, mit der Sie auf diese Nachricht hingewiesen werden.

(4) Über *Benutzerdefiniert* können Sie ferner festlegen, für wen diese Kennzeichnung gelten soll – den Sender oder den Empfänger.

(5) Außerdem können Sie festlegen, dass eine Erinnerung eingeblendet wird, wenn dieser Termin naht.

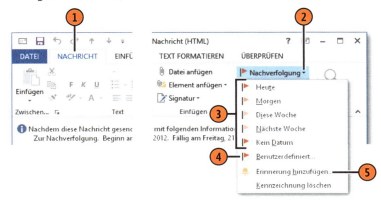

Siehe auch

Weitere Hinweise zum Thema Erinnerung finden Sie auf Seite 206.

Übermittlungs- oder Lesebestätigung anfordern

(1) Wählen Sie im Formular zum Erstellen einer Nachricht die Registerkarte *Optionen*.

(2) Aktivieren Sie ggf. die Option *Übermittlungsbestätigung anfordern*.

(3) Aktivieren Sie ggf. die Option *Lesebestätigung anfordern*.

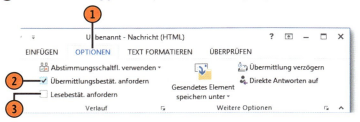

Achtung

Der Empfänger einer Nachricht, die mit einer Lesebestätigung versehen ist, hat die Wahl, eine solche Bestätigung zu senden oder dies abzulehnen. Diese Option hat also nicht den Charakter eines Einschreibens.

Tipp

Viele der auf diesen Seiten angesprochenen Optionen können Sie auch standardmäßig setzen (siehe Kapitel 10). Die Optionen werden dann bei allen gesendeten Nachrichten automatisch verwendet, können aber individuell ausgeschaltet werden.

Weitere Sendeoptionen im Dialogfeld »Eigenschaften«

① Wählen Sie im Formular zum Erstellen einer Nachricht die Registerkarte *Optionen*.

② Ein Klick auf das sogenannte Startprogramm für Dialogfelder rechts neben der Gruppenbezeichnung *Weitere Optionen* zeigt das Dialogfeld *Eigenschaften* an.

③ Legen Sie die gewünschten Optionen fest.

④ Bestätigen Sie über *Schließen*.

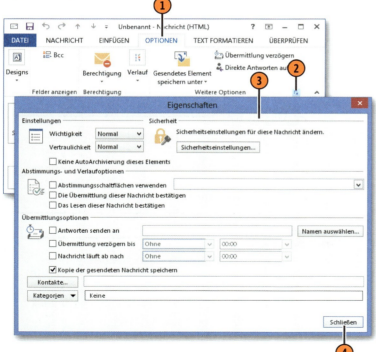

Die Optionen im Einzelnen

■ Mit der Option *Abstimmungsschaltflächen verwenden* können Sie der Nachricht verschiedene Sätze von Schaltflächen beifügen, die dem Empfänger das Antworten erleichtern.

■ Unter *Übermittlungsoptionen* können Sie zusätzliche Angaben zu Antwortadresse, Übermittlungszeit etc. festlegen.

  ● Geben Sie im Feld *Antworten senden an* eine von Ihrer Adresse abweichende Adresse an, die der Empfänger beim Antworten auf Ihre Nachricht benutzen soll. Wenn der Empfänger Microsoft Outlook verwendet, wird diese Antwortadresse bei einem Klick auf die Schaltfläche *Antworten* automatisch verwendet.

  ● Nach Aktivieren von *Übermittlung verzögern bis* können Sie über die entsprechenden Listenfelder ein Datum und eine Uhrzeit auswählen und damit festlegen, wann die Übermittlung der Nachricht frühestens vorgenommen werden soll. Bis zu diesem Zeitpunkt wird die Nachricht im Ordner *Postausgang* verwahrt.

  ● Über *Nachricht läuft ab nach* können Sie einen Zeitpunkt angeben, ab dem die Nachricht nicht mehr verfügbar sein soll.

■ Das Feld *Kontakte* erlaubt die Zuordnung eines oder mehrerer Kontakte zu dieser Nachricht.

■ Über *Kategorien* können Sie die Nachricht mit entsprechenden Kategorien verknüpfen (siehe hierzu Seite 140 f.).

Verschlüsseln und digital signieren

① Klicken Sie im Dialogfeld *Eigenschaften* auf die Schaltfläche *Sicherheitseinstellungen*.

② Nehmen Sie die gewünschten Einstellungen vor.

③ Bestätigen Sie über *OK*.

④ Verlassen Sie das Dialogfeld *Eigenschaften* durch einen Klick auf *Schließen*.

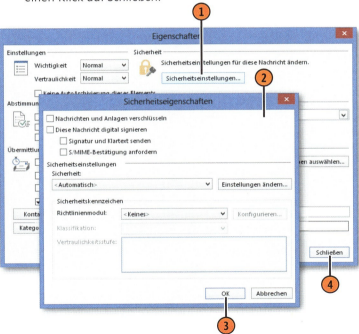

Die Sicherheitseinstellungen im Einzelnen

■ Mit *Nachrichten und Anlagen verschlüsseln* legen Sie fest, dass sowohl die Nachricht als auch ggf. beigefügte Anlagen so verschlüsselt werden, dass nur der Empfänger sie lesen kann.

■ Durch Aktivieren von *Diese Nachricht digital signieren* fügen Sie der Nachricht eine digitale Signatur hinzu.

● *Signatur und Klartext senden* gibt an, dass Empfänger, deren Programme solche Signaturen nicht unterstützen, die Nachricht ohne Überprüfung der digitalen Signatur lesen dürfen.

● *S/MIME-Bestätigung anfordern* gewährleistet, dass nur signierte S/MIME-Nachrichten empfangen werden, die sicher sind. Dabei wird eine Bestätigung dafür angefordert, dass eine Nachricht unverändert empfangen wurde. Sie enthält außerdem Informationen dazu, wer die Nachricht geöffnet hat und wann sie geöffnet wurde. Diese Überprüfungsinformationen werden als Nachricht zurückgeschickt.

■ Wenn Sie mehrere Standardsicherheitseinstellungen eingerichtet haben und eine davon für eine bestimmte Nachricht verwenden möchten, wählen Sie die entsprechende Einstellung in der Dropdownliste *Sicherheit* aus.

Achtung

Damit Sie Ihre Nachricht verschlüsseln und/oder digital signieren können, muss ein Zertifikat für das verwendete Konto vorhanden sein. Wie man ein solches Zertifikat hinzufügt, lesen Sie auf Seite 244 f.

E-Mail-Nachrichten empfangen

Outlook ist standardmäßig so eingerichtet, dass an Sie gerichtete Nachrichten beim Öffnen des Programms automatisch abgerufen werden. Außerdem werden Nachrichten in regelmäßigen Zeitabständen – standardmäßig alle 30 Minuten – übertragen. Sie können aber auch jederzeit manuell neue Nachrichten abrufen. Voraussetzung für die Nachrichtenübermittlung ist natürlich eine bestehende Verbindung zum Internet.

E-Mail-Nachrichten übermitteln

① Klicken Sie in der Symbolleiste für den Schnellzugriff auf die Schaltfläche *Alle Ordner senden/empfangen* oder drücken Sie auf die Taste F9.

② Im Dialogfeld *Outlook-Nachrichtenübermittlung* wird der Austausch der Nachrichten angezeigt. Dieses Dialogfeld wird nach Beenden der Übermittlungsaufgaben automatisch geschlossen.

③ Außerdem wird in der Statusleiste des Programmfensters angezeigt, dass Nachrichten empfangen oder gesendet werden.

④ Im Bereich *E-Mail* wird die Anzahl der empfangenen, aber noch nicht gelesenen Nachrichten in den betreffenden Ordnern im Ordnerbereich angegeben.

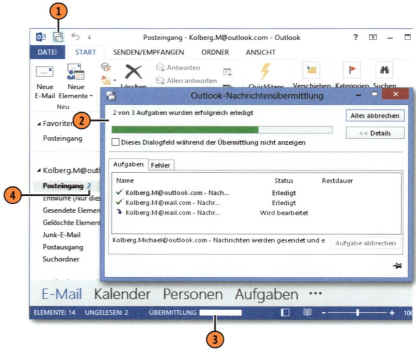

Tipp ✔

Wenn Sie die Häufigkeit der automatischen Nachrichtenübermittlung ändern möchten, klicken Sie auf die Registerkarte *Datei* und dann auf *Optionen*. Klicken Sie anschließend im Dialogfeld *Outlook-Optionen* auf *Erweitert* und dann im Bereich *Senden und Empfangen* auf die Schaltfläche *Senden/Empfangen*. Im Dialogfeld *Senden-Empfangen-Gruppen* können Sie dann im Feld *Automatische Übermittlung alle ... Minuten* die Häufigkeit einstellen.

Nur Senden oder nur Empfangen

(1) Wählen Sie einen der Befehle in der Gruppe *Senden und Empfangen* auf der Registerkarte *Senden/Empfangen*.

(2) *Ordner aktualisieren* bewirkt, dass nur die Nachrichten in dem gerade im Ordnerbereich markierten Ordner ausgetauscht werden. Ist z.B. der *Posteingang* markiert, werden nur neue Nachrichten empfangen; ist der *Postausgang* markiert, werden nur Nachrichten gesendet.

(3) Mit *Alle senden* senden Sie alle nicht gesendeten Nachrichten. Empfangen wird dabei nichts.

(4) Über *Senden-Empfangen-Gruppen* können Sie weitere Übermittlungsoptionen auswählen bzw. festlegen.

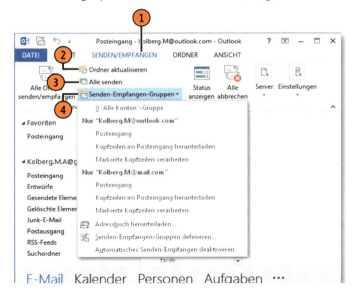

Offline arbeiten

■ Wenn Sie vorübergehend nicht durch eingehende Nachrichten gestört werden möchten, klicken Sie auf der Registerkarte *Senden/Empfangen* in der Gruppe *Einstellungen* auf *Offline arbeiten*. Von Ihnen gesendete Nachrichten landen dann zunächst im Ordner *Postausgang*. Denken Sie daran, die Verbindung später wieder einzuschalten; klicken Sie dazu erneut auf *Offline arbeiten*.

■ Der Zustand der Verbindung zum Netz wird in der Statusleiste angezeigt. Außerdem wird das Outlook-Symbol in der Windows-Taskleiste mit einem zusätzlichen kleinen Zeichen für den Offlinemodus versehen.

■ Alternativ können Sie auch im Menü zur Schaltfläche *Senden-Empfangen-Gruppen* in der Gruppe *Senden und Empfangen* die Option *Automatisches Senden/Empfangen deaktivieren* einschalten.

> **Siehe auch**
>
> Das Arbeiten mit *Senden-Empfangen-Gruppen* erlaubt es, diverse zusätzliche Einstellungen für den Austausch von Nachrichten zu konfigurieren. Darauf gehen wir auf Seite 241 ein.

E-Mail-Nachrichten lesen

Empfangene Nachrichten werden in der Grundeinstellung im Ordner *Posteingang* abgelegt. Wenn Sie eine Nachricht lesen wollen, können Sie dazu den Lesebereich des Programms benut-

zen. In diesem Bereich können Sie eine Vorschau auf die Nachricht anzeigen, ohne sie selbst öffnen zu müssen. Vertrauenswürdige Nachrichten können Sie aber auch gleich öffnen.

Eine E-Mail-Nachricht im Lesebereich anzeigen

① Aktivieren Sie – wenn notwendig – den Bereich *E-Mail*.

② Klicken Sie links im Ordnerbereich auf den Ordner *Posteingang*, um seinen Inhalt in der Nachrichtenliste anzeigen zu lassen.

③ Klicken Sie auf eine der Nachrichten in der Nachrichtenliste.

④ Die gewählte Nachricht wird im Lesebereich angezeigt.

Tipp ✓

Im aktuellen Ordner werden die enthaltenen Nachrichten in der zeitlichen Reihenfolge ihres Eintreffens angezeigt. Innerhalb der Nachrichtenliste wird eine zusätzliche Gruppierung durch die Rubriken *Heute*, *Gestern*, *Letzte Woche* usw. oder durch die Anzeige des Wochentags vorgenommen. Über das Pfeilsymbol der Gruppierungszeilen blenden Sie die Gruppe aus bzw. ein.

Achtung !

Wenn die Nachricht grafische Elemente wie Bilder usw. enthält, werden diese in der Standardeinstellung des Programms nicht mit heruntergeladen. Der Grund dafür ist, dass solche Elemente Viren beinhalten könnten. Klicken Sie im Lesebereich auf den mit *Klicken Sie hier ...* beginnenden Hinweis, um die grafischen Elemente ggf. herunterzuladen. Über die Optionen im Kontextmenü können Sie auch noch weitere Downloadeinstellungen festlegen.

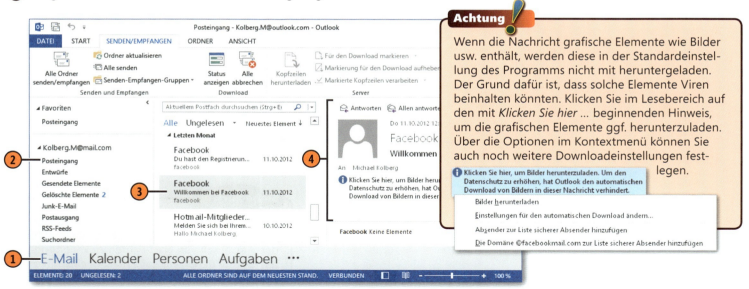

Eine E-Mail-Nachricht öffnen

① Um eine Nachricht vollständig anzuzeigen, doppelklicken Sie auf den betreffenden Eintrag in der Nachrichtenliste. Beachten Sie aber vor dem Öffnen einer Nachricht von einem Ihnen nicht bekannten Absender die erforderlichen Sicherheitsmaßnahmen.

② Die Nachricht wird in einem separaten Fenster angezeigt. Die Angaben des Senders werden abgeblendet dargestellt. Die Nachricht selbst kann nicht editiert werden.

③ Das Fenster verfügt über ein Menüband mit der Registerkarte *Nachricht*. Darin stehen Ihnen weitere Befehle zum Arbeiten mit der Nachricht zur Verfügung.

④ Über die Schaltflächen *Vorheriges Element* und *Nächstes Element* in der Symbolleiste für den Schnellzugriff wechseln Sie zu anderen Nachrichten im selben Ordner.

⑤ Klicken Sie hier, um das Fenster mit der Nachricht wieder zu schließen.

Tipp ✔

In der Nachrichtenliste werden noch nicht gelesene Nachrichten in fetter Schrift dargestellt, gelesene in normaler Schrift. Beachten Sie auch die beiden Schaltflächen *Alle* und *Ungelesen* in diesem Bereich. Wenn Sie auf *Ungelesen* klicken, werden in der Liste nur Nachrichten angezeigt, die Sie noch nicht gelesen haben.

Den verfügbaren Platz im Ansichtsbereich optimieren

Wenn Sie Nachrichten nur schnell lesen wollen, ohne sie zu öffnen, sollten Sie sich in den Möglichkeiten auskennen, die Outlook für die Optimierung der Größe der einzelnen Bereiche zur Verfügung stellt. Sie können z.B. einzelne Bereiche – je nach Wunsch – mini-mieren oder maximieren oder ganz ausblenden. Auch das schnelle Umschalten zwischen Normal- und Leselayoutansicht sollten Sie kennen.

Minimieren oder Maximieren einzelner Bereiche

① Wählen Sie die Registerkarte *Ansicht*.

② Benutzen Sie die Befehle im Menü zur Schaltfläche *Ordnerbereich*, um diesen Bereich minimiert oder in normaler Größe anzuzeigen.

③ Legen Sie für den Personenbereich fest, ob er überhaupt und dann minimiert oder in normaler Größe dargestellt werden soll.

④ Wenn der Ordnerbereich normal angezeigt wird, klicken Sie hier, um ihn vorübergehend zu minimieren.

⑤ Ist der Personenbereich minimiert, klicken Sie zur Anzeige dieses Bereichs hier.

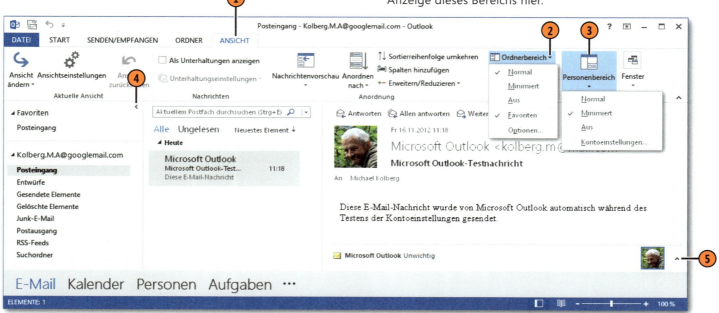

Zwischen Normal- und Leselayoutansicht wechseln

1 Klicken Sie rechts in der Statusleiste auf die Schaltfläche *Leselayout*. In dieser Ansicht wird dem Lesebereich mehr Platz zur Verfügung gestellt, d.h., Ordnerbereich und Aufgabenleiste werden minimiert.

2 Klicken Sie in der Statusleiste auf die Schaltfläche *Normal*, um zur vorher eingestellten Darstellung zurückzukehren. Standardmäßig werden dann Ordnerbereich und Aufgabenleiste wieder normal angezeigt.

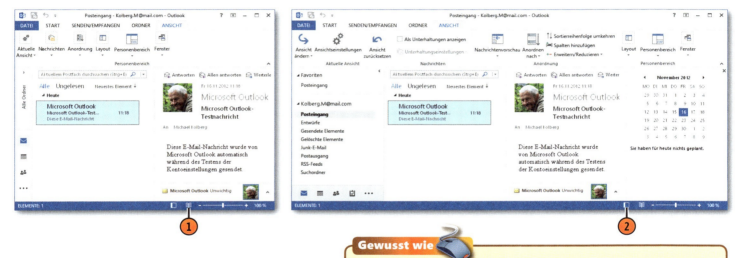

Tipp ✓

Über die Optionen zur Schaltfläche *Lesebereich* in der Gruppe *Layout* können Sie diesen Bereich auch unterhalb der Nachrichtenliste anzeigen lassen bzw. komplett abschalten. Auch die *Aufgabenleiste* können Sie vom Bildschirm verbannen.

Gewusst wie 🖱

Auch das Menüband gibt es in der platzsparenden Variante: Drücken Sie Strg+F1 oder klicken Sie ganz rechts im Menüband auf die Schaltfläche *Menüband lösen*. Die Elemente des Menübands verschwinden bis auf die Namen der Registerkarten. Klicken Sie auf eine dieser Bezeichnungen, um die Elemente des Menübands wieder anzuzeigen. Nach der Wahl eines Befehls wird das Menüband wieder minimiert. Um das Menüband wieder vollständig und permanent anzuzeigen, doppelklicken Sie auf die Bezeichnung einer beliebigen Registerkarte.

E-Mail-Nachrichten beantworten oder weiterleiten

In der Mehrzahl der Fälle werden Sie auf eine an Sie gerichtete E-Mail-Nachricht reagieren wollen. Sie können beispielsweise darauf antworten oder die Nachricht an einen anderen Empfänger weiterleiten. Sie sparen sich die für die erneute Eingabe der Adressen benötigte Zeit, wenn Sie hierzu direkt von der empfangenen Nachricht ausgehen. Ansonsten verfahren Sie zum Antworten bzw. Weiterleiten im Prinzip genauso wie beim Erstellen einer neuen Nachricht.

Eine E-Mail-Nachricht aus dem Lesebereich heraus beantworten

① Markieren Sie die Nachricht in der Nachrichtenliste.

② Klicken Sie im Lesebereich auf die Schaltfläche *Antworten*. Sie können auch die gleichnamige Schaltfläche in der Gruppe *Antworten* auf der Registerkarte *Start* benutzen.

③ Im Lesebereich wird ein Antwortformular geöffnet. Geben Sie hier Ihre Antwort ein.

④ Die Empfängeradresse ist bereits vermerkt.

⑤ Der Betreff wird aus der Originalnachricht übernommen; die Buchstaben *AW* – für *Antwort* – werden automatisch davorgesetzt.

⑥ Klicken Sie auf *Senden*, um die Antwort abzuschicken.

Gewusst wie

Wenn Sie im Lesebereich oberhalb des Antwortformulars auf *Abdocken* klicken, wird ein separates Fenster zum Verfassen der Antwort geöffnet (siehe hierzu nächste Seite).

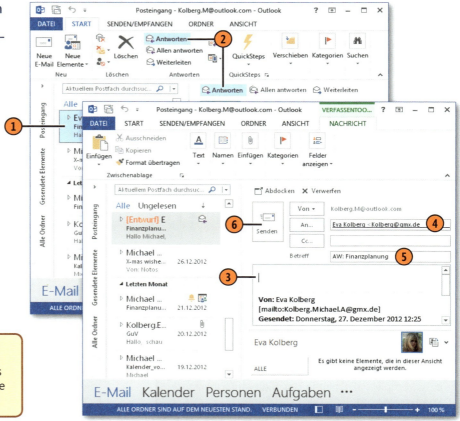

Eine E-Mail-Nachricht aus dem Formularfenster heraus beantworten

① Haben Sie die E-Mail-Nachricht in einem separaten Fenster geöffnet, klicken Sie auf die Schaltfläche *Antworten* in der gleichnamigen Gruppe auf der Registerkarte *Nachricht*. Das Fenster zum Verfassen einer Antwort auf die Nachricht wird geöffnet.

② Der oder die Empfänger ist/sind bereits vermerkt.

③ In der Betreffzeile finden Sie die ursprüngliche Angabe mit vorangestelltem *AW* (für *Antwort*).

④ Geben Sie Ihre Antwort ein.

⑤ Standardmäßig wird die ursprüngliche Nachricht im unteren Teil nochmals angezeigt, damit der Absender weiß, worauf sich Ihre Antwort bezieht.

⑥ Klicken Sie hier, um die Antwort abzuschicken.

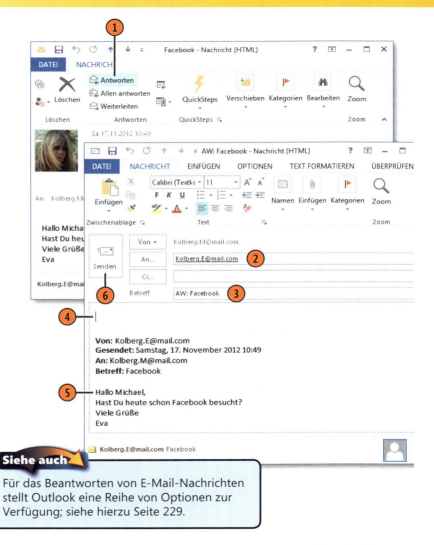

Tipp ✔

Klicken Sie auf *Allen antworten* in der Gruppe *Antworten* auf der Registerkarte *Start* bzw. auf der Registerkarte *Nachricht*, wenn Sie Ihre Antwort auch den unter *Cc* aufgelisteten weiteren Empfängern zukommen lassen wollen.

Siehe auch

Für das Beantworten von E-Mail-Nachrichten stellt Outlook eine Reihe von Optionen zur Verfügung; siehe hierzu Seite 229.

Eine E-Mail-Nachricht aus dem Lesebereich heraus weiterleiten

① Markieren Sie die Nachricht in der Nachrichten-liste.

② Klicken Sie im Lesebereich auf die Schaltfläche *Weiterleiten*. Sie können auch die gleichnamige Schaltfläche in der Gruppe *Antworten* auf der Registerkarte *Start* benutzen.

③ Im Lesebereich wird ein Formular geöffnet. Geben Sie hier Ihren Kommentar ein.

④ Darunter werden die Daten der Originalnachricht übernommen.

⑤ Die Empfängeradresse(n) müssen Sie noch ein-geben.

⑥ Der Betreff wird aus der Originalnachricht übernommen; die Buchstaben *WG* – für *Weiter-geleitet* – werden automatisch davorgesetzt.

⑦ Klicken Sie auf *Senden*, um die Nachricht weiter-zuleiten.

Gewusst wie

Wenn Sie im Lesebereich oberhalb des Formulars auf *Abdocken* klicken, wird ein separates Fens-ter zum Weiterleiten der E-Mail geöffnet (siehe hierzu nächste Seite).

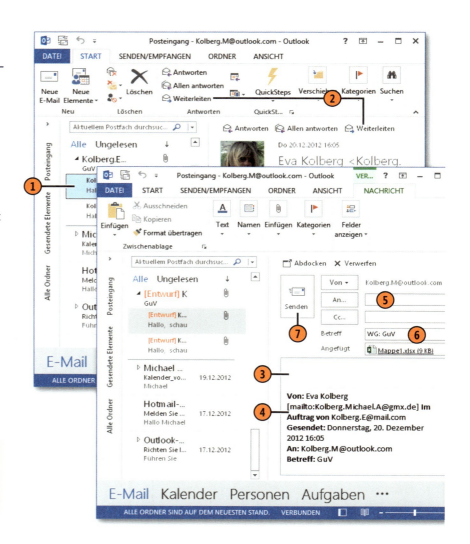

Eine E-Mail-Nachricht aus dem Formular-fenster heraus weiterleiten

① Haben Sie die E-Mail-Nachricht in einem sepa-raten Fenster geöffnet, klicken Sie auf die Schalt-fläche *Weiterleiten* in der Gruppe *Antworten* auf der Registerkarte *Nachricht*. Das Fenster zum Weiterleiten einer E-Mail-Nachricht wird geöffnet.

② In der Betreffzeile finden Sie die ursprüngliche Eingabe mit vorangestelltem *WG* (für *Weiter-geleitet*).

③ Die Empfängeradresse(n) müssen Sie noch angeben. Zusätzliche Eingaben im Textbereich können Sie ebenfalls noch vornehmen sowie ggf. Anlagen hinzufügen.

④ Darunter werden die Daten der Originalnachricht übernommen.

⑤ Klicken Sie hier, um die Nachricht weiterzu-leiten.

Tipp

Wenn Sie Nachrichten häufiger an ein und dieselbe Person weiterleiten müssen, können Sie sich Arbeit ersparen, indem Sie für diese Aufgabe einen QuickStep einrichten – siehe hierzu Seite 122 f.

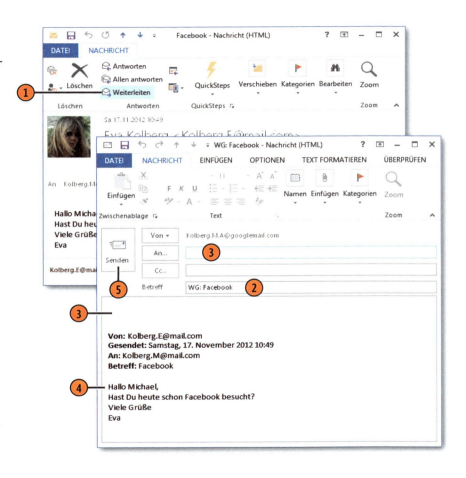

Outlook Heute

Der Bereich *Outlook Heute* bietet einen zusammenfassenden Überblick über den gesamten aktuellen Tag. Sie finden hier Links zu den anstehenden Terminen, zu den zu erledigenden Aufgaben und eine Übersicht über die noch zu bearbeitenden Nachrichten.

Die Daten werden automatisch aktualisiert, wenn Sie Termine im Kalender und Aufgaben in den entsprechenden Programmbereichen eintragen oder wenn neue Nachrichten eintreffen.

»Outlook Heute« anzeigen

① Klicken Sie im Ordnerbereich auf den betreffenden Kontonamen.

② *Outlook Heute* wird angezeigt. In der Standardansicht werden die für den aktuellen Tag im Kalender eingetragenen Termine, die durchzuführenden Aufgaben sowie die als ungelesen markierten Nachrichten in drei Spalten dargestellt.

③ Um zu den Details der in *Outlook Heute* zusammengefassten Elemente zu wechseln, klicken Sie auf eine der Überschriften *Kalender*, *Aufgaben* oder *Nachrichten*. Im daraufhin angezeigten Ordner können Sie die Termine, Aufgaben bzw. Nachrichten jeweils im Zusammenhang bearbeiten.

④ Wollen Sie zu einem dieser Ordner wechseln und gleich einen der angezeigten Termine, eine der Aufgaben oder eine der Nachrichten markieren, klicken Sie direkt auf dieses Element.

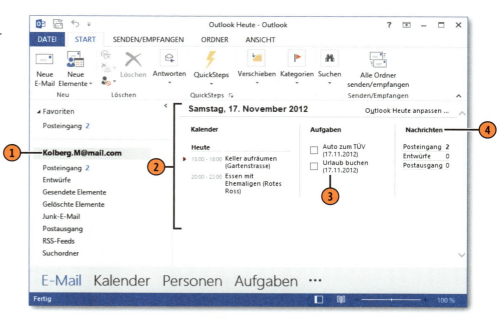

Tipp ✔

Auch auf der Seite *Outlook Heute* können Sie abgeschlossene Aufgaben als erledigt markieren. Klicken Sie dazu auf das betreffende Kontrollkästchen. Die Aufgabe wird dann durchgestrichen angezeigt. Ein weiterer Klick zeigt sie wieder als nicht erledigt an.

»Outlook Heute« anpassen

(1) Klicken Sie auf *Outlook Heute anpassen* rechts in der Titelleiste des Bereichs, um das Fenster zu öffnen, über das Sie das Erscheinungsbild von *Outlook Heute* ändern können.

(2) Nehmen Sie die gewünschten Einstellungen vor.

(3) Klicken Sie auf *Änderungen speichern*, um zur Anzeige von *Outlook Heute* zurückzukehren.

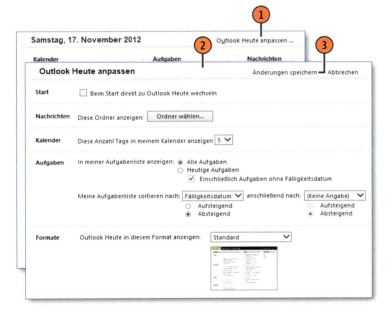

Die Optionen zum Anpassen im Einzelnen

■ Durch Aktivieren der Option *Beim Start direkt zu Outlook Heute wechseln* können Sie bewirken, dass statt des standardmäßig angezeigten Posteingangs die Seite *Outlook Heute* automatisch nach dem Öffnen von Outlook angezeigt wird.

■ Über die Schaltfläche *Ordner wählen* können Sie den Ordner auswählen, dessen Nachrichten angezeigt werden sollen. Standardmäßig wird hier der Ordner *Posteingang* verwendet. Eine Änderung empfiehlt sich nur, wenn Sie an Sie gerichtete Nachrichten in einem anderen Ordner ablegen lassen.

■ Im Bereich *Kalender* können Sie die Anzahl der Tage festlegen, für die Elemente angezeigt werden sollen.

■ Im Bereich *Aufgaben* können Sie wählen, was in der Aufgabenliste angezeigt werden soll. Sie können entweder alle anstehenden Aufgaben oder nur die für den aktuellen Tag auflisten lassen. Durch Aktivieren von *Einschließlich Aufgaben ohne Fälligkeitsdatum* bewirken Sie für letzteren Fall die zusätzliche Anzeige von Aufgaben, für die kein Datum eingegeben wurde. Außerdem können Sie die Liste der Aufgaben nach zwei Kriterien sortieren lassen. Standardmäßig wird nur nach dem Fälligkeitsdatum sortiert. Wenn regelmäßig viele Aufgaben aufgelistet werden, können Sie zusätzlich ein zweites Sortierkriterium benutzen.

■ Über den Bereich *Formate* können Sie zwischen fünf Darstellungsformaten für *Outlook Heute* wählen.

Mit Anhängen arbeiten

Sie können an eine E-Mail-Nachricht Dateien beliebiger Programme oder auch Elemente aus Outlook zur Weitergabe anfügen. Der Empfänger einer solchen Nachricht kann die Anlagen direkt öffnen oder speichern und später weiterverarbeiten. Zum Senden einer Nachricht mit einer Anlage gehen Sie zunächst genauso vor wie bei einer normalen Nachricht. Außerdem können natürlich auch Sie E-Mails mit Anhängen erhalten.

Eine E-Mail-Nachricht mit Anhang versenden

(1) Klicken Sie auf der Registerkarte *Start* in der Gruppe *Neu* auf die Schaltfläche *Neue E-Mail*.

(2) Geben Sie die Adressdaten, den Betreff und den Text der Nachricht ein.

(3) Klicken Sie auf die Registerkarte *Einfügen*.

(4) Klicken Sie in der Gruppe *Einschließen* auf *Datei anfügen*.

(5) Wählen Sie im Dialogfeld *Datei einfügen* die gewünschte Datei aus.

(6) Klicken Sie auf *Einfügen*.

(7) Der Name der gewählten Datei wird in einer neuen Zeile mit der Bezeichnung *Angefügt* angezeigt.

(8) Klicken Sie auf *Senden*, um die Nachricht abzuschicken.

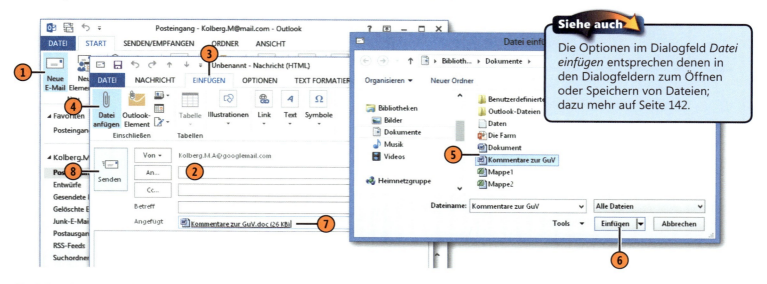

Siehe auch

Die Optionen im Dialogfeld *Datei einfügen* entsprechen denen in den Dialogfeldern zum Öffnen oder Speichern von Dateien; dazu mehr auf Seite 142.

Empfangene Anhänge speichern oder öffnen

① Dass eine empfangene Nachricht über einen Anhang verfügt, erkennen Sie in der Nachrichtenliste an dem Büroklammersymbol.

② Im Lesebereich werden die einzelnen Anhänge zur Nachricht aufgelistet. Klicken Sie mit der rechten Maustaste auf einen Eintrag.

③ Wählen Sie im Kontextmenü die Option *Speichern unter*.

④ Das Dialogfeld *Anlage speichern* wird angezeigt, in dem Sie wie üblich den Speicherort festlegen.

⑤ Klicken Sie auf *Speichern*.

⑥ Wenn Sie stattdessen den Anhang direkt öffnen wollen, klicken Sie im Kontextmenü auf *Öffnen*.

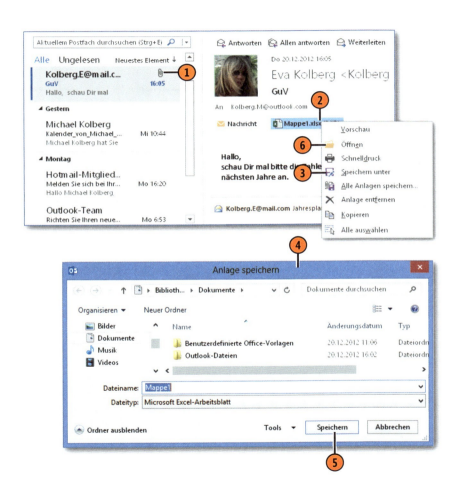

Tipp

Für einige Dateitypen – z.B. die Office-Dokumente – liefert Outlook eine Dateivorschau, mit deren Hilfe Sie den Inhalt einer Anlage bereits im Lesebereich kontrollieren können. Klicken Sie dazu im Lesebereich auf die Anlage.

E-Mail-Nachrichten drucken

Sie können aus allen Outlook-Bereichen Inhalte ausdrucken. Wenn Sie bestimmte Elemente aus einem Bereich drucken wollen, müssen Sie sie zuerst markieren. Den Ausdruck starten Sie dann über die Backstage-Ansicht *Drucken* der Registerkarte *Datei*. In allen Outlook-Bereichen stehen Ihnen mehrere Druckformate zur Verfügung.

Eine E-Mail drucken

① Markieren Sie die zu druckende(n) Nachricht(en).

② Klicken Sie auf die Registerkarte *Datei*.

③ Wählen Sie *Drucken*.

④ In der Seitenansicht können Sie das Ergebnis kontrollieren.

⑤ Bei längeren Nachrichten können Sie durch die Seiten blättern.

⑥ Ändern Sie ggf. die Druckoptionen, etwa den zu druckenden Seitenbereich.

⑦ Wählen Sie das gewünschte Druckformat.

- *Tabellenformat*: ausgewählte Elemente oder alle Elemente in einer Liste, in der die sichtbaren Spalten angezeigt werden

- *Memoformat*: ausgewählte Elemente jeweils einzeln in Form einer E-Mail-Nachricht; Anlagen werden als Grafik gedruckt

⑧ Klicken Sie auf *Drucken*, um den Ausdruck zu starten.

Siehe auch

Details zu den Druckoptionen finden Sie auf Seite 171.

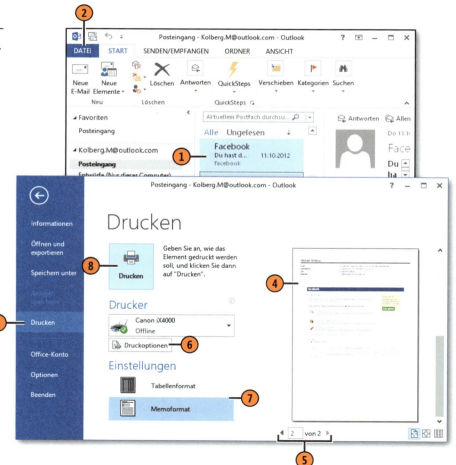

5 E-Mail-Nachrichten gestalten

Die Grundbegriffe des Nachrichtenaustauschs mittels E-Mail haben Sie im vorherigen Kapitel kennengelernt. Mit den dort beschriebenen Techniken erzeugen Sie einfache Textnachrichten ohne besondere Formate oder zusätzliche grafische Elemente.

In diesem Kapitel geht es um weiterführende Techniken: Sie können beispielsweise die Texte in den E-Mail-Nachrichten mit den üblichen Methoden der Textverarbeitung bearbeiten und darüber hinaus weitere Textelemente – auch Textbausteine – in E-Mail-Nachrichten einfügen. Sie können auch eine Rechtschreib- und Grammatikprüfung durchführen lassen.

Wenn Sie E-Mail-Nachrichten beispielsweise in einer Mailing-aktion an eine größere Anzahl von Empfängern versenden wollen, lohnt es sich vielleicht, etwas mehr Zeit in das optische Erscheinungsbild der Nachricht zu investieren und auch weitere für den Leser nützliche Elemente – wie Hyperlinks, Tabellen usw. – in den Text zu integrieren. Auf die dafür geeigneten Techniken wollen wir in diesem Kapitel eingehen und Sie mit den Methoden zum Formatieren und Einfügen zusätzlicher Elemente vertraut machen.

Das Nachrichtenformat

Die Wahl des Nachrichtenformats entscheidet über die Vielfalt der Möglichkeiten, die Ihnen zur Gestaltung von E-Mail-Nachrichten zur Verfügung stehen. Als Alternativen gibt es die Formate *HTML*, *Rich-Text* und *Nur Text*. *HTML* liefert die größte Vielfalt in den Gestaltungsmöglichkeiten, *Nur Text* ist am einfachsten und am sichersten. Die Festlegung des Formats können Sie generell für alle Nachrichten, aber auch für jede einzelne Nachricht vornehmen.

Das Format für eine E-Mail-Nachricht wählen

1 Wählen Sie im Formular zum Verfassen einer E-Mail-Nachricht die Registerkarte *Text formatieren*.

2 Wählen Sie in der Gruppe *Format* die gewünschte Option für das Nachrichtenformat.

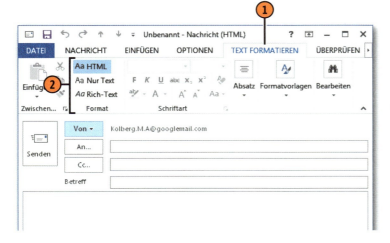

Die Formate im Einzelnen

- *HTML* steht für *Hypertext Markup Language*. Wählen Sie das Format HTML, wenn Sie in Ihrer Nachricht die Möglichkeit zur Verwendung einer vielfältigen Textformatierung – mit Nummerierung, Aufzählungszeichen usw. –, Hintergrundgestaltung etc. wünschen. Eine der wichtigsten Eigenschaften von HTML besteht in der Möglichkeit, Hyperlinks zu definieren. Sie können außerdem Briefpapier und Signaturen verwenden.

- Keinerlei Formatierungsmöglichkeiten stehen zur Verfügung, wenn Sie für die Nachricht das Format *Nur Text* verwenden. Die Eingabe von Text funktioniert zwar wie gewohnt und Sie können auch die Mehrzahl der Befehle zum Bearbeiten wie üblich ansprechen. Nicht verfügbar sind aber die sehr umfangreichen Alternativen zur Zeichen- und Absatzformatierung und zum Einfügen zusätzlicher Elemente wie Grafiken oder andere Objekte.

- Das Nachrichtenformat *Rich-Text* liegt hinsichtlich seiner Fähigkeiten zwischen *HTML* und *Nur Text*. Allerdings: Auf der Empfängerseite wird die Verwendung von Microsoft Outlook oder Microsoft Exchange vorausgesetzt, damit die auf diese Weise formatierten Nachrichten korrekt angezeigt werden.

Siehe auch

Wie Sie das Format für E-Mail-Nachrichten generell einstellen, erfahren Sie auf Seite 228.

HTML-Inhalte

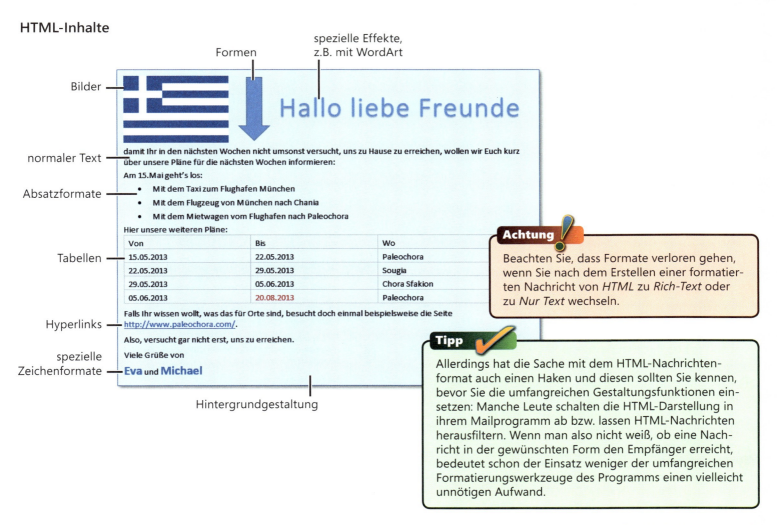

spezielle Effekte, z.B. mit WordArt

Formen

Bilder

Hallo liebe Freunde

normaler Text

damit Ihr in den nächsten Wochen nicht umsonst versucht, uns zu Hause zu erreichen, wollen wir Euch kurz über unsere Pläne für die nächsten Wochen informieren:

Am 15.Mai geht's los:

Absatzformate

- Mit dem Taxi zum Flughafen München
- Mit dem Flugzeug von München nach Chania
- Mit dem Mietwagen vom Flughafen nach Paleochora

Hier unsere weiteren Pläne:

Tabellen

Von	Bis	Wo
15.05.2013	22.05.2013	Paleochora
22.05.2013	29.05.2013	Sougia
29.05.2013	05.06.2013	Chora Sfakion
05.06.2013	20.08.2013	Paleochora

Falls Ihr wissen wollt, was das für Orte sind, besucht doch einmal beispielsweise die Seite

Hyperlinks

http://www.paleochora.com/.

Also, versucht gar nicht erst, uns zu erreichen.

Viele Grüße von

spezielle Zeichenformate

Eva und **Michael**

Hintergrundgestaltung

Achtung!

Beachten Sie, dass Formate verloren gehen, wenn Sie nach dem Erstellen einer formatierten Nachricht von *HTML* zu *Rich-Text* oder zu *Nur Text* wechseln.

Tipp ✔

Allerdings hat die Sache mit dem HTML-Nachrichtenformat auch einen Haken und diesen sollten Sie kennen, bevor Sie die umfangreichen Gestaltungsfunktionen einsetzen: Manche Leute schalten die HTML-Darstellung in ihrem Mailprogramm ab bzw. lassen HTML-Nachrichten herausfiltern. Wenn man also nicht weiß, ob eine Nachricht in der gewünschten Form den Empfänger erreicht, bedeutet schon der Einsatz weniger der umfangreichen Formatierungswerkzeuge des Programms einen vielleicht unnötigen Aufwand.

Texte bearbeiten

Nachdem Sie Text für die Nachricht eingegeben haben, können Sie einzelne Textelemente – also Zeichen, Wörter, Sätze, Absätze usw. – an andere Stellen kopieren, verschieben, löschen oder durch andere Elemente ersetzen. Wie vielleicht vom Textverar-beitungsprogramm gewöhnt müssen Sie auch hier den zu bearbeitenden Text zunächst markieren. Anschließend können Sie auf diese Auswahl die gewünschten Befehle anwenden. Sie können auch Text suchen und ersetzen.

Text mit der Maus markieren

① Um einen Bereich zusammenhängender Zeichen zu markieren, bewegen Sie den Mauszeiger auf den Anfang des zu markierenden Bereichs. Halten Sie die Maustaste gedrückt, während Sie den Mauszeiger zum Ende des Bereichs bewegen; lassen Sie abschließend die Maustaste los.

② Zum Markieren eines Wortes doppelklicken Sie darauf.

③ Wollen Sie mehrere zusammenhängende Wörter markieren, halten Sie die Umschalt-Taste nach dem Doppelklick zum Markieren eines Wortes gedrückt und erweitern die Markierung dann durch Anklicken der betreffenden Stelle im Text.

④ Zum Markieren einer Zeile klicken Sie am linken Rand – in der sogenannten Markierungsspalte – auf der Höhe der betreffenden Zeile. Zum Markieren mehrerer aufeinanderfolgender Zeilen markieren Sie die erste Zeile und ziehen dann mit gedrückter Maustaste in die entsprechende Richtung, bis alle gewünschten Zeilen markiert sind.

⑤ Doppelklicken Sie am linken Rand in der Markierungsspalte auf der Höhe des Absatzes, um diesen zu markieren. Zum Markieren mehrerer aufeinanderfolgender Absätze ziehen Sie anschließend mit gedrückter Maustaste in die betreffende Richtung.

⑥ Um die gesamte Nachricht zu markieren, klicken Sie am linken Rand in der Markierungsspalte dreimal.

Tipp ✔

Sie können auch mehrere, nicht zusammenhängende Textpassagen markieren. Dazu halten Sie die Strg-Taste gedrückt und markieren nacheinander die gewünschten Stellen.

Verschieben über Drag & Drop

① Zum Verschieben eines Textbereichs mit der Maus markieren Sie zunächst den gewünschten Bereich. Bewegen Sie dann den Mauszeiger in die Markierung, drücken Sie die Maustaste und halten Sie sie gedrückt.

② Verschieben Sie anschließend den Mauszeiger zur gewünschten Stelle – dass etwas transportiert wird, erkennen Sie an dem gestrichelten Rechteck unten am Mauszeiger. Lassen Sie abschließend die Maustaste los, um den Bereich an diese Stelle zu verschieben.

Sehr geehrte Damen und Herren,

wir suchen eine Altbauwohnung in der Größe von 80 bis 120 qm zur Miete und wären Ihne wenn Sie uns bei dieser Suche unterstützen könnten:

Die Aufteilung der Wohnung ist weniger wichtig: Ideal wären ein großer und zwei kleinere jeweils ca. 12-15 qm (natürlich mit Küche und Bad separat). Ein Balkon oder eine Terrasse optimal. Preislich stellen wir uns eine Kaltmiete bis 700 € vor.

Wir sind ein Ehepaar mittleren Alters ohne Kinder. Wir sind beide seit Jahren als selbständ für Computerliteratur bei mehreren führenden Verlagen im süddeutschen Raum tätig.

> **Tipp** ✓
>
> Wenn Sie den markierten Bereich kopieren wollen, gehen Sie vor wie beim Verschieben, halten aber zusätzlich die Strg-Taste gedrückt, woraufhin am Mauszeiger ein zusätzliches Pluszeichen angezeigt wird, um zu kennzeichnen, dass eine Kopie angelegt wird.

Über die Zwischenablage kopieren oder verschieben

① Markieren Sie den zu kopierenden oder zu verschiebenden Textbereich.

② Zum Verschieben klicken Sie auf der Registerkarte *Nachricht* in der Gruppe *Zwischenablage* auf *Ausschneiden*, um die Auswahl in der Zwischenablage abzulegen.

③ Zum Kopieren klicken Sie auf *Kopieren*. Auch beim Kopieren wird der markierte Bereich in die Zwischenablage verschoben, verbleibt aber auch – im Gegensatz zum Ausschneiden – an seiner ursprünglichen Stelle in der Nachricht.

④ Fügen Sie über *Einfügen* den Inhalt aus der Zwischenablage an beliebiger Stelle in derselben oder einer anderen Nachricht wieder ein.

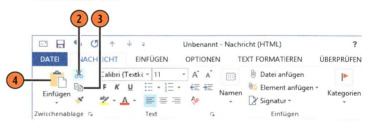

Den Aufgabenbereich »Zwischenablage« verwenden

① Wählen Sie im Nachrichtenfenster die Registerkarte *Nachricht* oder die Registerkarte *Text formatieren*.

② Klicken Sie in der Gruppe *Zwischenablage* auf das sogenannte Startprogramm für Dialogfelder.

③ Der Aufgabenbereich *Zwischenablage* wird angezeigt.

④ Um eines der darin vorhandenen Elemente an der aktuellen Cursorposition einzufügen, öffnen Sie das entsprechende Dropdownmenü und wählen *Einfügen*.

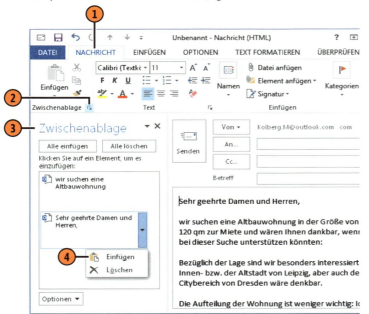

Im Text suchen

① Wählen Sie die Registerkarte *Text formatieren*.

② Klicken Sie in der Gruppe *Bearbeiten* auf den Dropdownpfeil der Schaltfläche *Suchen* und wählen Sie *Suchen*, um das Dialogfeld *Suchen und Ersetzen* zu öffnen.

③ Geben Sie auf der Registerkarte *Suchen* im Feld *Suchen nach* die gewünschte Zeichenfolge ein.

④ Nach dem Bestätigen über die Schaltfläche *Weitersuchen* beginnt das Programm mit der Suche. Die erste Fundstelle wird markiert. Durch erneutes Klicken auf *Weitersuchen* wird die Suche nach dem nächsten Vorkommen des Suchtextes fortgesetzt.

⑤ Schließen Sie das Dialogfeld durch einen Klick auf *Abbrechen*.

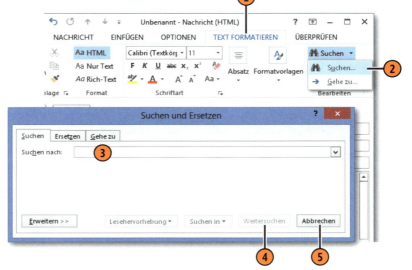

Begriffe ersetzen

① Wählen Sie die Registerkarte *Text formatieren*.

② Klicken Sie in der Gruppe *Bearbeiten* auf *Ersetzen*, um das Dialogfeld *Suchen und Ersetzen* zu öffnen.

③ Geben Sie auf der Registerkarte *Ersetzen* im Feld *Suchen nach* die Zeichenfolge ein, nach der gesucht werden soll.

④ Im Feld *Ersetzen durch* geben Sie den Ersatzbegriff ein.

⑤ Bestätigen Sie über eine der Schaltflächen *Ersetzen*, *Alle ersetzen* oder *Weitersuchen*.

⑥ Schließen Sie das Dialogfeld durch einen Klick auf *Abbrechen*.

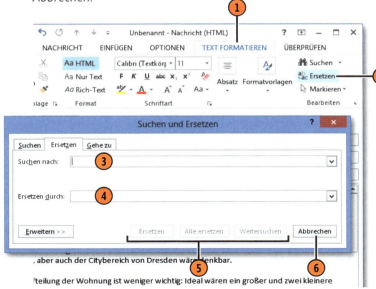

Optionen zum Suchen und Ersetzen

■ Wenn Sie mit *Ersetzen* bestätigen, werden Sie bei der nächsten Fundstelle erneut gefragt, ob ersetzt werden soll oder nicht.

■ Wenn Sie *Weitersuchen* verwenden, wird der markierte Begriff an der aktuellen Stelle nicht ersetzt.

■ Bestätigen Sie mit *Alle ersetzen*, wird der im Feld *Suchen nach* eingegebene Begriff im gesamten Text automatisch durch den im Feld *Ersetzen durch* eingegebenen Begriff ersetzt.

■ Durch einen Klick auf die Schaltfläche *Erweitern* können Sie im Dialogfeld *Suchen und Ersetzen* weitere Optionen anzeigen lassen. Sie können darüber bestimmen, in welcher Richtung gesucht werden soll, festlegen, ob bei der Suche zwischen Groß- und Kleinschreibung unterschieden werden soll, und bestimmen, ob der eingegebene Begriff nur als ganzes Wort oder auch dann gemeldet werden soll, wenn er als Teil eines Wortes auftritt.

■ Klicken Sie anschließend auf *Reduzieren*, womit die zusätzlichen Suchoptionen wieder ausgeblendet werden.

> **Siehe auch**
>
> Wie bei einem Textverarbeitungsprogramm gibt es auch bei dem in Outlook für die Textbearbeitung verwendeten Editor eine Vielzahl von Anpassungsmöglichkeiten; siehe hierzu Seite 238 f.

Rechtschreib- und Grammatikprüfung

Für Ihre Texteingaben in einer E-Mail-Nachricht können Sie die für Office-Programme übliche Rechtschreib- und Grammatikprüfung vornehmen und so Fehler aufspüren und entfernen. Das Programm sollte die Sprache, in der Ihr Text verfasst ist, und im Text enthal-tene fremdsprachige Ausdrücke automatisch erkennen. Falls das Programm damit Probleme hat – wenn Sie beispielsweise mehrere Sprachen in einer Nachricht benutzen –, können Sie die Sprache für einzelne Textabschnitte von Hand einstellen.

Sprache einstellen

1. Wählen Sie die Registerkarte *Überprüfen*.
2. Markieren Sie den (anderssprachigen) Textabschnitt.
3. Öffnen Sie in der Gruppe *Sprache* das Menü zur Schaltfläche *Sprache* und klicken Sie auf *Sprache für die Korrekturhilfen festlegen*.
4. Wählen Sie die betreffende Sprache aus.
5. Bestätigen Sie mit *OK*.

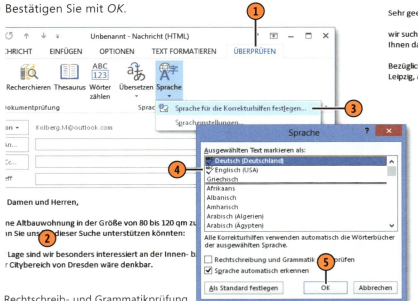

Prüfung während der Eingabe

1. Standardmäßig werden im Text Rechtschreibfehler durch eine rote Wellenlinie gekennzeichnet.
2. Klicken Sie mit der rechten Maustaste auf ein so gekennzeichnetes Wort, um das Kontextmenü dazu anzuzeigen. Oben im Kontextmenü finden Sie ggf. einen oder mehrere Korrekturvorschläge. Wählen Sie hier die korrekte Schreibweise aus oder bearbeiten Sie das Wort direkt im Text.

Sehr geehrte Damen und Herren,

wir suchen eine Albauwohnung in der Größe von 80 bis 120 qm zur Miete und wären Ihnen dankbar, wenn Sie uns be

Bezüglich der Lage und wir bes w. der Altstadt von Leipzig, aber auch der Citybereich

> **Tipp** ✔
>
> Die Grammatikprüfung funktioniert ähnlich wie die Rechtschreibprüfung – sowohl während der Eingabe als auch nachträglich. Zur Kennzeichnung von Grammatikfehlern werden blaue Wellenlinien benutzt. Auch hier können Sie über das Kontextmenü die Optionen für die Korrektur festlegen.

Prüfung nachträglich durchführen

① Wählen Sie die Registerkarte *Überprüfen*.

② Klicken Sie in der Gruppe *Dokumentprüfung* auf *Rechtschreibung und Grammatik*, um die Prüfung zu starten.

③ Wird ein Wort nicht im Wörterbuch gefunden, wird das Dialogfeld *Rechtschreibung und Grammatik* geöffnet, in dem das unbekannte Wort im Feld *Nicht im Wörterbuch* angezeigt wird.

④ Wählen Sie die gewünschte Korrekturoption aus. Anschließend wird das nächste nicht bekannte Wort angezeigt.

⑤ Der Abschluss wird gemeldet. Beenden Sie die Prüfung mit *OK*.

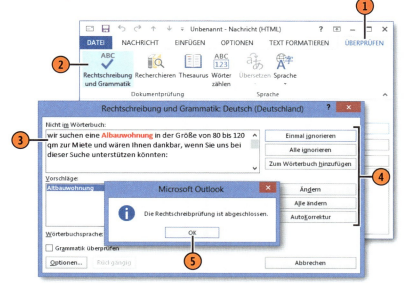

Korrekturoptionen

■ Unter *Vorschläge* wird ein Vorschlag oder eine Liste mit Vorschlägen zur Korrektur des unbekannten Wortes angezeigt. Wählen Sie hier die korrekte Schreibweise des Wortes aus oder korrigieren Sie das Wort im Feld *Nicht im Wörterbuch* von Hand.

■ *Einmal ignorieren* behält die Schreibweise diesmal bei, meldet aber bei einem weiteren Auftreten erneut einen Fehler.

■ Mit *Alle ignorieren* wird die Schreibweise in diesem Text nicht mehr als Fehler gemeldet.

■ Falls das Wort korrekt geschrieben wurde, können Sie es über *Zum Wörterbuch hinzufügen* in das Wörterbuch aufnehmen.

■ *Ändern* korrigiert das Wort entsprechend Ihrer Auswahl im Feld *Vorschläge* bzw. entsprechend Ihrer Korrektur im Feld *Nicht im Wörterbuch*.

■ Mit *Alle ändern* wird auch jedes weitere Auftreten dieses Wortes entsprechend Ihrer Korrektur geändert.

■ *AutoKorrektur* übernimmt die fehlerhafte und die korrekte Schreibweise in die *AutoKorrektur*-Funktion.

Tipp

Nach einem Klick auf *Optionen* im Dialogfeld *Rechtschreibung und Grammatik* werden die Anpassungsmöglichkeiten für diese Funktionen angezeigt; siehe hierzu Seite 232 ff.

Thesaurus

Damit die Feinheiten der deutschen Sprache auch im Zeitalter des Computers und schnellen Nachrichtenaustauschs per Mail nicht untergehen, können Sie den Thesaurus verwenden, um Ersatzwörter für ein Wort zu suchen – beispielsweise wenn Sie die häufige Wiederholung eines Wortes in einem Text umgehen möchten.

Den Thesaurus verwenden

① Markieren Sie das Wort, für das Sie Synonyme suchen.

② Wählen Sie die Registerkarte *Überprüfen*.

③ Klicken Sie in der Gruppe *Dokumentprüfung* auf *Thesaurus*, um den betreffenden Aufgabenbereich einzublenden.

④ Im Aufgabenbereich *Thesaurus* finden Sie eine Liste mit möglichen Ersatzwörtern für das markierte Wort. In manchen Fällen müssen Sie zuerst die Bedeutung des Wortes wählen. Die Bedeutungen sind fett formatiert. Durch einen Klick auf das Pfeilsymbol vor einem fett formatierten Eintrag blenden Sie die hierzu verfügbaren Synonyme ein und aus.

⑤ Markieren Sie das gewünschte Ersatzwort und wählen Sie im Dropdownmenü den gewünschten Befehl:

- *Einfügen* fügt das Wort an der markierten Stelle in die Nachricht ein.

- *Kopieren* kopiert das Wort nur in die Zwischenablage.

⑥ Sie können einen zu ersetzenden Begriff auch direkt im Feld *Suchen nach* eingeben. Klicken Sie dann rechts auf die Lupe, um die Suche zu starten.

⑦ Beenden Sie die Arbeit mit dem Thesaurus durch einen Klick auf die *Schließen*-Schaltfläche.

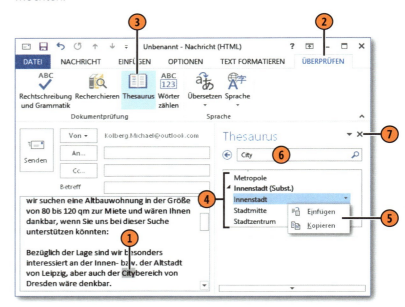

Tipp

Mit dem Befehl *Recherchieren* in der Gruppe *Dokumentprüfung* lassen Sie den Aufgabenbereich *Recherchieren* anzeigen, über den Sie Referenzinformationen zu bestimmten Begriffen sammeln können. Als Quellen werden hierbei die vorhandenen Wörterbücher, Enzyklopädien oder das Internet verwendet.

Übersetzungstools

Sie können E-Mail-Nachrichtentexte in eine andere Sprache übersetzen lassen. Dabei können Sie zum Übersetzen einzelner Ausdrücke oder kleiner Passagen eine Übersetzungshilfe benutzen.

Sie können aber auch die gesamte Nachricht übersetzen lassen. Zunächst müssen Sie aber jeweils die zu verwendenden Sprachen einstellen.

Sprache einstellen

1 Wählen Sie die Registerkarte *Überprüfen*.

2 Öffnen Sie in der Gruppe *Sprache* das Menü zur Schaltfläche *Übersetzen*.

3 Klicken Sie auf den Befehl *Sprache für die Übersetzung auswählen*.

4 Wählen Sie im Dialogfeld *Optionen für die Übersetzungssprache* die Sprachen aus:

- Im oberen Bereich des Dialogfeldes wählen Sie die Sprache aus, in die übersetzt werden soll, wenn Sie die *Übersetzungshilfe* benutzen.

- Im unteren Bereich des Dialogfeldes können Sie angeben, welche Sprachen benutzt werden sollen, wenn die ganze Nachricht übersetzt werden soll.

5 Klicken Sie auf *OK*.

Achtung

Die entsprechenden Sprachpakete müssen über das Betriebssystem installiert sein.

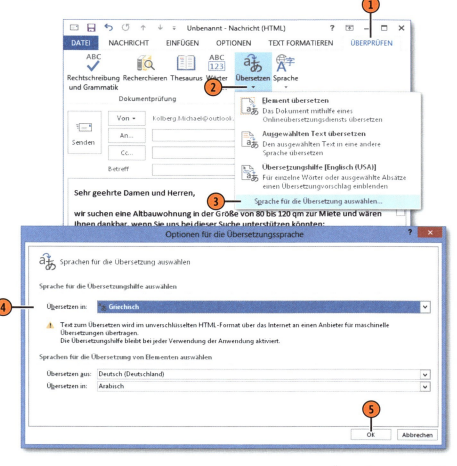

Die Übersetzungshilfe verwenden

(1) Wählen Sie die Registerkarte *Überprüfen*.

(2) Öffnen Sie in der Gruppe *Sprache* das Menü zur Schalt-fläche *Übersetzen*.

(3) Wählen Sie *Übersetzungshilfe*.

(4) Markieren Sie in der Nachricht den zu übersetzenden Textbereich.

(5) Die Übersetzung wird in dem kleinen Fenster angezeigt. Über die Schaltflächen in diesem Fenster stehen Ihnen zusätzliche Optionen zur Verfügung.

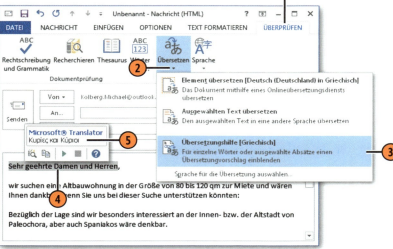

Übersetzen von markiertem Text

(1) Markieren Sie den zu übersetzenden Textbereich.

(2) Wählen Sie die Registerkarte *Überprüfen*.

(3) Öffnen Sie in der Gruppe *Sprache* das Menü zur Schalt-fläche *Übersetzen*.

(4) Wählen Sie *Ausgewählten Text übersetzen*.

(5) Der Aufgabenbereich *Recherchieren* wird geöffnet; hier wird die Übersetzung angezeigt.

(6) Klicken Sie hier, um die Übersetzung zunächst nur in die Zwischenablage zu kopieren oder direkt an der markierten Stelle einzufügen.

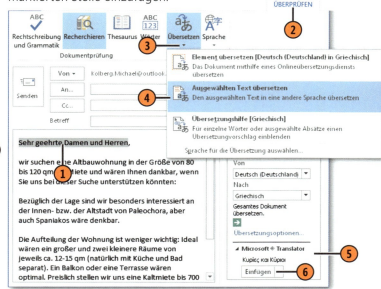

Die ganze Nachricht übersetzen

1. Wählen Sie die Registerkarte *Überprüfen*.

2. Öffnen Sie in der Gruppe *Sprache* das Menü zur Schaltfläche *Übersetzen*.

3. Wählen Sie *Element übersetzen*.

4. Bestätigen Sie den Warnhinweis.

5. Anschließend wird Ihr Webbrowser geöffnet und die Übersetzung auf der entsprechenden Microsoft-Webseite präsentiert. Sie können diesen Text mit den üblichen Methoden kopieren und in Ihr Dokument übernehmen oder in ein neues Dokument einfügen.

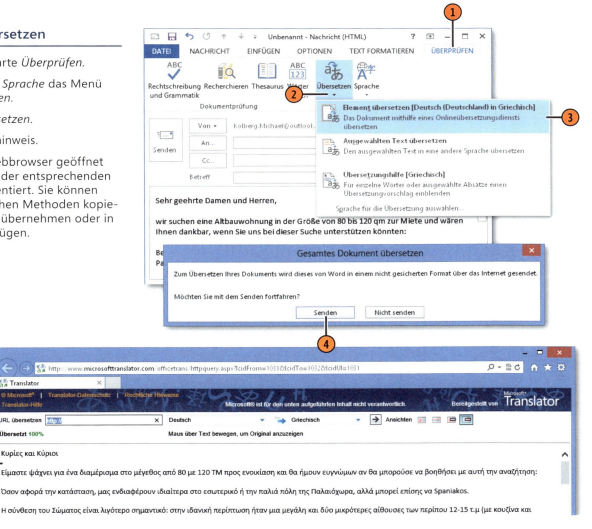

Tabellen, Symbole und grafische Objekte einfügen

Wenn Sie das Nachrichtenformat *HTML* benutzen, können Sie nicht nur reine Textelemente, sondern auch andere Objekte in Ihre E-Mail-Nachrichten einfügen. Dazu gehören beispielsweise Tabellen, Symbole, Grafikdateien, geometrische Formen und auch grafisch aufbereiteter Text. Die Befehle dazu sind wie bei der Mehrzahl der Office-Programme zum größten Teil in den entsprechenden Gruppen auf der Registerkarte *Einfügen* angesiedelt.

Tabelle einfügen

① Positionieren Sie die Einfügemarke an der Stelle in der Nachricht, an der Sie die Tabelle einfügen wollen und wählen Sie die Registerkarte *Einfügen*.

② Klicken Sie in der Gruppe *Tabellen* auf *Tabelle*.

③ Spezifizieren Sie im angezeigten Raster den Umfang der Tabelle. Führen Sie den Mauszeiger über das Raster. Während der Bewegung wird im Dokument eine Tabelle in der entsprechenden Größe skizziert.

④ Die Tabelle wird erstellt, sobald Sie mit der Maus im Raster klicken.

Tabellentools

① Wenn sich der Cursor in einer Tabelle befindet, werden die beiden kontextbezogenen Registerkarten *Entwurf* und *Layout* angezeigt. Auf der Registerkarte *Entwurf* finden Sie die Werkzeuge für die Formatierung der Tabelle.

② Die Registerkarte *Layout* erlaubt es Ihnen, die Struktur der Tabelle zu editieren. Sie können beispielsweise weitere Zeilen oder Spalten einfügen oder vorhandene löschen.

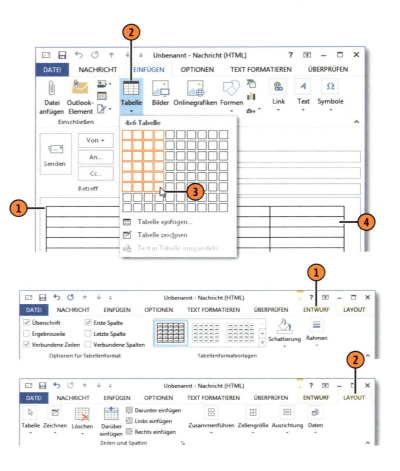

Symbol einfügen

① Positionieren Sie die Einfügemarke an der Stelle in der Nachricht, an der das Symbol erscheinen soll.

② Wählen Sie die Registerkarte *Einfügen*.

③ Öffnen Sie in der Gruppe *Symbole* das Menü zur Schaltfläche *Symbol*, um eine Liste mit häufig verwendeten Symbolen anzuzeigen.

④ Klicken Sie auf das einzufügende Symbol, um es an der aktuellen Cursorposition einzufügen.

⑤ Oder klicken Sie im Menü auf *Weitere Symbole*, um das Dialogfeld *Symbol* anzuzeigen.

⑥ Doppelklicken Sie auf das einzufügende Symbol, um es an der aktuellen Cursorposition einzufügen.

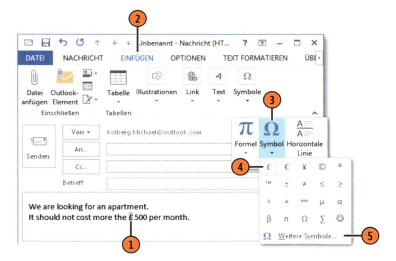

Tipp ✔

Der im Dialogfeld *Symbol* angezeigte Zeichenvorrat lässt sich durch Wahl einer anderen Schriftart beeinflussen. Währungskennzeichen wie beispielsweise €, £, ¥, Brüche wie ¼, ½, ¾, sprachenabhängige Umlaute und andere Zeichen wie à, á, â, ã, å, æ oder Ähnliches können Sie in allen gängigen Schriftarten einfügen. Einen Satz häufig verwendeter mathematischer Zeichen finden Sie in der Schriftart *Symbol*; grafische Elemente finden Sie u.a. in der Schriftart *Wingdings*.

WordArt einfügen

① Positionieren Sie die Einfügemarke an der Stelle in der Nachricht, an der der WordArt-Text erscheinen soll, und wählen Sie die Registerkarte *Einfügen*.

② Klicken Sie in der Gruppe *Text* auf *WordArt*.

③ Wählen Sie ein Design aus.

④ Ersetzen Sie den Platzhalter *Hier steht Ihr Text* durch den gewünschten Text.

⑤ Klicken Sie auf diese Schaltfläche, um eine Layoutoption auszuwählen (siehe hierzu Seite 102).

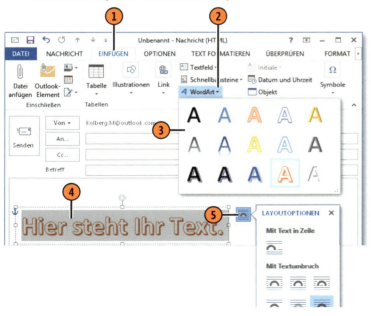

Das WordArt-Design ändern

① Markieren Sie den WordArt-Text – oder einen Teil davon.

② Wählen Sie die Registerkarte *Format*. Diese kontext-bezogene Registerkarte wird angezeigt, wenn Sie ein grafisches Element markieren.

③ Klicken Sie in der Gruppe *WordArt-Formate* auf *Schnell-formatvorlagen*.

④ Wählen Sie das gewünschte Format aus.

Tipp ✔

Größe, Position und Drehwinkel regeln Sie bei WordArt-Objekten wie bei einem eingefügten Bild; siehe hierzu Seite 103.

Form einfügen

1 Wählen Sie die Registerkarte *Einfügen*.

2 Klicken Sie in der Gruppe *Illustrationen* auf die Schaltfläche *Formen*.

3 Klicken Sie auf die gewünschte Form.

4 Der Mauszeiger wird dann in Form eines Kreuzes angezeigt. Klicken Sie in der Nachricht an die Stelle, an der die Form erscheinen soll. Das Objekt wird daraufhin in der Standardgröße, -form und -farbe eingefügt.

Form bearbeiten

▪ Zum Verschieben setzen Sie den Mauszeiger auf die Form und ziehen sie mit gedrückter Maustaste.

▪ Zum Ändern der Größe setzen Sie den Mauszeiger auf einen der acht Ziehpunkte und ziehen ihn mit gedrückter Maustaste.

▪ Zum Ändern des Drehwinkels setzen Sie den Mauszeiger auf den Drehpunkt und ziehen ihn mit gedrückter Maustaste.

▪ Um die Proportionen der Form zu ändern, benutzen Sie die kleine gelbe Markierung.

Tipp ✔

Zum Einstellen weiterer Feinheiten von Formen benutzen Sie die Werkzeuge der kontextbezogenen Registerkarte *Format*.

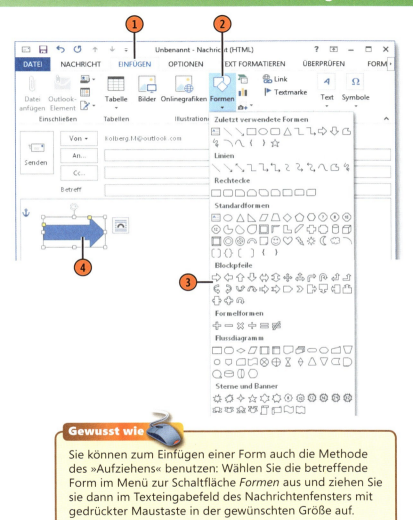

Gewusst wie

Sie können zum Einfügen einer Form auch die Methode des »Aufziehens« benutzen: Wählen Sie die betreffende Form im Menü zur Schaltfläche *Formen* aus und ziehen Sie sie dann im Texteingabefeld des Nachrichtenfensters mit gedrückter Maustaste in der gewünschten Größe auf.

Bild einfügen

1 Positionieren Sie die Einfügemarke an der Stelle in der Nachricht, an der das Bild erscheinen soll, und wählen Sie die Registerkarte *Einfügen*.

2 Klicken Sie in der Gruppe *Illustrationen* auf die Schaltfläche *Bilder*.

3 Navigieren Sie im Dialogfeld *Grafik einfügen* zu dem Ordner, der das einzufügende Bild enthält.

4 Markieren Sie die Bilddatei.

5 Klicken Sie auf *Einfügen*, um das Bild an der aktuellen Cursorposition in die Nachricht einzufügen.

Die Layoutoptionen verwenden

1 Klicken Sie auf das eingefügte grafische Objekt, um es auszuwählen.

2 Klicken Sie auf die daraufhin angezeigte Schaltfläche *Layoutoptionen*, um das gleichnamige Popupfenster zu öffnen.

3 Standardmäßig werden Objekte mit der Option *Mit Text in Zeile* eingefügt. Damit bleibt das Objekt direkt an der Stelle in der Zeile, in der es eingefügt wurde, und kann nicht beliebig verschoben werden. Wenn Sie jedoch vor dem Bild in der Zeile Text eingeben, wird das Bild verschoben.

4 Wählen Sie eine der anderen Optionen, um den Text um das Bild herumfließen zu lassen oder es vor oder hinter den Text zu setzen.

5 Hierüber lassen Sie das Dialogfeld *Layout* anzeigen, in dem Sie Größe, Position und Textumbruch detailliert einstellen können.

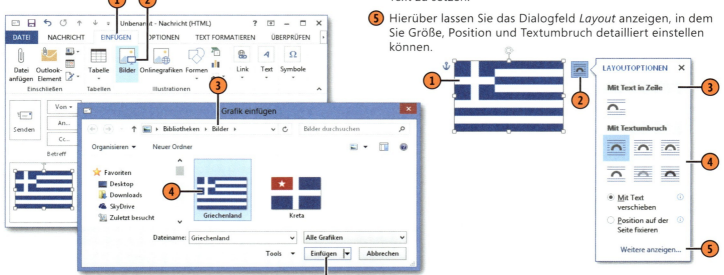

Bilder und Grafiken verfeinern

Nach dem Einfügen eines Bildes können Sie dessen Größe und Position wie üblich bei eingefügten Objekten ändern. Außerdem zeigt sich die kontextbezogene Registerkarte *Format* im Menüband, solange das Objekt markiert ist. Über die Befehle auf dieser Registerkarte können Sie die Anzeige markierter Objekte verfeinern. Sie können hierüber beispielsweise den Kontrast und die Helligkeit regeln, bestimmte Bildbereiche ausblenden sowie einen Rahmen um das Bild setzen und diesen auf unterschiedliche Weise gestalten.

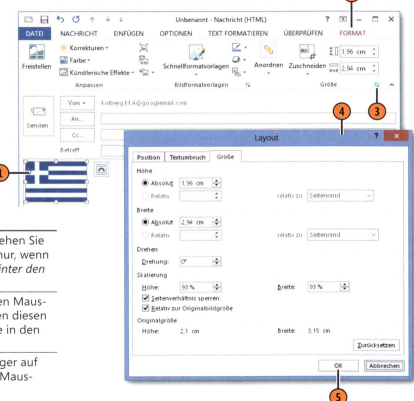

Exakte Größeneinstellung

1 Markieren Sie das eingefügte Bild, indem Sie darauf klicken.

2 Die kontextbezogene Registerkarte *Format* wird automatisch angezeigt.

3 Klicken Sie in der Gruppe *Größe* auf das sogenannte Startprogramm für Dialogfelder.

4 Stellen Sie die Dimension des Bildes im Dialogfeld *Layout* ein.

5 Bestätigen Sie mit *OK*.

Position, Größe und Drehwinkel direkt ändern

Um das Bild in der Nachricht zu verschieben, ziehen Sie es mit gedrückter Maustaste. Das funktioniert nur, wenn Sie in den Layoutoptionen *Vor den Text* oder *Hinter den Text* eingestellt haben.

Zum Ändern der Größe des Bildes setzen Sie den Mauszeiger auf einen der acht Ziehpunkte und ziehen diesen mit gedrückter Maustaste. Über die Ziehpunkte in den Ecken ändern Sie Höhe und Breite gemeinsam.

Zum Drehen des Bildes setzen Sie den Mauszeiger auf den Drehpunkt und ziehen ihn mit gedrückter Maustaste.

Bildeffekte

① Klicken Sie auf das eingefügte Bild, um es auszuwählen.

② Die kontextbezogene Registerkarte *Format* wird
automatisch angezeigt.

③ Zum Einstellen von Helligkeit und Kontrast benutzen
Sie den Katalog zur Schaltfläche *Korrekturen*.

④ Zum Ändern der Farbeinstellungen benutzen Sie den
Katalog zur Schaltfläche *Farbe*.

Tipp

Um das Bild nach einer Änderung der Einstellungen wieder auf den Ausgangszustand zurück-
zusetzen, markieren Sie es und klicken in der
Gruppe *Anpassen* auf *Bild zurücksetzen*.

⑤ Zum Verfremden bedienen Sie sich der Optionen
im Katalog zur Schaltfläche *Künstlerische Effekte*.

⑥ Ein Klick auf den jeweiligen Optionenbefehl zeigt
zusätzliche Anpassungsmöglichkeiten an.

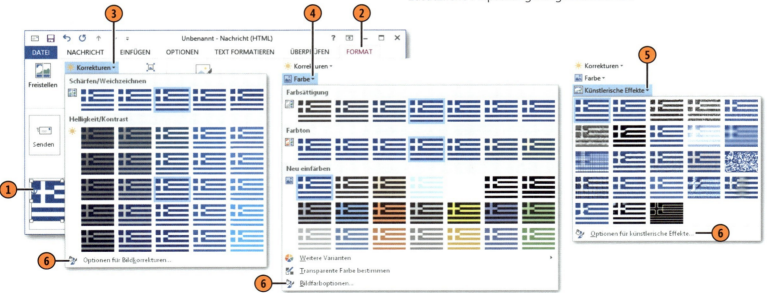

Bildbereiche freistellen

① Klicken Sie auf das eingefügte Bild, um es auszuwählen.

② Die kontextbezogene Registerkarte *Format* wird automatisch angezeigt.

③ Zum Freistellen eines Bildbereichs klicken Sie in der Gruppe *Anpassen* auf *Freistellen*.

④ Auf dem Bild wird ein Auswahlrahmen angezeigt. Nur der Bereich des Bildes, der sich innerhalb dieses Rahmens befindet, wird nach Abschluss des Bearbeitungsvorgangs beibehalten. Sie können diesen Rahmen verschieben sowie vergrößern/verkleinern, um den Bildbereich zu ändern. Verschieben Sie dazu den Auswahlrahmen auf dem Bild bzw. ziehen Sie die Ziehpunkte auf dem Auswahlrahmen in die gewünschte Richtung.

⑤ Klicken Sie auf *Zu entfernende Bereiche markieren* und dann auf den Bildbereich, der später nicht mehr zu sehen sein soll. Der betreffende Bereich wird mit einem Kreissymbol mit Minuszeichen versehen.

⑥ Sie können auch umgekehrt vorgehen und das Werkzeug *Zu behaltende Bereiche markieren* benutzen. Der gewählte Bereich wird mit einem Kreissymbol mit Pluszeichen versehen.

⑦ Haben Sie sich bei der Wahl eines Bildbereichs geirrt, können Sie die Markierung wieder rückgängig machen, indem Sie zuerst auf *Markierung löschen* und dann auf das entsprechende Kreissymbol im Bild klicken.

⑧ Um das Ergebnis zu kontrollieren, klicken Sie auf *Änderungen beibehalten*.

⑨ Das freigestellte Bild wird in der Nachricht angezeigt.

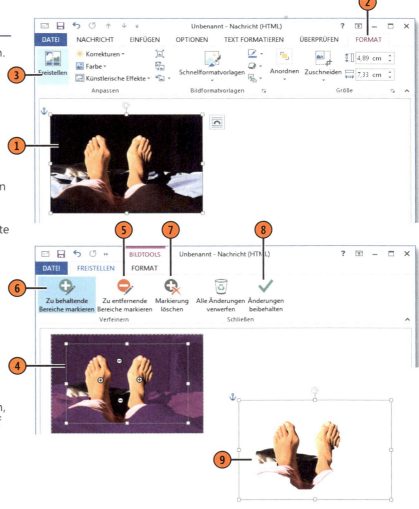

Weitere Textelemente einfügen

Nach oder auch während der Texteingabe können Sie weitere Textelemente in die E-Mail-Nachricht einfügen. Dazu gehören beispielsweise (dynamische) Datums- und/oder Uhrzeitangaben. Im Dialogfeld *Datum und Uhrzeit* können Sie entscheiden, in

welcher Form die Angaben eingefügt werden sollen. Für häufig wiederkehrende Passagen in E-Mail-Nachrichten können Sie auch sogenannte Schnellbausteine benutzen.

Datum und Uhrzeit einfügen

① Positionieren Sie die Einfügemarke an der gewünschten Stelle in der Nachricht und wählen Sie die Registerkarte *Einfügen*.

② Klicken Sie auf die Schaltfläche *Datum und Uhrzeit*, um das gleichnamige Dialogfeld zu öffnen.

③ Durch die entsprechende Wahl im Dropdown-Listenfeld *Sprache* lassen Sie die sprachtypischen Formate für Datums- und Uhrzeitangaben anzeigen.

④ Im Feld *Verfügbare Formate* können Sie zwischen unterschiedlichen Formaten sowie unterschiedlichen Angaben – nur Datum, nur Uhrzeit oder beides – wählen.

⑤ Bestätigen Sie die Einstellungen mit *OK*.

⑥ Die Daten werden im gewählten Format an der aktuellen Cursorposition in die Nachricht eingefügt.

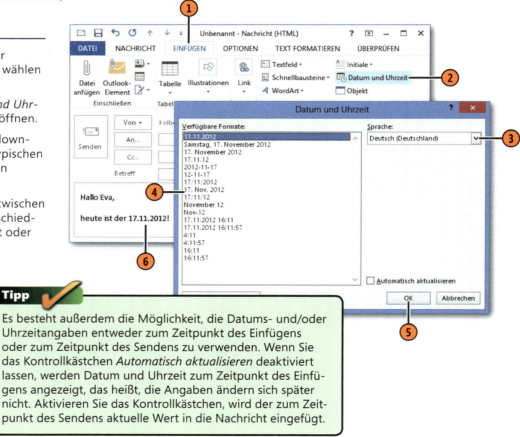

Tipp ✔

Es besteht außerdem die Möglichkeit, die Datums- und/oder Uhrzeitangaben entweder zum Zeitpunkt des Einfügens oder zum Zeitpunkt des Sendens zu verwenden. Wenn Sie das Kontrollkästchen *Automatisch aktualisieren* deaktiviert lassen, werden Datum und Uhrzeit zum Zeitpunkt des Einfügens angezeigt, das heißt, die Angaben ändern sich später nicht. Aktivieren Sie das Kontrollkästchen, wird der zum Zeitpunkt des Sendens aktuelle Wert in die Nachricht eingefügt.

Bausteine erstellen

① Geben Sie den für den Baustein gewünschten Text zunächst in ein Nachrichtenformular ein und markieren Sie ihn.

② Wählen Sie die Registerkarte *Einfügen*.

③ Öffnen Sie in der Gruppe *Text* das Menü zur Schaltfläche *Schnellbausteine*.

④ Klicken Sie auf *Auswahl im Schnellbaustein-Katalog speichern*.

⑤ Weisen Sie im Dialogfeld *Neuen Baustein erstellen* dem Textbaustein einen Namen zu. Die ersten Zeichen des markierten Bereichs werden als Voreinstellung für den Namen des Eintrags angezeigt.

⑥ Klicken Sie auf *OK*.

Schnellbaustein einfügen

① Positionieren Sie die Einfügemarke an der gewünschten Stelle in der Nachricht und wählen Sie die Registerkarte *Einfügen*.

② Öffnen Sie in der Gruppe *Text* das Menü zur Schaltfläche *Schnellbausteine*.

③ Wählen Sie den Baustein aus, um den betreffenden Text an der aktuellen Cursorposition in die Nachricht einzufügen.

Tipp ✓

Sie können den Text für den Baustein auch formatieren und/oder zusätzliche Elemente – Grafiken oder Ähnliches – integrieren. Ein solcher Baustein kann aber nur im Nachrichtenformat *HTML* verwendet werden.

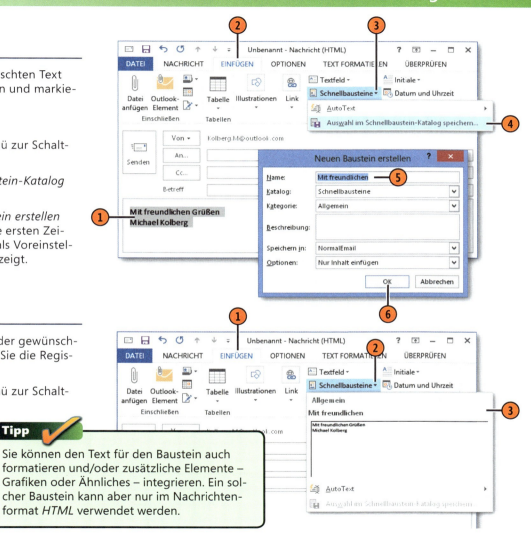

Zeichenformatierung in E-Mail-Nachrichten

Den Text Ihrer E-Mail-Nachricht können Sie auch mit den in den Microsoft Office-Programmen üblichen Verfahren formatieren. Dazu muss er allerdings entweder im Nachrichtenformat *HTML* oder im Format *Rich-Text* vorliegen. Die Wahl eines dieser Formate bestimmt die Möglichkeiten der Gestaltung und den Einsatz zusätzlicher Funktionen in der Nachricht. Nachdem das Format *Rich-Text* nur mit Microsoft Outlook und Microsoft Exchange kompatibel ist, empfiehlt es sich, die Formatoption *HTML* für zu formatierende E-Mail-Nachrichten zu verwenden.

Zeichen formatieren

1 Wechseln Sie zur Registerkarte *Text formatieren*.

2 Aktivieren Sie – falls erforderlich – in der Gruppe *Format* die Option *HTML*.

3 Markieren Sie den zu formatierenden Bereich im Text.

4 Wählen Sie in der Gruppe *Schriftart* die gewünschte Formatierung. Klicken Sie beispielsweise auf *Kursiv*, wenn Sie eine kursive Darstellung wünschen, oder ändern Sie die Schriftgröße.

Siehe auch

Informationen zum Markieren von Text finden Sie auf Seite 88 f.

Die Minisymbolleiste verwenden

1 Markieren Sie den zu formatierenden Textbereich.

2 Durch das Markieren wird standardmäßig die Minisymbolleiste eingeblendet.

3 Legen Sie über die betreffenden Schaltflächen und Dropdownlisten die gewünschte Formatierung fest.

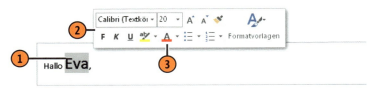

Tipp

Die am häufigsten verwendeten Formatierungsoptionen für Nachrichtentext finden Sie auch auf der Registerkarte *Nachricht* in der Gruppe *Text*.

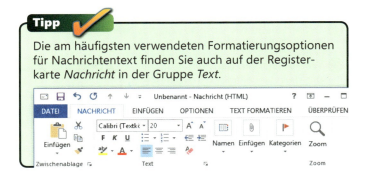

Zeichenformat übertragen

① Markieren Sie in der Nachricht die Stelle, deren Format Sie an eine andere Stelle übertragen wollen.

② Wählen Sie die Registerkarte *Nachricht* oder die Registerkarte *Text formatieren*.

③ Klicken Sie in der Gruppe *Zwischenablage* auf die Schaltfläche *Format übertragen*.

④ Klicken Sie auf den Text bzw. markieren Sie die Passage, auf den bzw. die Sie das Format übertragen wollen.

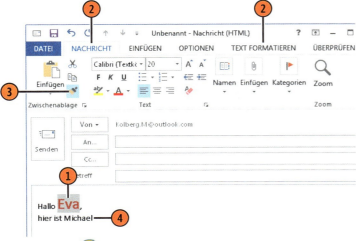

Tipp

Sie können mit dieser Technik auch Absatzformate von einer Stelle der Nachricht auf eine andere übertragen (zur Absatzformierung siehe die nächsten Seiten).

Häufig verwendete Schriftparameter

Calibri ▾	Zeigt die aktuell verwendete Schriftart an. Über das Dropdown-Listenfeld können Sie eine andere Schriftart einstellen.
11 ▾	Zeigt die aktuell verwendete Schriftgröße an. Über das Dropdown-Listenfeld können Sie eine andere Größe einstellen.
F K U	Die Auswahl *Fett*, *Kursiv*, *Unterstrichen* formatieren. Hierbei handelt es sich um Umschalter: Ein erster Klick schaltet das Attribut ein, ein zweiter wieder aus.
A$^\cdot$ A$^\cdot$	Über *Schriftgrad vergrößern* und *Schriftgrad verkleinern* können Sie die Größe der markierten Zeichen stufenweise ändern.
x^2 x_2	Mit *Hochgestellt* und *Tiefgestellt* können Sie die markierten Zeichen als Exponenten oder als Index anzeigen lassen.
aby ▾	Über *Texthervorhebung* können Sie den Hintergrund wie mit einem Marker farbig kennzeichnen. Über den Dropdownpfeil öffnen Sie eine Palette zur Farbauswahl.
A ▾	Über *Schriftfarbe* legen Sie die Textfarbe fest. Über den Dropdownpfeil öffnen Sie eine Palette zur Farbauswahl.
A	Mit *Alle Formatierungen löschen* entfernen Sie alle Zeichenformate aus dem markierten Bereich.

Absatzformatierung in E-Mail-Nachrichten

Standardmäßig ist Nachrichtentext linksbündig ausgerichtet und weder mit Einzügen noch Anfangs- oder Endabständen versehen. Der Zeilenabstand passt sich automatisch an die verwendete Schriftgröße an. Um diese Einstellungen zu ändern, setzen Sie die Einfügemarke an eine beliebige Stelle in den gewünschten Absatz und benutzen die Werkzeuge in der Gruppe *Text* auf der Registerkarte *Nachricht* oder in der Gruppe *Absatz* auf der Registerkarte *Text formatieren*.

Ausrichtung und Einzüge festlegen

① Setzen Sie die Einfügemarke in den zu formatierenden Ab-satz. Sie können auch mehrere Absätze markieren, die dieselben Absatzformate aufweisen sollen, und diesen dann die gewünschte Formatierung in einem Arbeitsgang zuweisen.

② Wählen Sie die Registerkarte *Text formatieren*.

③ Ein Absatz kann neben der standardmäßigen linksbündigen Ausrichtung auch zentriert, rechtsbündig oder im Blocksatz ausgerichtet werden.

④ Über diese Schaltflächen können Sie den Absatz mit einem Einzug versehen und diesen vergrößern bzw. verkleinern.

⑤ Den Zeilen- und Absatzabstand regeln Sie über das Menü zu dieser Schaltfläche.

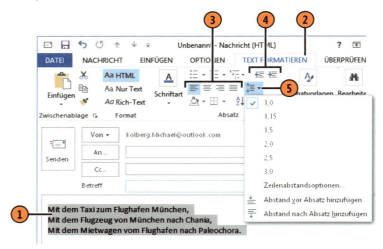

Die Schaltflächen zum Festlegen von Ausrichtung und Einzügen

☰	Richtet den Absatz linksbündig aus; der rechte Rand flattert.
☰	Richtet den Absatz zentriert aus; beide Ränder flattern.
☰	Richtet den Absatz rechtsbündig aus; der linke Rand flattert.
☰	Richtet den Absatz im Blocksatz aus.
⇤	Verringert den Einzug des linken Randes.
⇥	Vergrößert den Einzug des linken Randes.

Tastenkürzel zum Festlegen der Ausrichtung

Strg+L	linksbündig
Strg+R	rechtsbündig
Strg+E	zentriert
Strg+B	Blocksatz
Strg+Q	Standardabsatz

Absätze als Aufzählungen formatieren

① Markieren Sie einen oder mehrere Absätze in der Nachricht.

② Wählen Sie die Registerkarte *Text formatieren*.

③ Öffnen Sie die Liste zur Schaltfläche *Aufzählungszeichen*.

④ Wählen Sie ein Aufzählungszeichen.

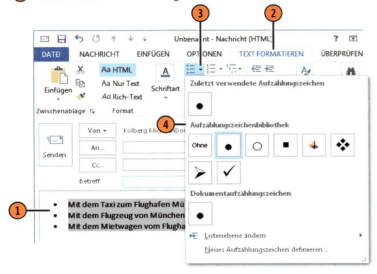

Absätze mit Nummerierungen versehen

① Markieren Sie einen oder mehrere Absätze in der Nachricht.

② Wählen Sie die Registerkarte *Text formatieren*.

③ Öffnen Sie die Liste zur Schaltfläche *Nummerierung*.

④ Wählen Sie ein Nummerierungsformat.

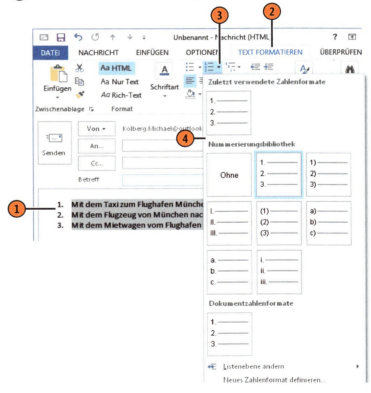

Tipp

Um ein Aufzählungs- oder Nummerierungsformat wieder abzuschalten, reicht es aus, nochmals auf die Schaltfläche zu klicken. Oder öffnen Sie die Liste zur Schaltfläche und wählen Sie die Option *Ohne*.

Mit Designs und Formatvorlagen arbeiten

Mithilfe eines Designs können Sie eine komplette Nachricht einheitlich formatieren. Bei einem Design handelt es sich um eine Gruppe von Formatierungsoptionen, die aus einem Satz Designfarben, einem Satz Designschriftarten und einem Satz von Designeffekten besteht.

Zu einem Design gehören Formatvorlagensätze, eine aufeinander abgestimmte Auswahl von Darstellungsvarianten für Überschriften und Fließtext, Absatz- und Zeichendarstellungen.

Formatvorlagen zuweisen

1. Markieren Sie den zu formatierenden Bereich bzw. positionieren Sie die Einfügemarke in dem betreffenden Bereich.

2. Öffnen Sie auf der Registerkarte *Text formatieren* in der Gruppe *Formatvorlagen* den Katalog zur Schaltfläche *Formatvorlagen*.

3. Wählen Sie die gewünschte Formatvorlage aus.

4. Wiederholen Sie diese Schritte für weitere Bereiche.

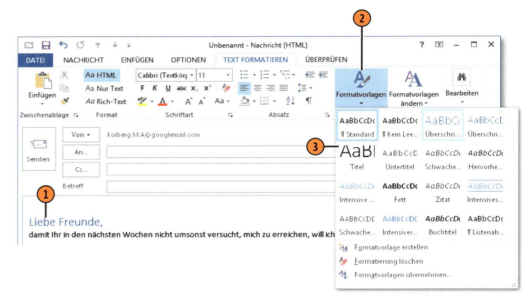

Design wechseln

① Aktivieren Sie die Registerkarte *Optionen*.

② Klicken Sie auf die Schaltfläche *Designs*, um den Katalog der auf Ihrem Rechner verfügbaren Designs anzuzeigen.

③ Wählen Sie das gewünschte Design aus.

Designelemente anpassen

① Lassen Sie die Registerkarte *Optionen* anzeigen.

② Über die Kataloge der Schaltflächen *Farben*, *Schriftarten* und *Effekte* in der Gruppe *Designs* können Sie andere Sätze von Designschriftarten, Designfarben und/oder Designeffekten wählen.

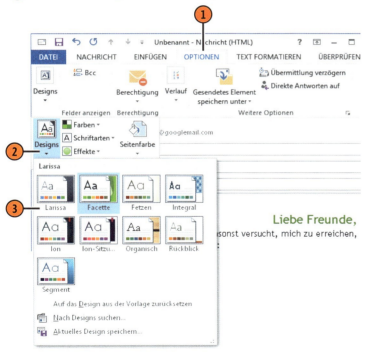

Gewusst wie

Für die Designfarben und die Designschriftarten können Sie auch eigene Kombinationen einstellen. Benutzen Sie dazu die Befehle *Farben anpassen* und *Schriftarten anpassen* unten in den Katalogen.

Links einfügen

In E-Mail-Nachrichten können Hyperlinks – in Office 2013 als Links bezeichnet – vor allem zur Angabe von Adressen im Internet oder zum Verweisen auf E-Mail-Adressen verwendet werden. Der Empfänger einer solchen E-Mail-Nachricht kann dann durch Klicken auf den eingefügten Link direkt zu der betreffenden

Webseite springen. Durch Klicken auf einen in die Nachricht eingefügten Link zu einer E-Mail-Adresse wird ein bereits korrekt adressiertes Formular zum Verfassen von E-Mail-Nachrichten geöffnet, in das nur noch der Nachrichtentext eingegeben werden muss.

Link in eine E-Mail-Nachricht einfügen

(1) Positionieren Sie die Einfügemarke an der Stelle in der Nachricht, an der der Link erscheinen soll, und wählen Sie die Registerkarte *Einfügen*.

(2) Klicken Sie in der Gruppe *Link* auf *Link*, um das Dialogfeld *Link einfügen* anzuzeigen.

(3) Wählen Sie in der Spalte links unter *Link zu* die Kategorie *Datei oder Webseite*, wenn Sie einen Link zu einer Webseite einfügen möchten.

(4) Wählen Sie in der Spalte links unter *Link zu* die Kategorie *E-Mail-Adresse*, wenn Sie einen Link zu einer E-Mail-Adresse einfügen möchten.

(5) Geben Sie den Text ein, der statt der Web- bzw. E-Mail-Adresse in der Nachricht erscheinen soll.

(6) Geben Sie die Web- bzw. E-Mail-Adresse ein.

(7) Geben Sie im Fall eines Links zu einer E-Mail-Adresse noch den Betreff ein, sodass der Empfänger auch diese Angabe nicht mehr selbst eintippen muss.

(8) Bestätigen Sie über *OK*.

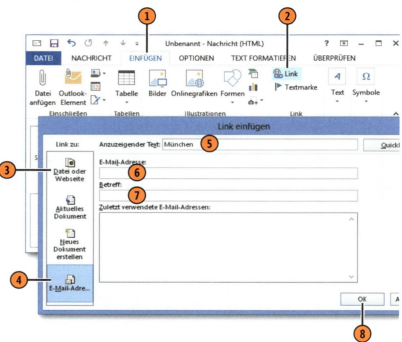

6 E-Mail-Nachrichten verwalten

Mit steigendem E-Mail-Verkehr wächst auch die Anzahl der im E-Mail-Modul von Outlook abgelegten Elemente. Damit ergibt sich die Notwendigkeit, diese Elemente verstärkt zu organisieren. Für diese Zwecke können Sie verschiedene Techniken verwenden, die Ihnen im Prinzip in allen Outlook-Bereichen zur Verfügung stehen, sowie einige Verfahren, die sich speziell auf E-Mail-Nachrichten beziehen.

Durch den Einsatz unterschiedlicher Ansichten, Filter, Gruppierungen und Sortierungen können Sie die Übersichtlichkeit erhöhen. Die Suchfunktion hilft Ihnen beim Auffinden Ihrer Nachrichten.

Durch Verwenden von Regeln können Sie noch einen Schritt weiter gehen. Sie können hiermit beispielsweise veranlassen, dass E-Mail-Nachrichten bereits beim Empfangen in bestimmte Ordner verschoben, gelöscht, weitergeleitet oder gekennzeichnet werden.

Letztendlich gehört zum Thema Verwalten von E-Mail-Nachrichten auch das Aufräumen Ihrer Postfächer; löschen Sie beispielsweise nicht mehr benötigte oder veraltete Nachrichten, archivieren Sie Aufhebenswertes und leeren Sie den Ordner *Gelöschte Elemente* von Zeit zu Zeit.

Ansichten anpassen

Ansichten ermöglichen mithilfe verschiedener Anordnungen und Formatierungen unterschiedliche Darstellungsweisen von Informationen in einem Ordner. Für alle Ordner gibt es Standardansichten. Sie können aber auch benutzerdefinierte Ansichten erstellen. Die Übersichtlichkeit der Darstellung der Nachrichten im Ansichtsfenster können Sie durch diverse Maßnahmen erhöhen. Das einfachste Verfahren besteht darin, geeignete Anordnungen zu verwenden oder die Elemente auf unterschiedliche Arten zu sortieren.

Standardansicht einstellen

① Wählen Sie den Ordner aus, für den Sie die Ansicht einstellen wollen.

② Wählen Sie die Registerkarte *Ansicht*.

③ Öffnen Sie in der Gruppe *Aktuelle Ansicht* das Menü zur Schaltfläche *Ansicht ändern*.

④ Wählen Sie eine der Standardansichten, beispielsweise für ein POP3-Konto:

Kompakt

Einzeln

Vorschau

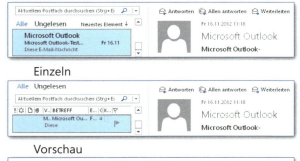

Tipp

Für die einzelnen Kontotypen gibt es unterschiedliche Standardansichten.

Nachrichtenvorschau anpassen

① Wählen Sie den gewünschten Ordner aus.

② Wählen Sie die Registerkarte *Ansicht*.

③ Öffnen Sie in der Gruppe *Anordnung* die Liste zur Schaltfläche *Nachrichtenvorschau*.

④ Wählen Sie aus, wie viele Vorschauzeilen in der Nachrichtenliste angezeigt werden sollen.

⑤ Geben Sie an, ob die gewählte Einstellung für den aktuellen Ordner oder für alle Ordner gelten soll.

⑥ In der Nachrichtenliste wird die Vorschaueinstellung entsprechend umgesetzt.

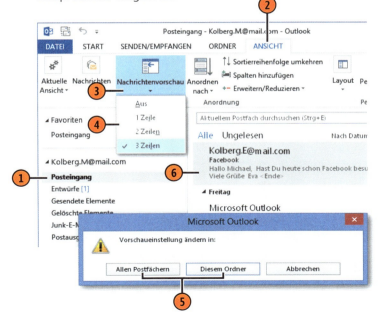

Sortierung/Gruppierung der Nachrichtenliste anpassen

① Wählen Sie den gewünschten Ordner aus.

② Klicken Sie auf die Registerkarte *Ansicht*.

③ Öffnen Sie in der Gruppe *Anordnung* das Menü zur Schaltfläche *Anordnen nach*.

④ Wählen Sie das gewünschte Kriterium aus.

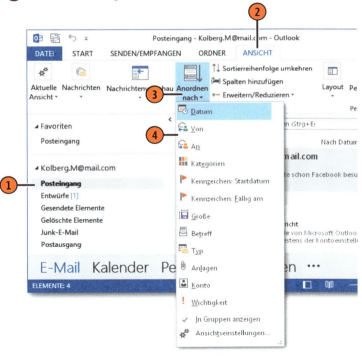

Unterhaltungsansicht

Bei der Unterhaltungsansicht werden Nachrichten mit demselben Betreff in sogenannten Unterhaltungen gruppiert, die erweitert oder reduziert angezeigt werden können. So können Sie Ihre

Unterhaltungsansicht aktivieren

① Wählen Sie den gewünschten Ordner aus.

② Wählen Sie die Registerkarte *Ansicht*.

③ Aktivieren Sie in der Gruppe *Nachrichten* das Kontrollkästchen *Als Unterhaltungen anzeigen*.

④ Geben Sie an, ob die neue Einstellung für den aktuellen Ordner oder für alle Ordner gelten soll.

⑤ Nach Unterhaltung gruppierte Nachrichten erkennen Sie an dem kleinen Pfeilsymbol. Klicken Sie zum Erweitern bzw. zum Reduzieren der Unterhaltung auf diesen Pfeil.

⑥ In der erweiterten Form wird der gesamte Nachrichtenverkehr zu einem Betreff in einem gemeinsamen Block angezeigt. Die neuen Nachrichten werden oben angezeigt.

Tipp ✔

In dem Menü zur Schaltfläche *Unterhaltungseinstellungen* in der Gruppe *Nachrichten* finden Sie verschiedene Optionen zum Anpassen der Ansicht. Sie können beispielsweise festlegen, ob die Unterhaltung auch Nachrichten enthalten soll, die in anderen Ordnern gespeichert sind.

E-Mail-Nachrichten schneller durchgehen und Nachrichten oder Unterhaltungen mit wenigen Klicks bearbeiten.

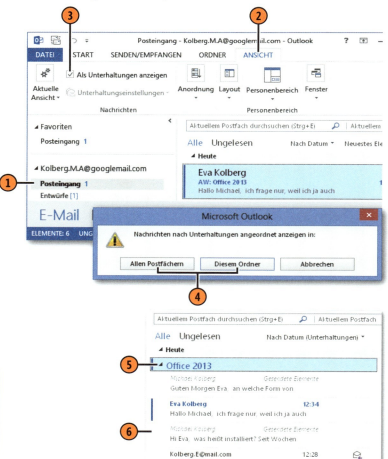

Mit der Unterhaltungsansicht arbeiten

■ Wenn Sie in der Unterhaltungsansicht auf eine Kopfzeile klicken, wird die Unterhaltung im Lesebereich mit der neuesten Nachricht an oberster Stelle angezeigt

■ Wenn Sie auf eine Nachricht in einer Unterhaltung antworten, wird eine Antwort auf die an oberster Stelle im Lesebereich angezeigte Nachricht gesendet. Beim Antworten auf die Unterhaltung wird eine Antwort auf die neueste Nachricht gesendet. Wenn die Unterhaltung mehr als eine Verzweigung aufweist, klicken Sie auf die gewünschte Verzweigung. Die Antwort wird dann auf die aktuelle Nachricht in dieser Verzweigung gesendet. Sie können auf jede beliebige Nachricht in der Unterhaltung antworten.

■ Durch Klicken auf *Weiterleiten* wird eine neue Nachricht mit der Unterhaltung als Nachrichtentext erstellt, wie dieser im Lesebereich angezeigt wird.

■ Sie können eine Unterhaltung oder einzelne Nachrichten in einer Unterhaltung kategorisieren. Wenn Sie mindestens eine Nachricht kategorisieren, werden die Kategoriefarben in der Kopfzeile angezeigt, wenn die Unterhaltung reduziert oder geschlossen ist.

Tipp ✔

Wenn Sie eine Unterhaltung nicht länger ignorieren möchten, klicken Sie im Ordner *Gelöschte Elemente* auf die wiederherzustellende Unterhaltung oder auf eine beliebige Nachricht darin. Klicken Sie auf der Registerkarte *Start* in der Gruppe *Löschen* auf *Ignorieren* und klicken Sie anschließend auf *Ignorieren der Unterhaltung beenden*. Die Unterhaltung wird wieder in den Posteingang verschoben und zukünftige Nachrichten der Unterhaltung gelangen ebenfalls wieder in den Posteingang.

Unterhaltungen insgesamt löschen

1. Wählen Sie die Registerkarte *Start*.

2. Markieren Sie die Unterhaltung oder eine Nachricht darin.

3. Klicken Sie in der Gruppe *Löschen* auf *Ignorieren*.

4. Bestätigen Sie durch einen Klick auf *Unterhaltung ignorieren*. Die bereits vorhandenen und auch alle zukünftigen Nachrichten zum Betreff der ausgewählten Unterhaltung werden direkt in den Ordner *Gelöschte Elemente* verschoben.

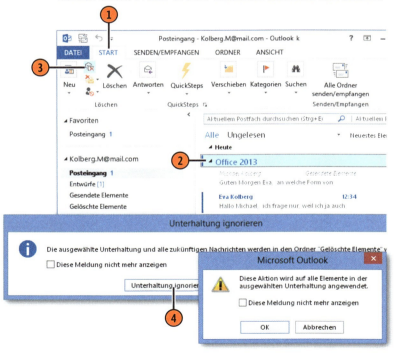

Weitere Ordner zum Organisieren verwenden

Zum Organisieren Ihrer E-Mail-Nachrichten sind Sie nicht auf den von Outlook zur Verfügung gestellten Ordner *Posteingang* beschränkt. Sie können weitere Ordner – auch Unterordner – anlegen, vorhandene Ordner in Gruppen organisieren, umbe-

nennen, kopieren oder verschieben. In einer solchen benutzerdefinierten Ordnerstruktur können Sie dann Ihre Nachrichten nach Ihrem eigenen System ablegen.

Neuen Ordner erstellen

① Wählen Sie die Registerkarte *Ordner*.

② Klicken Sie in der Gruppe *Neu* auf *Neuer Ordner*.

③ Geben Sie dem Ordner einen Namen.

④ Wählen Sie einen Elementtyp.

⑤ Klicken Sie im Listenfeld *Ordner soll angelegt werden unter* auf den Speicherort für den neuen Ordner.

⑥ Klicken Sie auf *OK*.

⑦ Der neue Ordner wird als Unterordner des gewählten Ordners erstellt.

Ordner umbenennen, kopieren oder verschieben

① Klicken Sie mit der rechten Maustaste auf den betreffenden Ordner.

② Wählen Sie im Kontextmenü einen der Befehle zum Verwalten von Ordnern: Sie können Ordner umbenennen, kopieren, verschieben, löschen und weitere Aktionen mit ihnen durchführen.

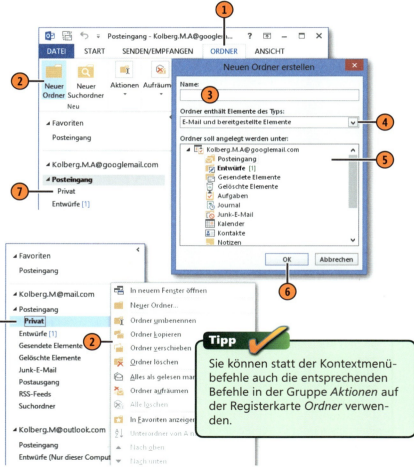

Tipp

Sie können statt der Kontextmenübefehle auch die entsprechenden Befehle in der Gruppe *Aktionen* auf der Registerkarte *Ordner* verwenden.

Nachrichten in Ordner verschieben

① Markieren Sie die Nachricht(en), die Sie verschieben wollen.

② Wählen Sie die Registerkarte *Start*.

③ Öffnen Sie in der Gruppe *Verschieben* das Menü zur Schaltfläche *Verschieben*.

④ Wählen Sie *In anderen Ordner*.

⑤ Markieren Sie den Ordner, in den Sie die Nachricht(en) verschieben wollen.

⑥ Klicken Sie auf *OK*.

Gewusst wie

Mithilfe von sogenannten QuickSteps können Sie das Verschieben von Nachrichten einfacher gestalten. Dazu müssen Sie lediglich einen QuickStep definieren, in dem Sie den Zielordner angeben. Anschließend brauchen Sie zum Verschieben nur noch die Nachricht zu markieren und den QuickStep aufzurufen. Informationen zu Quick-Steps liefern Ihnen die nächsten Seiten.

Mithilfe von Regeln können Sie dafür sorgen, dass bestimmte Nachrichten automatisch in einen bestimmten Ordner verschoben werden. Wie man mit Regeln arbeitet, erfahren Sie auf Seite 126 ff.

Tipp ✔

Über den Befehl *Ordnereigenschaften* in der Gruppe *Eigenschaften* auf der Registerkarte *Ordner* öffnen Sie ein Dialogfeld, über das Sie diverse Einstellungen zum markierten Ordner vornehmen können: Sie können darüber z.B. angeben, nach welchen Regeln die Inhalte des Ordners archiviert werden sollen. Informationen zum Archivieren finden Sie auf Seite 130 f.

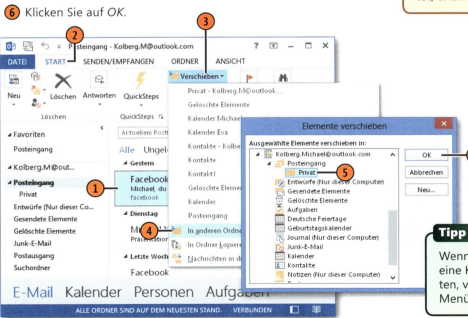

Tipp ✔

Wenn Sie die Nachricht nicht verschieben, sondern eine Kopie in einem anderen Ordner ablegen möchten, verwenden Sie den Befehl *In Ordner kopieren* im Menü zur Schaltfläche *Verschieben*.

QuickSteps

QuickSteps ermöglichen es, häufig auszuführende Aufgaben im Programm schneller durchzuführen. Einige dieser QuickSteps – wie beispielsweise *Antworten und Löschen* – sind bereits eingerichtet. Andere Befehle – wie beispielsweise das Verschieben von Nachrichten in bestimmte Ordner oder das Weiterleiten von Nachrichten an einen bestimmten Empfänger – können Sie selbst definieren. Sie müssen dann später nur noch den QuickStep aufrufen, um die festgelegten Aktionen auszuführen.

Einen QuickStep zum Weiterleiten einrichten

① Klicken Sie auf die Registerkarte *Start*.

② Klicken Sie in der Gruppe *QuickSteps* auf *Weitere* und dann im Menü auf *Neuer QuickStep*.

③ Wählen Sie den betreffenden Befehl, für den ein QuickStep angelegt werden soll – z.B. *Weiterleiten an*.

④ Benennen Sie den QuickStep.

⑤ Geben Sie die E-Mail-Adresse der Person(en) ein, an die weitergeleitet werden soll.

⑥ Bestätigen Sie über *Fertig stellen*. Der neue QuickStep wird anschließend im *QuickSteps*-Menü angezeigt.

Tipp ✔

Um beispielweise einen so eingerichteten QuickStep zum Weiterleiten einzusetzen, markieren Sie die weiterzuleitende Nachricht, öffnen das *QuickSteps*-Menü und wählen den betreffenden QuickStep, z.B. *Weiterleiten an: Eva*. Die markierte Nachricht wird daraufhin an die definierte Adresse weitergeleitet.

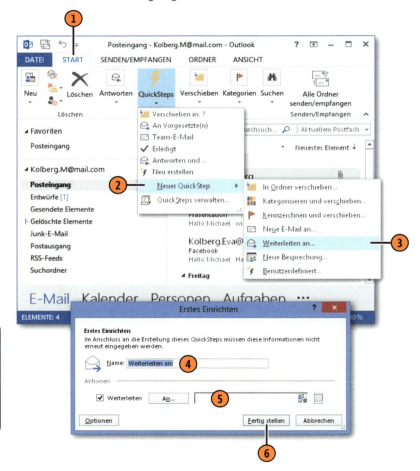

QuickSteps bearbeiten

① Klicken Sie auf die Registerkarte *Start*.

② Klicken Sie in der Gruppe *QuickSteps* auf das sogenannte Startprogramm für Dialogfelder, um das Dialogfeld *QuickSteps verwalten* mit der Liste der eingerichteten QuickSteps anzuzeigen.

③ Markieren Sie den QuickStep, den Sie bearbeiten wollen.

④ Rechts im Dialogfeld finden Sie eine Beschreibung der Aktionen.

⑤ Zum Bearbeiten der Aktionen des ausgewählten QuickSteps klicken Sie auf *Bearbeiten*.

⑥ Sie können den Namen des QuickSteps ändern.

⑦ Über das Dropdown-Listenfeld *Aktionen* können Sie festlegen, was passieren soll, wenn Sie den QuickStep aufrufen.

⑧ Sie können weitere Aktionen zu diesem Quick-Step hinzufügen.

⑨ Sie können eine Tastenkombination zum Starten des QuickSteps vereinbaren.

⑩ Bestätigen Sie Ihre Änderungen mit *Speichern*.

⑪ Klicken Sie auf *OK*.

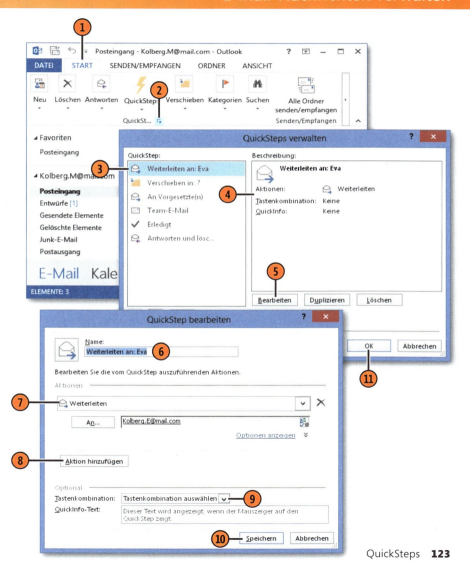

Junk-Mail herausfiltern

Outlook beinhaltet einen Junk-E-Mail-Filter. Dieser Filter sortiert nicht bestimmte Absender oder Nachrichtentypen aus, sondern ermittelt anhand der Inhalte der Nachricht die Wahrscheinlichkeit, dass es sich dabei um Junk handelt. Jede Nachricht, die der Filter abfängt, wird in den speziellen Ordner *Junk-E-Mail* verschoben, aus dem Sie die Nachrichten zu einem späteren Zeitpunkt abrufen und anzeigen können.

Dieses Werkzeug ist standardmäßig nicht eingeschaltet. Sie sollten aber zumindest den Schutzgrad auf *Niedrig* festlegen, um die offensichtlichsten Junk-E-Mail-Nachrichten herauszufiltern. Sie können den Schutzgrad auch verstärken, wodurch möglicherweise aber auch legitime Nachrichten abgefangen werden.

Die Parameter für den Filter einstellen

① Wählen Sie einen Ordner in dem Konto, für das Sie den Filter einstellen wollen.

② Wählen Sie die Registerkarte *Start*.

③ Öffnen Sie in der Gruppe *Löschen* das Menü zur Schaltfläche *Junk-E-Mail*.

④ Wählen Sie *Junk-E-Mail-Optionen*.

⑤ Klicken Sie auf den gewünschten Schutzgrad – siehe hierzu nächste Seite.

⑥ Bestätigen Sie die Einstellung mit *OK*.

Tipp ✓

Wenn die Nachrichten von einem bestimmten Absender beim Eintreffen automatisch in den Ordner *Junk-E-Mail* verschoben werden sollen, markieren Sie eine der bereits erhaltenen Nachrichten und wählen den Befehl *Absender sperren* im Menü zur Schaltfläche *Junk-E-Mail*.

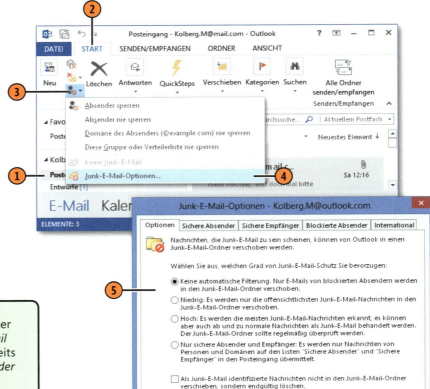

Junk-E-Mail-Optionen

- *Keine automatische Filterung:* Obwohl diese Einstellung den automatischen Junk-E-Mail-Filter ausschaltet, wertet Outlook die Nachrichten weiterhin anhand der Domänennamen und E-Mail-Adressen in Ihrer Liste der blockierten Absender aus und die betreffenden Nachrichten werden nach wie vor in den Ordner *Junk-E-Mail* verschoben.

- *Niedrig:* Wenn Sie nur wenige Junk-E-Mail-Nachrichten erhalten und alle Nachrichten mit Ausnahme der offensichtlichsten Junk-E-Mail-Nachrichten anzeigen möchten, wählen Sie diese Option.

- *Hoch:* Wenn Sie eine große Zahl von Junk-E-Mail-Nachrichten erhalten, wählen Sie diese Option. Sie sollten jedoch regelmäßig die in den Ordner *Junk-E-Mail* verschobenen Nachrichten überprüfen, weil einige ordnungsgemäße Nachrichten möglicherweise ebenfalls dorthin verschoben werden.

- *Nur sichere Absender und Empfänger:* Alle E-Mail-Nachrichten, deren Absender sich nicht in der Liste der sicheren Absender befinden, sowie alle Nachrichten an Adressenlisten, die sich nicht in der Liste der sicheren Empfänger befinden, werden wie Junk-E-Mail-Nachrichten behandelt.

Achtung !

Durch Aktivieren des Kontrollkästchens *Als Junk-E-Mail identifizierte Nachrichten nicht in den Junk-E-Mail-Ordner verschieben, sondern endgültig löschen* können Sie dafür sorgen, dass entsprechende Nachrichten ohne den Umweg über den Ordner *Junk-E-Mail* direkt aus Outlook entfernt werden. Gehen Sie jedoch vorsichtig mit dieser Option um, da der Junk-Mail-Filter zwar meist, aber nicht immer richtig funktioniert.

Nachrichten eines bestimmten Absenders als Junk einstufen

1. Wählen Sie die Registerkarte *Start*.
2. Markieren Sie die Nachricht in der Nachrichtenliste.
3. Öffnen Sie in der Gruppe *Löschen* das Menü zur Schaltfläche *Junk-E-Mail*.
4. Wählen Sie *Absender sperren*.

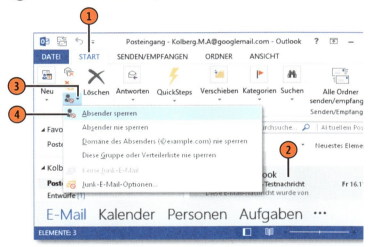

Mit Regeln arbeiten

Bei Regeln handelt es sich um Vorschriften für Aktionen, die Outlook beim Eintreten gewisser Bedingungen automatisch mit den betreffenden E-Mail-Nachrichten durchführt. Sie können beispielsweise ein- und ausgehende Nachrichten automatisch verschieben, löschen, weiterleiten oder kennzeichnen. Ein einfacher und schneller Weg zum Festlegen der gewünschten Bedingung für eine Regel besteht darin, von einer vorhandenen Nachricht auszugehen. Außerdem steht Ihnen der Regel-Assistent beim Definieren von Regeln hilfreich zur Seite.

Regel auf Basis einer Nachricht erstellen

① Markieren Sie die Nachricht, auf der die Regel basieren soll.

② Wählen Sie die Registerkarte *Start*.

③ Öffnen Sie in der Gruppe *Verschieben* das Menü zur Schaltfläche *Regeln* und wählen Sie *Regel erstellen*.

④ Im Dialogfeld *Regel erstellen* können Sie im oberen Bereich die Bedingungen aktivieren, die erfüllt sein müssen, damit die Regel ausgeführt wird. Sie können mit *Von <Absender>*, *Betreff enthält* und *Gesendet an* bis zu drei Bedingungen festlegen.

⑤ Die Optionen unter *Folgendes ausführen* dienen zum Festlegen der Aktionen, die ausgeführt werden sollen, wenn die definierten Bedingungen erfüllt sind. Sie können z.B. die Nachricht gleich in den Ordner *Gelöschte Elemente* verschieben lassen.

⑥ Bestätigen Sie Ihre Einstellungen mit *OK*.

⑦ Das Erstellen der Regel wird bestätigt. Lassen Sie die neue Regel ggf. auch auf bereits vorhandene Nachrichten anwenden.

⑧ Bestätigen Sie mit *OK*.

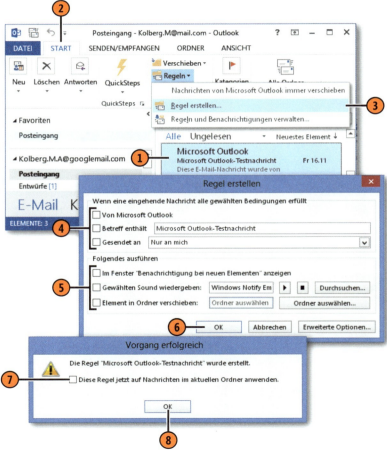

Regeln und Benachrichtigungen verwalten

① Wählen Sie die Registerkarte *Start*.

② Öffnen Sie in der Gruppe *Verschieben* das Menü zur Schaltfläche *Regeln* und wählen Sie den Befehl *Regeln und Benachrichtigungen verwalten*.

③ In der mit *Regeln (in der angezeigten Reihenfolge angewendet)* überschriebenen Liste werden die bereits definierten Regeln angezeigt.

④ Zu der markierten Regel wird hier eine Beschreibung angezeigt.

⑤ Zum Einschalten oder Ausschalten einer Regel aktivieren bzw. deaktivieren Sie das Kontrollkästchen neben der Regel.

⑥ Regeln werden in der angezeigten Reihenfolge abgearbeitet. Dies ist insofern wichtig, als weiter unten in der Liste stehende Regeln nicht mehr auf eine Nachricht wirken, wenn diese bereits durch weiter oben stehende Regel verschoben wurde. Nachdem Sie mehrere Regeln definiert haben, können Sie mit diesen Schaltflächen die Reihenfolge ändern, in der die Regeln angewendet werden.

⑦ Wenn Sie eine Regel löschen wollen, markieren Sie sie und klicken auf *Löschen*.

⑧ Zum Bearbeiten der markierten Regel klicken Sie auf *Ändern*. Anschließend müssen Sie im Regel-Assistenten an den entsprechenden Stellen die gewünschten Änderungen durchführen.

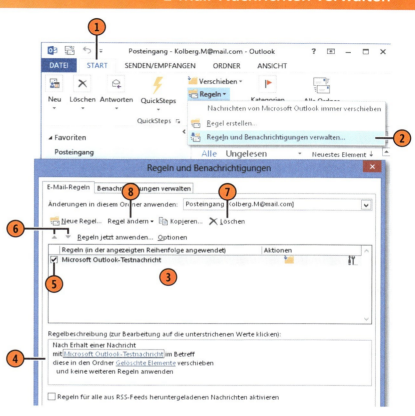

Tipp

Durch einen Klick auf *Regeln jetzt anwenden* im Dialogfeld *Regeln und Benachrichtigungen* können Sie die gewünschten Regeln aktivieren und über *Jetzt ausführen* auf die bereits vorhandenen Nachrichten anwenden.

Regel mit dem Regel-Assistenten erstellen

① Um mit dem Regel-Assistenten beispielsweise eine Regel zum Löschen von Nachrichten mit bestimmten Wörtern zu definieren, klicken Sie im Dialogfeld *Regeln und Benachrichtigungen* auf *Neue Regel*.

② Wählen Sie im Regel-Assistenten unter *1. Schritt* die Option *Nachrichten mit bestimmten Wörtern im Betreff in einen Ordner verschieben*.

③ Klicken Sie unter *2. Schritt* auf *bestimmten Wörtern*.

④ Geben Sie im Dialogfeld *Text suchen* ein Wort ein.

⑤ Klicken Sie auf *Hinzufügen*, um das eingegebene Wort in das Feld *Suchliste* zu übernehmen.

⑥ Klicken Sie auf *OK*.

⑦ Klicken Sie im Regel-Assistenten unter *2. Schritt* auf *Zielordner*.

⑧ Markieren Sie den Ordner, in den die Nachricht verschoben werden soll.

⑨ Klicken Sie auf *OK*.

⑩ Klicken Sie auf *Fertig stellen*.

Tipp ✔

Die unter *2. Schritt* im Assistentendialogfeld verfügbaren Optionen hängen von der unter *1. Schritt* gewählten Vorlage ab. Wenn Sie z.B. *Nachrichten von einem bestimmten Absender in einem Ordner verschieben* gewählt haben, können Sie über den Link *einer Person/öffentlichen Gruppe* festlegen, auf welche Absender sich die Regel beziehen soll, und über den Link *Zielordner* bestimmen, in welchen Ordner die Nachricht verschoben werden soll.

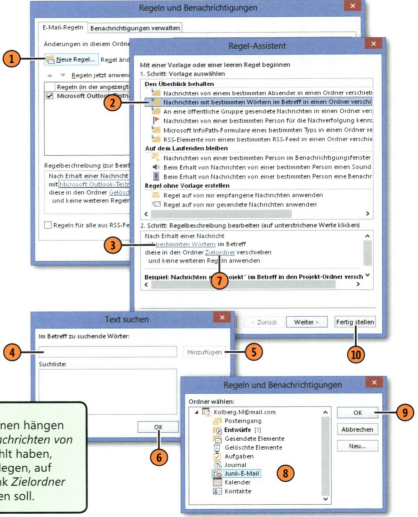

Regel ohne Vorlage erstellen

① Wählen Sie im ersten Schritt des Regel-Assistenten unter der Überschrift *Regel ohne Vorlage erstellen*, ob Sie eine Regel für ankommende oder für ausgehende Nachrichten erstellen wollen.

② Nach Klicken auf *Weiter* müssen Sie eine oder mehrere Bedingungen formulieren, bei deren Eintreten die Regel angewendet werden soll. Aktivieren Sie unter *1. Schritt* die gewünschte Bedingung und legen Sie dann unter *2. Schritt* nach einem Klick auf den entsprechenden Link die Einstellungen fest.

③ Die nachfolgenden Schritte des Assistenten entsprechen dem Festlegen einer Regel auf Basis einer Vorlage (siehe vorherige Seite): Legen Sie die Aktionen für den Fall fest, dass die festgelegten Bedingungen erfüllt sind.

④ Wenn Sie bestimmte Ausnahmen für den Einsatz der Regel wünschen, können Sie diese in einem weiteren Schritt festlegen.

⑤ Im abschließenden Schritt geben Sie der Regel einen Namen und bestimmen den Einsatz. Im Bereich *2. Schritt* des Assistentendialogfeldes werden alle Bestandteile der Regel zusammengefasst. Nach dem Bestätigen über *Fertig stellen* wird die Regel im Dialogfeld *Regeln und Benachrichtigungen* zusammen mit den schon früher erstellten Regeln angezeigt.

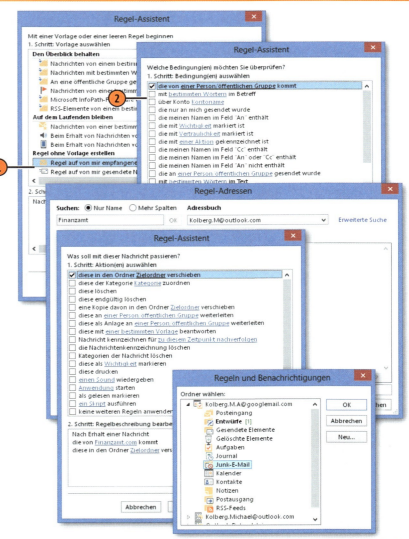

Archivieren

Sie können die Archivierungsfunktion von Outlook dazu nutzen, den Umfang der Ordner zu reduzieren. Mit der Archivierung können Sie alte Elemente in regelmäßigen Abständen entweder löschen oder in eine Archivierungsdatei verschieben. Das Archivierungsverfahren besteht aus zwei Schritten: Zuerst müssen

Sie die AutoArchivierung aktivieren und festlegen, mit welchen Regeln archiviert werden soll. Damit bestimmen Sie die Archivierungseinstellungen für alle Ordner der Datendatei. Abschließend können Sie Ausnahmeregelungen für einzelne Ordner festlegen.

AutoArchivierung einschalten

① Wählen Sie die Registerkarte *Ordner*.

② Klicken Sie in der Gruppe *Eigenschaften* auf *Einstellungen für AutoArchivierung*.

③ Klicken Sie auf der Registerkarte *AutoArchivierung* auf die Schaltfläche *Standardarchivierungseinstellungen*.

④ Aktivieren Sie das Kontrollkästchen *AutoArchivierung alle … Tage*.

⑤ Geben Sie an, wie oft die AutoArchivierung durchgeführt werden soll.

⑥ Legen Sie die sonstigen Optionen für die AutoArchivierung fest.

⑦ Klicken Sie auf *OK*.

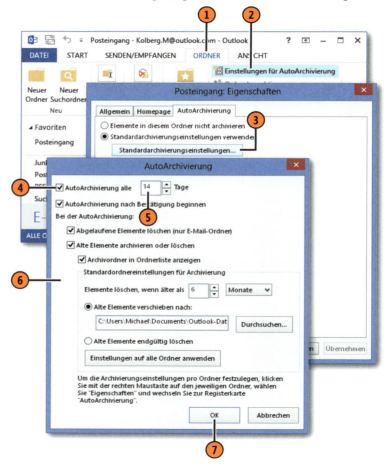

> **Tipp** ✓
>
> Aktivieren Sie *AutoArchivierung nach Bestätigung beginnen*, wenn Sie vor der Archivierung gefragt werden möchten, ob archiviert werden soll. Anderenfalls wird der Prozess automatisch durchgeführt.

AutoArchivierungsoptionen

- Mit *Abgelaufene Elemente löschen (nur E-Mail-Ordner)* bestimmen Sie, dass E-Mails gelöscht werden, die älter sind als die unter *AutoArchivierung alle ... Tage* eingegebene Zeitspanne.

- Durch Aktivieren von *Alte Elemente archivieren oder löschen* legen Sie zunächst nur fest, dass auch die sonstigen Outlook-Elemente zum festgelegten Zeitpunkt automatisch archiviert oder gelöscht werden sollen. Ob archiviert oder gelöscht wird, bestimmen Sie über die darunter liegenden Optionen für die Standardordnereinstellungen für Archivierung.

- Legen Sie bei *Elemente löschen, wenn älter als ...* fest, ab welchem Alter einzelne Elemente gelöscht oder an eine andere Stelle verschoben werden sollen.

- Wählen Sie *Alte Elemente verschieben nach*, wenn Sie diese Elemente nicht löschen, sondern archivieren wollen. Geben Sie an, in welchen Pfad und unter welchem Dateinamen archiviert werden soll.

- Wollen Sie die Elemente nicht archivieren, sondern löschen, wählen Sie *Alte Elemente endgültig löschen*.

- Haben Sie *Archivordner in Ordnerliste anzeigen* aktiviert, können Sie später schnell auf diesen Ordner zugreifen und archivierte Elemente öffnen.

Achtung!

Wenn Sie auf die Schaltfläche *Einstellungen auf alle Ordner anwenden* klicken, werden die im Dialogfeld *AutoArchivierung* festgelegten Optionen für alle Outlook-Ordner übernommen – auch für solche, für die Sie bereits separate Einstellungen vorgenommen haben.

Ordner einzeln archivieren

1. Markieren Sie den Ordner, für den andere Regeln gelten sollen als die im Dialogfeld *AutoArchivierung* festgelegten.

2. Klicken Sie auf die Registerkarte *Ordner*.

3. Klicken Sie in der Gruppe *Eigenschaften* auf *Einstellungen für AutoArchivierung*.

4. Legen Sie die Einstellungen für den Ordner fest:

   - nicht archivieren oder

   - die Standardeinstellungen für die Archivierung benutzen oder

   - eigene Einstellungen festlegen.

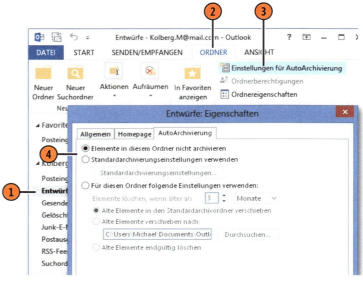

Aufräumen

Einen zusammenfassenden Zugriff auf mehrere Werkzeuge zum Organisieren des Postfachs finden Sie in der Funktion *Aufräumen*. Über die betreffenden Optionen können Sie die Gesamtgröße des Postfachs sowie die einzelner darin enthaltener Ordner anzeigen

lassen und Elemente suchen, die eine bestimmte Größe überschreiten oder älter als ein bestimmtes Datum sind, sowie die Archivierung einleiten. Darüber hinaus können Sie die Größe des Ordners *Gelöschte Elemente* anzeigen und ihn auch leeren.

Der Zugriff auf die Werkzeuge zum Aufräumen

① Klicken Sie auf die Registerkarte *Datei* und dann auf *Informationen*.

② Klicken Sie auf *Tools zum Aufräumen*.

③ Klicken Sie auf *Postfachbereinigung*.

Postfach aufräumen

① Wenn Sie ältere Elemente suchen, wählen Sie *Elemente suchen, die älter sind als … Tage* und geben eine Zahl zwischen 1 und 999 ein.

② Wenn Sie größere Elemente suchen, wählen Sie *Elemente suchen, die größer sind als … Kilobyte* und geben eine Zahl zwischen 1 und 9999 ein.

③ Klicken Sie dann auf *Suchen*. Das zeigt das Dialogfeld *Erweiterte Suche* an (siehe nächste Seite).

④ Die Suchergebnisse werden unten im Dialogfeld angezeigt.

⑤ Ändern Sie ggf. die Suche ab:

- Im Dropdown-Listenfeld *Suchen nach* können Sie festlegen, nach was gesucht werden soll.

- Den zu durchsuchenden Ordner können Sie über *Durchsuchen* auswählen.

⑥ Verfeinern Sie die Suche weiter. Sie können beispielsweise nach bestimmten Absendern suchen lassen.

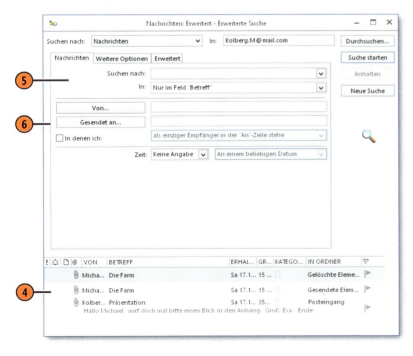

⑦ Wenn Sie nur die Größe des Postfachs und der darin enthaltenen Ordner anzeigen lassen wollen, klicken Sie im Dialogfeld *Postfach aufräumen* auf *Postfachgröße anzeigen*.

⑧ Zum Verschieben älterer Elemente im Postfach in eine Archivdatendatei klicken Sie auf *AutoArchivieren*.

⑨ Zum Anzeigen der Größe des Ordners *Gelöschte Elemente* klicken Sie auf *Größe von "Gelöschte Elemente" anzeigen*.

⑩ Zum Leeren des Ordners *Gelöschte Elemente* klicken Sie auf *Leeren*.

⑪ Zum Anzeigen der Größe des Ordners *Konflikte* klicken Sie auf *Größe von "Konflikte" anzeigen*.

⑫ Zum Löschen des Inhalts des Ordners *Konflikte* klicken Sie auf *Löschen*.

Nach Nachrichten suchen

Wenn Sie im Ordner *Posteingang* viele Elemente abgelegt haben, kann es schwierig werden, das gewünschte Element zu finden. Für solche Fälle bieten Ihnen die Suchfunktionen des Programms die Möglichkeit, Nachrichten schnell aufzufinden. Die Register-karte *Suchtools/Suchen* enthält über eine Vielzahl von Optionen, mit deren Hilfe Sie Suchdurchläufe sehr detailliert gestalten können. Die Suchfunktion ist für alle Outlook-Bereiche identisch.

Einfache Suche

① Klicken Sie in das Suchfeld und geben Sie einen Such-begriff ein.

② Bereits während der Eingabe werden die Nachrichten aufgelistet, die den Suchbegriff beinhalten. Die Fund-stellen werden in der Nachricht markiert.

③ Im Menüband wird die kontextbezogene Registerkarte *Suchtools/Suchen* angezeigt.

- Über die Schaltflächen in der Gruppe *Verfeinern* können Sie die Suche weiter spezifizieren. Wenn Sie beispielsweise auf *Von* klicken, können Sie im Such-feld zusätzlich einen Absender angeben.

- Die Optionen in der Gruppe *Bereich* erlauben die Wahl des Ordners, in dem gesucht werden soll. Standardmäßig wird zunächst in dem Ordner gesucht, von dem aus die Suche gestartet wurde.

④ Klicken Sie auf *Suche schließen*, um den Suchvorgang zu beenden.

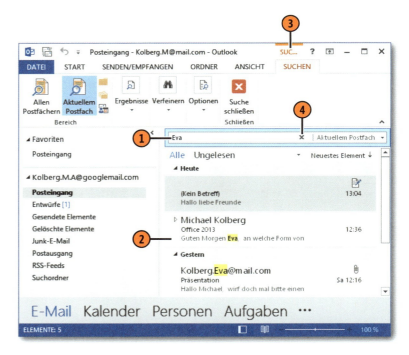

Gewusst wie

Um die Registerkarte *Suchtools/Suchen* anzuzeigen, reicht es auch, dass Sie in das Suchfeld klicken. Sie kön-nen dann die Werkzeuge dieser Registerkarte benutzen, ohne einen Suchbegriff eingeben zu müssen.

Suche ohne speziellen Suchtext

① Klicken Sie in das Suchfeld, um die Registerkarte *Suchtools/Suchen* anzuzeigen.

② Klicken Sie auf eine der Schaltflächen in der Gruppe *Verfeinern*, um ein Suchkriterium zu formulieren. Das erstellt im Suchfeld einen Suchausdruck (siehe hierzu rechts).

③ Ersetzen Sie im Ausdruck den allgemeinen Teil durch den konkreten Suchbegriff.

④ Die Suchergebnisliste wird angezeigt; die Fundstellen sind in den Nachrichten markiert.

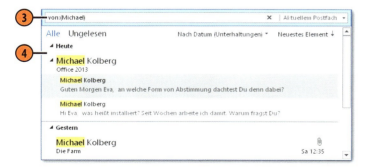

Suchkriterien in der Gruppe »Verfeinern«

Von	Erlaubt die Suche nach bestimmten Absendern. Ein Klick erzeugt im Suchfeld den Ausdruck *von:(Absendername)*. *Absendername* müssen Sie durch den Namen des Absenders ersetzen.
Betreff	Sucht nach einem bestimmten Betreff. Ein Klick erzeugt im Suchfeld den Ausdruck *betreff:(Schlüsselwörter)*. *Schlüsselwörter* müssen Sie durch den Betreff ersetzen.
Hat Anlagen	Ermöglicht die Suche nach Nachrichten mit oder ohne Anlagen. Im Suchfeld erscheint der Ausdruck *hatanlagen:ja*. Das *ja* können Sie auch durch *nein* ersetzen.
Kategorisiert	Wenn Sie Ihre Nachrichten bereits mit Kategorien versehen haben, können Sie die Liste zu *Kategorisiert* verwenden, um nach Nachrichten einer bestimmten Kategorie zu suchen. Öffnen Sie die Liste und wählen Sie eine Kategorie.
Diese Woche	Das Menü zur Schaltfläche enthält mehrere Zeitangaben – wie *Heute, Gestern, Diese Woche* usw. Wählen Sie die gewünschte aus.
Gesendet an	Bietet die Alternativen *Gesendet an: mich oder CC: mich, Nicht direkt an mich gesendet* und *Gesendet an einen anderen Empfänger*.
Ungelesen	Erzeugt den Ausdruck *gelesen:nein*.
Gekennzeichnet	Erzeugt *markierungfürnachverfolgung:zur nachverfolgung*.
Wichtig	Erzeugt *wichtigkeit:hoch*.
Weitere	Bietet weitere Eigenschaften.

Den Suchort festlegen

(1) Klicken Sie in das Suchfeld, um die Registerkarte *Suchtools/ Suchen* anzuzeigen.

(2) Standardmäßig wird im aktuellen Konto gesucht.

(3) Klicken Sie hier, um alle Konten zu durchsuchen.

(4) Sie können auch Unterordner durchsuchen.

(5) Sie können auch Elemente aller Outlook-Bereiche in die Suche einschließen.

Tipp

Auch über die Dropdownliste zum Suchenfeld können Sie einstellen, wo gesucht werden soll.

Tipp ✓

Kürzlich durchgeführte Suchvorgänge können Sie schnell wiederholen. Sie finden diese in der Gruppe *Optionen* in der Liste zu *Zuletzt verwendete Suchvorgänge* unter dem jeweiligen Suchbegriff aufgelistet.

Die erweiterte Suche

(1) Klicken Sie in das Suchfeld, um die Registerkarte *Suchtools/ Suchen* anzuzeigen.

(2) Öffnen Sie in der Gruppe *Optionen* das Menü zur Schaltfläche *Suchtools* und wählen Sie *Erweiterte Suche*.

(3) Geben Sie im Feld *Suchen nach* den Suchbegriff ein und legen Sie im Feld *In* fest, wo danach gesucht werden soll.

(4) Geben Sie ggf. weitere Suchkriterien ein.

(5) Klicken Sie auf die Schaltfläche *Suche starten*, um die Suche zu beginnen.

(6) Die Suchergebnisse werden dann unten im Dialogfeld angezeigt.

Suchordner benutzen

Suchordner vereinfachen das Prinzip der Suche. Sie enthalten Nachrichten, die bestimmte Suchkriterien erfüllen. Die angezeigten E-Mail-Nachrichten sind nach wie vor in einem oder mehreren Outlook-Ordnern gespeichert. Betrachten Sie also jeden Suchordner als eine gespeicherte Suche, die ständig aktualisiert wird und stets alle Ordner nach Elementen durchsucht, die den Suchkriterien des Suchordners entsprechen.

Sie können auch Ihre eigenen Suchordner erstellen, indem Sie bestimmte Suchkriterien definieren, die die E-Mail-Nachrichten erfüllen müssen, um in dem entsprechenden Suchordner angezeigt zu werden; dabei können Sie aus einer Liste vordefinierter Vorlagen einen weiteren Suchordner auswählen oder einen Suchordner mit Ihren eigenen Kriterien erstellen.

Suchordner anlegen

1. Wählen Sie die Registerkarte *Ordner*.

2. Klicken Sie in der Gruppe *Neu* auf *Neuer Suchordner*, um das gleichnamige Dialogfeld anzuzeigen.

3. Wählen Sie unterhalb der Gruppenüberschriften *Nachrichten lesen, Nachrichten von Personen und Listen* oder *Nachrichten organisieren* das geeignete Kriterium aus.

4. Geben Sie im Feld *Suchen in* den gewünschten Ordner an.

5. Wenn das Kriterium eine zusätzliche Eingabe erfordert – z.B. bei Nachrichten von bestimmten Personen –, müssen Sie diese in dem zusätzlich eingeblendeten Bereich *Suchordner anpassen* spezifizieren.

6. Bestätigen Sie mit *OK*.

Suchordner verwenden

- Die definierten Suchordner werden im Ordnerbereich unterhalb von *Suchordner* angezeigt.

- Klicken Sie auf den gewünschten Suchordner, um die betreffende Suchergebnisliste anzeigen zu lassen.

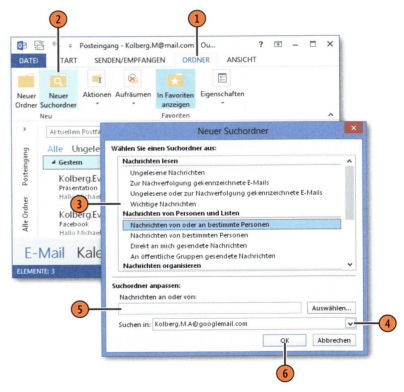

E-Mail-Nachrichten besonders markieren

Wenn Sie noch bestimmte Dinge mit einer Nachricht vorhaben, aber im Augenblick keine Zeit dazu finden, können Sie die Nachricht kennzeichnen. Sie können Nachrichten auch nach Belieben als *Gelesen* oder als *Ungelesen* markieren. Standardmäßig wird eine nicht gelesene Nachricht mit fetter Schrift angezeigt. Wenn

Ihnen diese Kennzeichnung ungelesener Nachrichten nicht markant genug ist, können Sie die bedingte Formatierung benutzen, um ein anderes Format dafür einzustellen. Wenn Sie Nachrichten bestimmten Gruppen zuordnen wollen, können Sie noch einen Schritt weiter gehen und sie kategorisieren.

Zur Nachverfolgung kennzeichnen

(1) Markieren Sie die betreffende Nachricht.

(2) Wählen Sie die Registerkarte *Start*.

(3) Öffnen Sie in der Gruppe *Kategorien* das Menü zu *Zur Nachverfolgung* und wählen Sie eine Option.

(4) Die Nachricht wird mit einem roten Fähnchen gekennzeichnet.

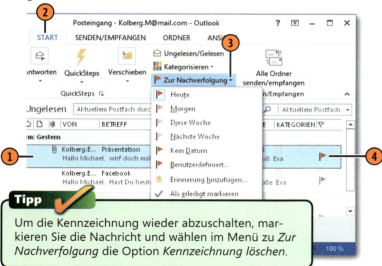

Tipp ✓
Um die Kennzeichnung wieder abzuschalten, markieren Sie die Nachricht und wählen im Menü zu *Zur Nachverfolgung* die Option *Kennzeichnung löschen*.

Als »Gelesen« oder als »Ungelesen« markieren

(1) Markieren Sie die betreffende Nachricht.

(2) Wählen Sie die Registerkarte *Start*.

(3) Klicken Sie in der Gruppe *Kategorien* auf *Ungelesen/ Gelesen*. Jeder Klick auf diese Befehlsschaltfläche ändert den Status.

Tipp ✓
Sie finden die Befehle zum Markieren auch im Kontextmenü zur Nachricht.

Die bedingte Formatierung benutzen

① Wählen Sie die Registerkarte *Ansicht*.

② Klicken Sie in der Gruppe *Aktuelle Ansicht* auf *Ansichtseinstellungen*.

③ Klicken Sie im Dialogfeld *Erweiterte Ansichtseinstellungen* auf *Bedingte Formatierung*.

④ Aktivieren Sie im Dialogfeld *Bedingte Formatierung* das bzw. die Kontrollkästchen der Gruppe(n) von Nachrichten, die Sie speziell formatieren wollen.

⑤ Klicken Sie auf die Schaltfläche *Schriftart*.

⑥ Stellen Sie im Dialogfeld *Schriftart* die gewünschten Parameter für die Schrift ein:

- Wählen Sie eine *Schriftart*, einen *Schriftschnitt* und einen *Schriftgrad*.
- Wählen Sie eine Farbe.

⑦ Schließen Sie die geöffneten Dialogfelder jeweils durch einen Klick auf *OK*.

Tipp ✔

Über die Schaltfläche *Hinzufügen* im Dialogfeld *Bedingte Formatierung* können Sie weitere Gruppen zur Liste *Regeln für diese Ansicht* hinzufügen. Über die Schaltfläche *Bedingung* können Sie dann Filterbedingungen definieren – beispielsweise können Sie alle Nachrichten herausfiltern, bei denen Sie als alleiniger Empfänger in der *An*-Zeile genannt sind. Diese Nachrichten können Sie dann mit einem speziellen Format versehen.

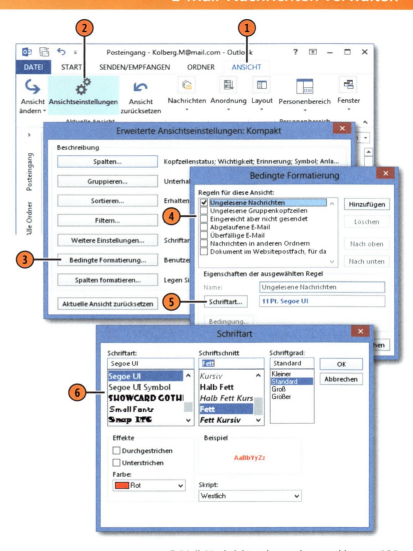

Kategorie zuordnen

①　Markieren Sie die Nachricht, der Sie eine Kategorie zuordnen wollen.

②　Wählen Sie die Registerkarte *Start*.

③　Öffnen Sie in der Gruppe *Kategorien* das Menü zur Schaltfläche *Kategorisieren*.

④　Wählen Sie eine Kategorie. Die gewählte Kategorie wird durch eine Farbmarkierung in der Nachricht angezeigt.

Kategorie umbenennen

①　Wenn Sie eine Kategorie zum ersten Mal verwenden, wird das Dialogfeld *Kategorie umbenennen* angezeigt.

②　Standardmäßig trägt die Kategorie den Namen einer Farbe. Sie können aber einen anderen Namen verwenden – beispielsweise *Privat* oder *Finanzen*.

③　Sie können eine Tastenkombination festlegen, mit der Sie der markierten Nachricht diese Kategorie zuweisen.

④　Bestätigen Sie das Umbenennen der Kategorie durch einen Klick auf *Ja*.

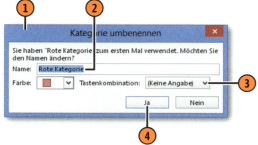

Kategorien erstellen und bearbeiten

① Wählen Sie die Registerkarte *Start*.

② Öffnen Sie in der Gruppe *Kategorien* das Menü zur Schaltfläche *Kategorisieren*.

③ Wählen Sie den Befehl *Alle Kategorien*, um das Dialogfeld *Farbkategorien* anzuzeigen.

④ Aktivierte Kontrollkästchen links der Farbkategorien geben an, welche Kategorien dem gerade markierten Element zugewiesen sind. Sie können hierüber Kategorien für dieses Element ein- und ausschalten.

⑤ Um eine Kategorie umzubenennen, markieren Sie sie und klicken auf *Umbenennen* (siehe auch die vorherige Seite).

⑥ Ein Klick auf *Löschen* entfernt die markierte Kategorie. Diesen Vorgang müssen Sie bestätigen. Das Löschen einer Kategorie hat keine Auswirkungen auf die damit kategorisierten Elemente.

⑦ Über das Listenfeld *Farbe* können Sie der markierten Kategorie einen Farbcode zuweisen. 25 Farben stehen zur Verfügung.

⑧ Über das Dropdown-Listenfeld *Tastenkombination* können Sie eine solche der markierten Kategorie zuweisen. Möglich sind Kombinationen der Taste Strg mit den Funktionstasten.

⑨ Um eine neue Kategorie anzulegen, klicken Sie auf *Neu*, geben einen Namen für die Kategorie ein und wählen eine Farbe aus.

Siehe auch

Nachdem Sie die Nachrichten mit Kategorien versehen haben, können Sie sie nach Kategorien sortieren; Hinweise dazu finden Sie auf Seite 117.

Separat speichern

Hin und wieder werden Sie einzelne Outlook-Elemente an einer anderen Stelle weiterverarbeiten wollen – beispielsweise Texte aus einer längeren Nachricht in Microsoft Word. Dafür bietet Ihnen

Outlook die Möglichkeit, E-Mail-Nachrichten – und andere Elemente – separat zu speichern. Sie können die so erzeugte Datei dann in einem geeigneten Programm öffnen.

E-Mail-Nachricht separat speichern

(1) Markieren Sie die zu speichernde Nachricht.

(2) Wählen Sie die Registerkarte *Datei*.

(3) Klicken Sie auf *Speichern unter*, um das gleichnamige Dialogfeld anzuzeigen.

(4) Geben Sie der Datei einen Namen.

(5) Wählen Sie das gewünschte Format.

(6) Klicken Sie auf *Speichern*.

Gewusst wie

Sie können eine Nachricht zwar nicht direkt als Microsoft Word-Datei speichern, Sie können den Inhalt aber in eine Word-Datei kopieren: Setzen Sie den Mauszeiger in die Nachricht und drücken Sie Strg+A, um den gesamten Text in der Nachricht auszuwählen. Drücken Sie Strg+C, um den Text in die Zwischenablage zu kopieren. Wechseln Sie dann zu der betreffenden Word-Datei und setzen Sie die Einfügemarke an die gewünschte Stelle. Drücken Sie Strg+V, um den Inhalt der Zwischenablage einzufügen.

Entwürfe

Outlook speichert Nachrichten, die nicht über *Senden* abgeschickt wurden, automatisch im Ordner *Entwürfe*. Sie können auch Vorlagen für Nachrichten oder unvollständige Nachrichten gezielt in diesem Ordner speichern. Später können Sie diese

Nachrichten(fragmente) wieder öffnen, sie ggf. vervollständigen und dann absenden. Diese Verfahrensweise eignet sich z.B. auch zum Erstellen einer Art Vorlage für häufig wiederkehrende Nachrichten mit identischem oder fast identischem Inhalt.

Entwurf erstellen

① Erstellen Sie eine neue E-Mail-Nachricht.

② Geben Sie alle Daten ein, die Sie im Entwurf wünschen.

③ Klicken Sie auf *Speichern*. Die Nachricht wird automatisch im Ordner *Entwürfe* gespeichert.

④ Schließen Sie das Nachrichtenfenster.

Entwurf verwenden

① Öffnen Sie den Ordner *Entwürfe*.

② Doppelklicken Sie auf den zu verwendenden Entwurf.

③ Geben Sie die restlichen Daten ein.

④ Senden Sie die Nachricht ab. Der Entwurf verbleibt in seiner ursprünglichen Form im Ordner *Entwürfe* erhalten und kann für ähnliche Zwecke wiederverwendet werden.

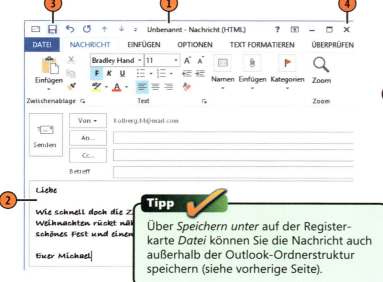

Tipp ✔

Über *Speichern unter* auf der Registerkarte *Datei* können Sie die Nachricht auch außerhalb der Outlook-Ordnerstruktur speichern (siehe vorherige Seite).

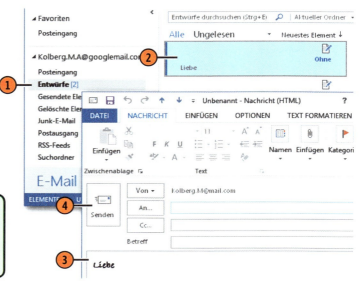

E-Mail-Nachrichten löschen

Nicht benötigte E-Mail-Nachrichten können schnell gelöscht werden. Die Nachricht wird dabei aus dem aktuellen Ordner entfernt – sie wird damit in keiner der Ansichten zu diesem Ordner mehr angezeigt – und in den Ordner *Gelöschte Elemente* verscho-

ben. Dieser Ordner funktioniert ähnlich wie der Windows-Papierkorb. Gelöschte Elemente bleiben so lange darin erhalten, bis der Ordner – entweder manuell oder automatisch – geleert wird.

Nachricht löschen

① Markieren Sie die betreffende Nachricht.

② Wählen Sie die Registerkarte *Start*.

③ Klicken Sie auf die Schaltfläche *Löschen*, um die Nachricht in den Outlook-Ordner *Gelöschte Elemente* zu verschieben.

Tipp ✔
Den Befehl *Löschen* finden Sie auch im Kontextmenü zur Nachricht.

Den Ordner »Gelöschte Elemente« anzeigen

① Klicken Sie im Ordnerbereich auf *Gelöschte Elemente*.

② Der Hauptbereich zeigt die gelöschten Elemente an.

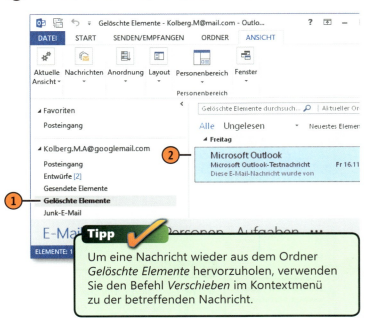

Tipp ✔
Um eine Nachricht wieder aus dem Ordner *Gelöschte Elemente* hervorzuholen, verwenden Sie den Befehl *Verschieben* im Kontextmenü zu der betreffenden Nachricht.

7 Kontakte verwalten

Zur Verwaltung von Daten zu Personen und Unternehmen, mit denen Sie kommunizieren möchten, verwenden Sie die Kontakte-Ordner, auf die Sie nach einem Klick auf *Personen* in der Navigationsleiste Zugriff haben. Hier können Sie die Namen, mehrere Adressen, Telefon- und Faxnummern, E-Mail-Adressen oder sonstige private oder geschäftliche Informationen übersichtlich in einem Formular aufnehmen. Ganz nach Bedarf können diese Informationen umfassend oder kurz gehalten sein.

Die in diesem Bereich gespeicherten Daten stehen Ihnen auch in anderen Outlook-Bereichen zur Verfügung. Wenn Sie beispielsweise die E-Mail-Adresse(n) im Kontaktformular eingegeben haben, brauchen Sie diese zum Erstellen einer Nachricht nicht mehr einzutippen, sondern können sie einfach übernehmen. Mit bestimmten Hardwarevoraussetzungen können Sie auch aus Outlook heraus einen Telefonanruf bei einer Kontaktperson starten.

Interessant sind auch Verteilerlisten. Das sind Gruppen von Kontakten. Mithilfe einer Verteilerliste können Sie beispielsweise eine Nachricht an alle Mitglieder der Gruppe senden; Sie ersparen sich also die Eingabe der einzelnen Adressen.

Der Bereich »Personen« im Überblick

Zur Verwaltung von Daten zu Personen und Unternehmen, mit denen Sie kommunizieren, verwenden Sie den Outlook-Bereich *Personen* – vormals *Kontakte*. Sie können hierin Namen, mehrere Adressen, Telefon- und Faxnummern, E-Mail-Adressen oder sonstige private und/oder geschäftliche Informationen übersichtlich in mehreren Formularen aufnehmen. Ganz nach Bedarf können diese Informationen umfassend oder kurz gehalten sein.

① Zur Anzeige der Kontakte klicken Sie in der Navigationsleiste auf *Personen*.

② Links im Ordnerbereich werden die vorhandenen Kontakte-Ordner angezeigt. Standardmäßig wird für jedes Konto ein Kontakte-Ordner erstellt. Sie können Outlook so einrichten, dass verschiedene Kontakte in unterschiedlichen Ordnern abgelegt werden – beispielsweise zur Trennung von privaten und geschäftlichen Kontakten.

③ Der zentrale Teil des Bildschirms ist in der Grundeinstellung des Programms durch den Ansichtsbereich belegt. Darin wird standardmäßig der Inhalt des links markierten Ordners in der Ansicht *Personen* angezeigt. Es stehen Ihnen aber noch andere Ansichten zur Verfügung. Beispielsweise liefert die Ansicht *Liste* eine tabellarische Anzeige der Kontaktdaten.

④ Links der Kontakteliste wird ein Register angezeigt. Durch Klicken auf einen Buchstaben in diesem Register gelangen Sie schnell zum betreffenden Bereich in der Kontakteliste. Sie können auch zusätzliche Register für verschiedene Sprachen anzeigen lassen, die nicht auf dem lateinischen Alphabet beruhen.

⑤ Mithilfe des Lesebereichs können Sie den Inhalt des im Listenbereich markierten Elements betrachten. In dieser Ansicht werden die wichtigsten Daten – wie Name, Postadresse, Telefon- und Faxnummern sowie die E-Mail-Adresse – in Blöcken zusammengefasst.

⑥ Ein weiterer Bereich, der im *Personen*-Modul eingeblendet werden kann, nennt sich Aufgabenleiste. In dieser Leiste können Sie einen Datumsnavigator, anstehende Termine und/oder eine Liste der noch nicht abgeschlossenen Aufgaben anzeigen lassen.

⑦ Ob und wie die verschiedenen Bereiche und Leisten dargestellt werden, können Sie über die Befehle in der Gruppe *Layout* auf der Registerkarte *Ansicht* regeln. Über *Personenbereich* könnten Sie zudem unterhalb des Lesebereichs einen Bereich mit weiteren Kontaktinformationen einblenden lassen.

Siehe auch

Für den Bereich *Personen* gibt es eine Reihe von anpassbaren Optionen. Darüber lesen Sie mehr auf Seite 246. Informationen zu Aufgaben und zur Aufgabenleiste finden Sie auf Seite 208 ff.

Tipp

Wenn Sie einen *Exchange ActiveSync*-kompatiblen Dienst – wie beispielsweise *outloook.com* – als E-Mail-Konto betreiben, werden Ihre Kontakteintragungen zu diesem Konto automatisch zwischen mehreren Rechnern und dem Internet synchronisiert.

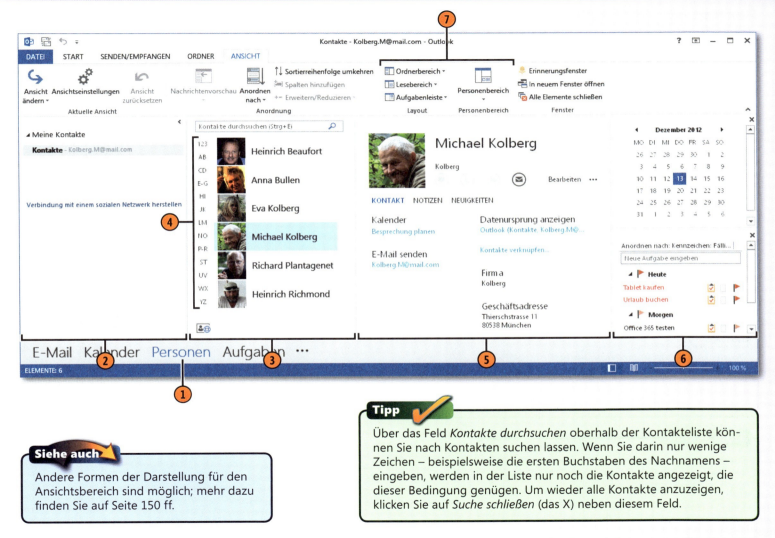

Siehe auch

Andere Formen der Darstellung für den Ansichtsbereich sind möglich; mehr dazu finden Sie auf Seite 150 ff.

Tipp ✔

Über das Feld *Kontakte durchsuchen* oberhalb der Kontakteliste können Sie nach Kontakten suchen lassen. Wenn Sie darin nur wenige Zeichen – beispielsweise die ersten Buchstaben des Nachnamens – eingeben, werden in der Liste nur noch die Kontakte angezeigt, die dieser Bedingung genügen. Um wieder alle Kontakte anzuzeigen, klicken Sie auf *Suche schließen* (das X) neben diesem Feld.

Kontakteintrag erstellen

Anfangs beinhaltet der Bereich *Personen* natürlich noch keine Eintragungen. Diese müssen Sie zuerst erstellen. Dafür benutzen Sie ein Formular, in dem Sie – ganz nach Belieben – Daten eingeben können. Sie können nur einige Grunddaten notieren oder das Formular auch vollständig ausfüllen. Beispielsweise können

Sie sich bei Geschäftspartnern auf Namen, Telefonnummern und E-Mail-Adresse beschränken, bei Freunden und Bekannten hingegen ausführlichere Angaben wie Privatadresse, Spitzname, diverse Telefonnummern und den Geburtstag aufnehmen.

Das Eingabeformular für Kontaktdaten

① Wählen Sie die Registerkarte *Start*.

② Klicken Sie zum Erstellen eines neuen Kontakts auf der Registerkarte *Start* in der Gruppe *Neu* auf die Schaltfläche *Neuer Kontakt*.

③ Im daraufhin geöffneten Formular *Unbekannt - Kontakt* geben Sie die betreffenden Daten ein.

④ Klicken Sie abschließend in der Gruppe *Aktionen* auf *Speichern & schließen*.

Tipp ✓

Wenn Sie gerade in einem anderen Outlook-Modul beschäftigt sind, können Sie auch auf der Registerkarte *Start* in der Gruppe *Neu* die Liste zu *Neue Elemente* öffnen und darin auf *Kontakt* klicken.

Tipp ✓

Wenn Sie zum Abschluss der Dateneingabe im Formular in der Gruppe *Aktionen* auf *Speichern und neuer Kontakt* klicken, bleibt das Formular zur Eingabe eines weiteren Kontakts geöffnet.

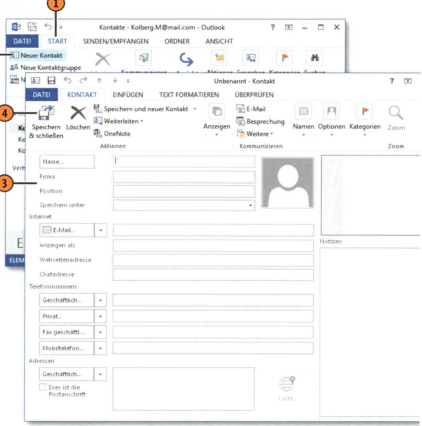

Die Eingabefelder im Einzelnen

■ Im oberen linken Bereich des Eingabeformulars können Sie alle mit dem Namen und der Firma des Kontakts zusammenhängenden Daten in den Feldern *Name*, *Firma* und *Position* direkt eintragen.

■ Im Bereich *Internet* können Sie eine oder mehrere E-Mail-Adressen für den Kontakt erfassen. Wenn der Kontakt über mehrere Adressen verfügt, legen Sie zuerst über das Dropdown-Listenfeld fest, welche Adresse Sie eingeben oder ändern wollen. Geben Sie dann die E-Mail-Adresse ein. Im Feld *Anzeigen als* wird nach Eingabe einer E-Mail-Adresse in der Voreinstellung die Form angezeigt, die Outlook beispielsweise im Adressbuch verwendet. Sie können diese Anzeige editieren. Die eingegebene Adresse selbst wird davon jedoch nicht beeinflusst.

■ Wenn der Kontakt eine eigene Webseite besitzt, vermerken Sie die URL dazu im Feld *Webseitenadresse*. Im Feld *Chatadresse* können Sie für Kontakte, die Instant Messaging verwenden, die Adresse eingeben. Wenn der Kontakt geöffnet ist, wird sein Onlinestatus in der Infoleiste angezeigt. Der Onlinestatus erscheint ebenfalls in der Infoleiste einer E-Mail-Nachricht, falls die im Feld *Von* angezeigte Adresse in Ihrer Liste enthalten ist. Durch Klicken auf die Infoleiste können Sie eine Sofortnachricht senden.

■ Im Bereich *Telefonnummern* können Sie eine Vielzahl von Rufnummern eingeben. Mit *Geschäftlich*, *Privat*, *Fax geschäftl.* und *Mobiltelefon* stehen Ihnen zunächst vier Felder als Voreinstellung zur Verfügung. Über die zu diesen Feldern gehörenden Listen können Sie das entsprechende Feld durch ein Feld für eine andere Telefonnummer ersetzen. Die vorher im ursprünglich angezeigten Feld vorgenommenen Eingaben bleiben aber erhalten und können durch einen erneuten Wechsel wieder angezeigt werden. Auf diese Weise werden alle im Listenfeld aufgelisteten Felder mit Telefonnummern versehen. Sie können aber immer nur vier davon im Fenster *Kontakt* anzeigen.

■ Der Bereich *Adressen* des Kontaktformulars bietet Platz für mehrere Anschriften des Kontakts. Für jeden Kontakt lassen sich bis zu drei Adressen eingeben. Wählen Sie zunächst über das Listenfeld die Adresse und welche Art von Informationen – geschäftliche, private oder andere – Sie erfassen wollen. Geben Sie dann die Daten ein.

■ Wenn Sie über ein digitales Bild des Kontakts verfügen, können Sie dieses in das Formular einfügen. Klicken Sie hierzu auf der Registerkarte *Kontakt* in der Gruppe *Optionen* auf *Bild* und wählen Sie dann *Bild hinzufügen*. Damit wird der Ordner geöffnet, in dem standardmäßig Bilder auf Ihrem Rechner gespeichert werden. Wechseln Sie ggf. zu einem anderen Ordner. Wählen Sie das betreffende Bild aus und klicken Sie dann auf *Öffnen*.

Gewusst wie

Weitere Möglichkeiten zur Eingabe von Informationen für einen Kontakt finden Sie in der Gruppe *Anzeigen* auf der Registerkarte *Kontakt* des Kontaktformulars. Standardmäßig ist hier die Option *Allgemein* aktiviert. Über *Details* lassen sich beispielsweise weitere Informationen zum aktuellen Kontakt festlegen, auch das Geburtsdatum. Eingaben in den Feldern *Geburtstag* und *Jahrestag* werden automatisch in den Outlook-Kalender übertragen.

Kontaktdaten in Ansichten organisieren

Vor allem wenn Sie bereits viele Kontakte eingegeben haben, sollten Sie sich mit einigen Techniken auskennen, die Ihnen in Outlook zum Organisieren von Kontakten zur Verfügung stehen. Ein einfaches Mittel ist das Zuweisen von Kategorien – es funktioniert wie bei E-Mail-Nachrichten. Zum Organisieren gehört auch die Wahl einer geeigneten Ansicht. Bei einigen dieser Ansichten können Sie die Kontakte auch in Gruppen – beispielsweise nach dem Arbeitgeber, dem Wohnsitz oder nach selbst festgelegten Kategorien – anordnen.

Ansicht wechseln

1. Klicken Sie auf der Registerkarte *Start* in der Gruppe *Aktuelle Ansicht* auf die Schaltfläche *Ansicht ändern*.

2. Wählen Sie die für den aktuellen Ordner gewünschte Darstellungsform aus.

3. Wollen Sie die Ansicht für einen oder mehrere andere Kontakte-Ordner und/oder für Unterordner übernehmen, klicken Sie im Menü zur Schaltfläche *Ansicht ändern* auf *Aktuelle Ansicht für andere Kontaktordner übernehmen*.

4. Markieren Sie den bzw. die Ordner, für den/die die Ansicht übernommen werden soll.

5. Aktivieren Sie das Kontrollkästchen, wenn die Ansicht auch auf Unterordner angewendet werden soll.

6. Klicken Sie auf *OK*.

Tipp ✔

Den Befehl *Ansicht ändern* finden Sie auch in der Gruppe *Aktuelle Ansicht* auf der Registerkarte *Ansicht*.

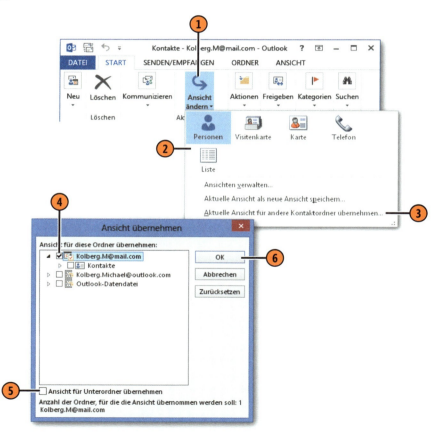

Die Ansichten im Einzelnen

1 Standardmäßig wird in den Kontakte-Ordnern die Ansicht *Personen* verwendet, in der nur der Name der Personen und sofern vorhanden das zugehörige Foto angezeigt werden. Der Vorteil dieser Darstellung liegt in dem geringen Platzbedarf der einzelnen Kontakteinträge.

2 In der Ansicht *Visitenkarte* sind die wichtigsten Angaben zum Kontakt zusammengefasst. Dazu gehören der Name des Kontakts und der seiner Firma, einige Telefonnummern und E-Mail-Adressen sowie die Postanschrift. Hatten Sie dem Kontakt ein Bild zugeordnet, wird auch dieses auf der Visitenkarte angezeigt.

3 Die Ansicht *Karte* zeigt mehr Informationen zu den einzelnen Kontakteinträgen an als die Ansicht *Visitenkarte*. Durch Verschieben der Trennlinien zwischen den einzelnen Datenfeldern können Sie dafür sorgen, dass die Inhalte vollständig angezeigt werden.

4 Die Ansichten *Telefon* und *Liste* zeigen die Kontaktinformationen in tabellarischer Form an. Die Breite der einzelnen Spalten können Sie mit gedrückter Maustaste ändern. Diese Listenform hat den zusätzlichen Vorteil, dass Sie neue Kontakte einfach nach einem Klick in das mit *Hier klicken, um Kontakt zu erstellen* beschriftete Feld direkt eingeben können. Über die Spaltenbeschriftungen können Sie die Liste sortieren lassen. Außerdem können Sie die Kontakteinträge in diesen beiden Ansichtsformen durch Auswahl eines Anordnungskriteriums sortieren lassen (siehe hierzu nächste Seite).

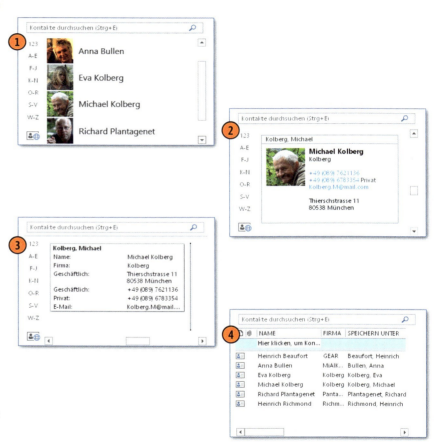

Kontakteinträge sortieren und gruppieren

① Stellen Sie sicher, dass die Kontakteinträge in einer der tabellenförmigen Ansichten – *Telefon* oder *Liste* – angezeigt werden.

② Klicken Sie auf der Registerkarte *Ansicht* in der Gruppe *Anordnung* auf die Schaltfläche *Anordnen nach*.

③ Wählen Sie die gewünschte Anordnung. Sie können nach den zugeordneten Kategorien, den Firmennamen oder dem Speicherort sortieren.

④ Sie können die Sortierreihenfolge auch umkehren.

⑤ Über die Option *In Gruppen anzeigen* können Sie festlegen, dass die einzelnen Gruppen durch entsprechende Zusammenfassungszeilen voneinander abgegrenzt werden.

⑥ Ist die Option aktiviert, zeigt die Zeile den Namen der Gruppe und die Anzahl der Kontakte darin an.

⑦ Über die Pfeilsymbole können Sie die Anzeige der einzelnen Kontakte unter der Zusammenfassungszeile ein- und ausblenden.

⑧ Ist die Option *In Gruppen anzeigen* nicht eingeschaltet, wird die Gruppierungszeile nicht angezeigt, die Sortierung wird aber weiterhin benutzt.

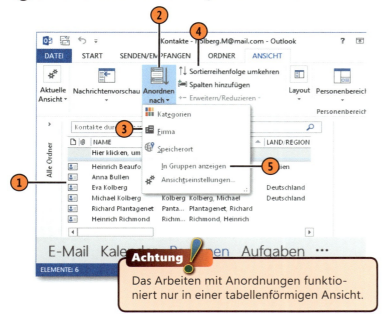

Achtung

Das Arbeiten mit Anordnungen funktioniert nur in einer tabellenförmigen Ansicht.

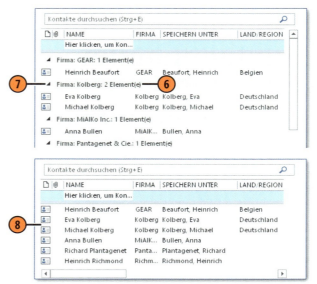

Mit Kontakten kommunizieren

Nachdem Sie Kontaktdaten eingegeben haben, ist es einfach, aus Outlook heraus mit den entsprechenden Personen zu kommunizieren. Sie können beispielsweise auf der Grundlage der Kontakteinträge auf verschiedene Arten E-Mail-Nachrichten an einzelne Kontakte oder Kontaktgruppen senden. Wenn Sie Ihren

Rechner mit einem geeigneten Modem mit dem Telefonnetz verbunden haben, können Sie auch direkt aus Outlook heraus einen Telefonanruf starten. Außerdem können Sie Aufgabenanfragen oder Besprechungsanfragen aus diesem *Personen*-Bereich erstellen und verschicken.

Eine E-Mail an einen Kontakt senden

① In der Ansicht *Personen* markieren Sie den betreffenden Kontakt in der alphabetisch sortierten Liste.

② Klicken Sie auf die E-Mail-Adresse des Kontakts, an die die Mail gesendet werden soll.

③ Im daraufhin angezeigten Formular ist die E-Mail-Adresse bereits eingetragen. Verfassen Sie die Nachricht und schicken Sie sie dann ab.

④ Wenn Sie eine andere Ansicht verwenden, markieren Sie ebenfalls zunächst den betreffenden Kontakt.

⑤ Klicken Sie dann in der Gruppe *Kommunizieren* auf *E-Mail*. Auch im daraufhin angezeigten Formular ist die E-Mail-Adresse bereits eingetragen. Verfassen Sie die Nachricht und schicken Sie sie dann ab.

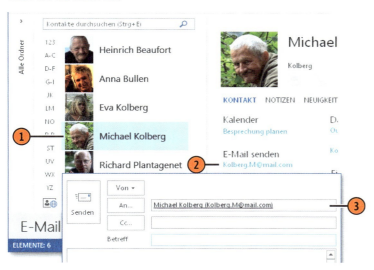

Tipp ✓

Wenn Sie die Nachricht an mehrere Kontakte versenden wollen, markieren Sie die betreffenden Einträge vorher gemeinsam mit gedrückter Strg-Taste.

Das Adressbuch beim Adressieren von Mails verwenden

① Klicken Sie im Formular zum Erstellen einer E-Mail-Nachricht auf die Schaltfläche *An*, um das Adressbuch anzuzeigen.

② Markieren Sie nacheinander die Kontakte, an die Sie die Nachricht senden wollen.

③ Klicken Sie nach dem Markieren auf eine der Schaltflächen *An*, *Cc* oder *Bcc*. Die Adressen werden in die entsprechenden Felder übernommen.

④ Bestätigen Sie die Auswahl durch einen Klick auf *OK*.

⑤ Die ausgewählten Empfänger werden in den entsprechenden Feldern im E-Mail-Formular vermerkt.

⑥ Verfassen Sie dann Ihre Nachricht und klicken Sie auf *Senden*, um sie abzuschicken.

Tipp

Beachten Sie, dass in diesem Adressbuch neben den E-Mail-Adressen auch Einträge für Faxnummern aufgelistet werden. Wählen Sie zum Senden von E-Mails immer den richtigen Eintrag. Sie können hier auch Faxnummern verwenden, wenn Sie über eine geeignete Hardwareausstattung – beispielsweise ein Faxmodem – verfügen.

Siehe auch

Wie Sie E-Mail-Nachrichten an die Mitglieder von Verteilerlisten senden, erfahren Sie auf Seite 162 ff.

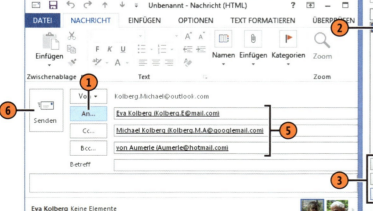

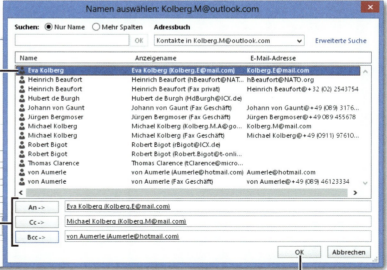

Einen Anruf starten

① Markieren Sie den Kontakt – z.B. in der Ansicht *Visitenkarte*.

② Klicken Sie auf der Registerkarte *Start* in der Gruppe *Kommunizieren* auf die Schaltfläche *Weitere*.

③ Wählen Sie den Befehl *Anruf* und klicken Sie anschließend auf die gewünschte Telefonnummer.

④ Klicken Sie im Dialogfeld *Neuer Telefonanruf* auf *Anruf beginnen*.

⑤ Nehmen Sie den Hörer ab und klicken Sie auf *Sprechen*.

Tipp ✔

Die Informationen zum eigenen Standort können Sie über das Dialogfeld *Neuer Telefonanruf* nach einem Klick auf die Schaltfläche *Wähloptionen* einstellen.

Tipp ✔

Wenn Sie im Menü zum Befehl *Anruf* den Befehl *Neuer Telefonanruf* wählen, wird das Dialogfeld *Neuer Telefonanruf* ohne Kontaktdaten angezeigt. Sie können dann im Feld *Rufnummer* eine beliebige Telefonnummer eingeben und anschließend auf *Anruf beginnen* klicken, um die Verbindung aufzubauen.

Eine Besprechungsanfrage senden

① Markieren Sie den betreffenden Kontakt.

② Klicken Sie auf der Registerkarte *Start* in der Gruppe *Kommunizieren* auf *Besprechung*.

③ Im zunächst mit *Unbenannt - Besprechung* bezeichneten Formular ist die Adresse der Person, die an der Besprechung teilnehmen soll, bereits eingetragen.

④ Geben Sie Informationen zu *Betreff* und *Ort* an.

⑤ Kontrollieren Sie die Angaben in den Feldern *Beginn* und *Ende*.

⑥ Klicken Sie auf die Schaltfläche *Senden*, um die Einladung abzuschicken.

Eine Aufgabenanfrage senden

① Markieren Sie den betreffenden Kontakt.

② Klicken Sie auf der Registerkarte *Start* in der Gruppe *Kommunizieren* auf *Weitere* und wählen Sie den Befehl *Aufgabe zuweisen*.

③ Im daraufhin geöffneten Nachrichtenformular ist die Adresse des Kontakts bereits eingetragen.

④ Verfassen Sie die Nachricht und senden Sie sie ab.

Siehe auch

Besprechungsanfragen können Sie auch vom Outlook-Bereich *Kalender* aus verfassen; siehe hierzu Seite 190 ff. Zum Erstellen von Aufgabenanfragen können Sie auch den Bereich *Aufgaben* verwenden; siehe hierzu Seite 220 ff.

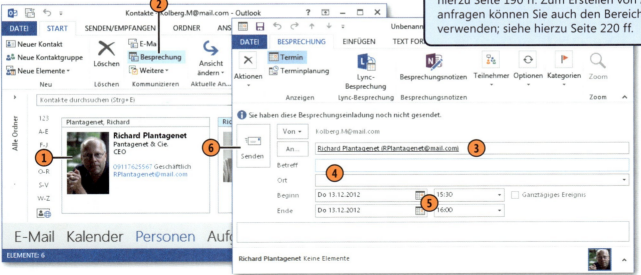

Kommunikation über einen Unternehmensserver

Wenn Sie Outlook mit der Anbindung an einen Unternehmens-server betreiben und mit Ihren Kollegen in Verbindung treten wollen, steht Ihnen verschiedene weitere Kommunikationsformen zur Verfügung. Sie können dann beispielsweise über Lync chatten oder Audio- und auch Videoanrufe starten. Das funktioniert alles aus der Ansicht *Personen* des Kontakte-Ordners heraus.

Einen Chat durchführen

① Markieren Sie den betreffenden Kontakt in der Ansicht *Personen* und klicken Sie im Lesebereich auf die Schaltfläche mit der Sprechblase.

② Geben Sie im daraufhin geöffneten Chatfenster im unteren Abschnitt den Text ein, mit dem Sie den Chat beginnen wollen. Drücken Sie nach der Eingabe die Taste *Eingabe*. Der Text wird dann in den oberen Teil des Chatfensters verschoben.

③ Bei der Kontaktperson erscheint ein kleines Fenster auf dem Bildschirm. Wenn sie darin auf die Schaltfläche *Annehmen* klickt, kann die Kommunikation beginnen.

④ Auch bei der Kontaktperson erscheint das Chatfenster. Sie gibt ebenfalls ihren Text im unteren Bereich ein. Eine Bestätigung mit *Eingabe* sendet den Text ab und verschiebt ihn in den oberen Bereich.

⑤ Zum Beenden des Chats klicken Sie auf die Schaltfläche *Schließen*.

Tipp ✔

Wenn Sie gerade in einer anderen Ansicht als *Personen* arbeiten, verwenden Sie zum Starten eines Chats den Befehl *Mit Chatnachricht antworten* im Menü zur Schaltfläche *Weitere* in der Gruppe *Kommunizieren* auf der Registerkarte *Start*.

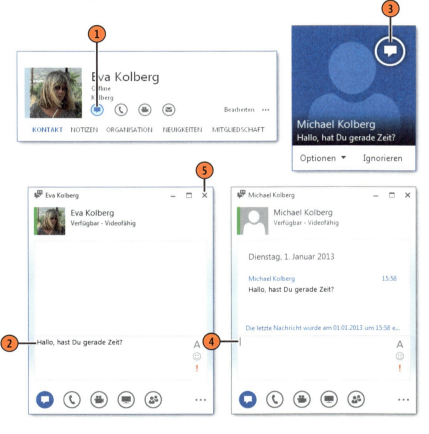

Einen Audioanruf durchführen

①　Markieren Sie den betreffenden Kontakt in der Ansicht *Personen* und klicken Sie im Lesebereich auf die Schaltfläche mit dem Telefonhörer.

②　Der Teilnehmer wird über Lync angerufen. Bei ihm erscheint ein kleines Fenster auf dem Bildschirm, in dem er auf die Schaltfläche *Annehmen* klicken muss, um das Gespräch zu starten.

③　Während des Gesprächs wird bei beiden Teilnehmern ein Fenster angezeigt.

④　Nach einem Klick auf die Schaltfläche *Weitere einladen* kann jeder Teilnehmer weitere Telefonverbindungen hinzufügen.

⑤　Ein Klick auf die Schaltfläche mit der Projektionsleinwand ermöglicht das Präsentieren von bestimmten Inhalten – beispielsweise Ihres Desktops, einzelner Programme usw.

⑥　Durch einen Klick auf die Schaltfläche *Auflegen* wird das Gespräch beendet.

Tipp ✔

Bei Anbindung an einen Unternehmensserver finden Sie auch in anderen Bereichen von Outlook weitere Schaltflächen und zusätzliche Optionen. Beispielsweise wird dem Lesebereich für eine E-Mail die Schaltfläche *Chat* hinzugefügt. Wenn Sie darauf klicken, können Sie schnell auf eine empfangene E-Mail-Nachricht mit einem Chat antworten.

Einen Videoanruf durchführen

① Markieren Sie den betreffenden Kontakt in der Ansicht *Personen* und klicken Sie im Lesebereich auf die Schaltfläche mit der Videokamera.

② Der Teilnehmer wird über das Internet angerufen. Bei ihm erscheint ein kleines Fenster auf dem Bildschirm, in dem er auf die Schaltfläche *Annehmen* klicken muss, um den Videoanruf zu starten.

③ Während des Gesprächs wird bei beiden Teilnehmern ein Fenster angezeigt, in dem der jeweils andere Gesprächspartner mit einem großen Bild angezeigt wird.

④ Das kleine Teilfenster zeigt den Teilnehmer selbst.

⑤ Nach einem Klick auf die Schaltfläche *Weitere einladen* kann jeder Teilnehmer weitere Verbindungen hinzufügen.

⑥ Durch einen Klick auf die Schaltfläche *Auflegen* wird das Gespräch beendet.

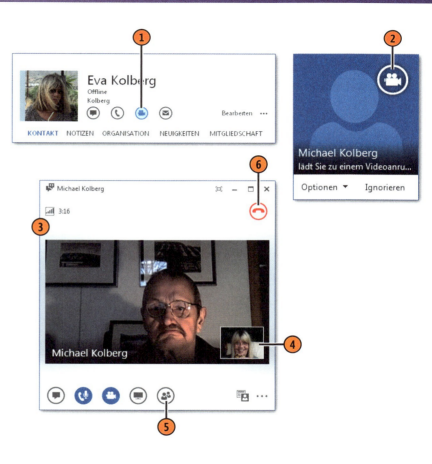

Tipp ✓

Im Outlook-Modul *Kalender* können Sie mithilfe des Befehls *Neue Lync-Besprechung* für eine derartige Besprechung über die Chat-, Telefon- oder Videoanruffunktion einen Termin festlegen. Details dazu finden Sie auf Seite 194.

Kontaktdaten bearbeiten

Die Daten zu einem Kontakt können direkt im Lesebereich, in einem separaten Fenster oder im ursprünglichen Eingabeformular bearbeitet werden. Die verfügbaren Möglichkeiten hängen auch von der gerade verwendeten Ansicht ab.

Kontaktdaten in der Ansicht »Personen« ändern

① Doppelklicken Sie auf einen Kontakteintrag in der Liste.

② Die Daten des Kontakts werden in einem separaten Fenster angezeigt und können darin bearbeitet werden.

③ Klicken Sie abschließend auf *Speichern*.

Tipp ✔

In anderen Ansichten als der *Personen*-Ansicht führt das Doppelklicken auf einen Kontakteintrag dazu, dass das Eingabeformular wieder angezeigt wird. Bearbeiten Sie darin die Daten und klicken Sie abschließend auf *Speichern & schließen*.

Tipp ✔

Sie können den Kontakt auch markieren und dann im Lesebereich auf *Bearbeiten* klicken. Anschließend können Sie die Daten des Kontakts direkt im Lesebereich bearbeiten.

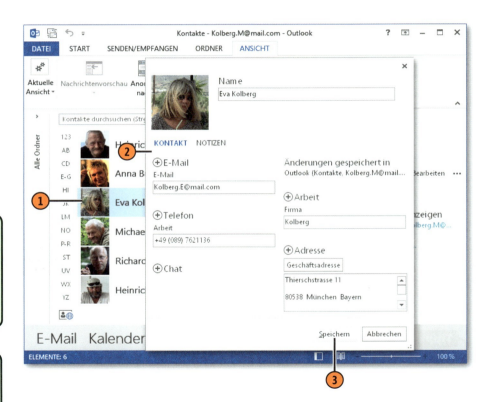

Kontakte suchen

Wie bei den anderen Bereichen in Outlook gibt es auch im Bereich *Personen* eine kontextbezogene Registerkarte für die umfangreiche Suchfunktion. Diese Registerkarte wird im Menü-band eingeblendet, sobald Sie den Cursor in das Feld *Kontakte durchsuchen* oberhalb der Kontakteliste setzen.

Nach Kontakteinträgen suchen

① Klicken Sie in das Feld *Kontakte durchsuchen* und geben Sie die Daten ein, nach denen gesucht werden soll.

② Die Suche erfolgt bereits während der Eingabe und das Suchergebnis wird in der Kontakteliste angezeigt.

③ Um die Suche zu beenden und wieder alle Kontakte anzuzeigen, klicken Sie hier.

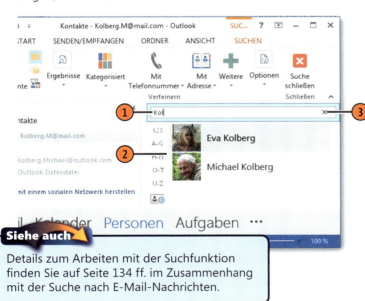

Siehe auch

Details zum Arbeiten mit der Suchfunktion finden Sie auf Seite 134 ff. im Zusammenhang mit der Suche nach E-Mail-Nachrichten.

Die Registerkarte »Suchtools/Suchen« verwenden

▪ Um die Registerkarte *Suchtools/Suchen* anzuzeigen, reicht es auch, in das Feld *Kontakte durchsuchen* zu klicken. Sie können dann die Suchtools verwenden, ohne einen Suchbegriff eingeben zu müssen.

▪ Klicken Sie auf eine der Schaltflächen in der Gruppe *Verfeinern*, um ein Suchkriterium zu formulieren und im Feld *Kontakte durchsuchen* einen Suchausdruck zu erstellen.

- *Kategorisiert:* Wenn Sie Ihre Kontakte bereits mit Kategorien versehen haben, können Sie diese Liste verwenden, um nach Kontakten einer bestimmten Kategorie zu suchen.

- *Mit Telefonnummer:* Ermöglicht die Suche nach Kontakten, für die Informationen zu ihren geschäftlichen, privaten und/oder Mobiltelefonen vorliegen.

- *Mit Adresse:* Sucht nach Kontakten mit einer angegebenen E-Mail-, Chat-, Geschäfts- oder Privatadresse.

- *Weitere:* Anhand weiterer Optionen suchen – beispielsweise anhand von *Anrede*, *Firma*, *Ort*, *Position*, *Vorname* und mehr.

Verteilerlisten

Eine Verteilerliste oder Kontaktgruppe ist eine Zusammenstellung von Kontakten, die Sie für unterschiedliche Zwecke verwenden können. Nach dem Definieren einer solchen Liste können Sie beispielsweise Nachrichten in einem Arbeitsschritt an eine Gruppe von Kontakten senden. Wenn Sie mit diesem hilfreichen Werkzeug arbeiten wollen, müssen Sie zuerst eine solche Kontaktgruppe erstellen. Anschließend können Sie die Mitglieder dieser Gruppe festlegen.

Eine Verteilerliste definieren

1. Im Outlook-Bereich *Personen* klicken Sie auf der Registerkarte *Start* in der Gruppe *Neu* auf *Neue Kontaktgruppe*.

2. Das zeigt das Fenster *Unbenannt - Kontaktgruppe* an.

3. Geben Sie der Gruppe einen Namen.

4. Klicken Sie auf *Speichern & schließen*, um die Kontaktgruppe als neues Element in die Liste der Kontakte einzufügen.

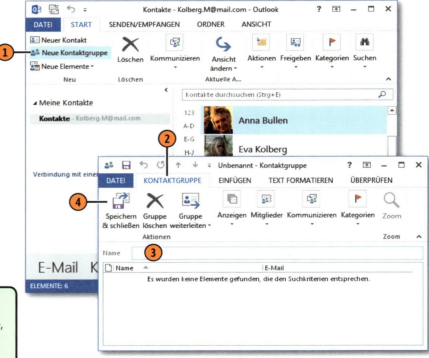

Tipp ✔

Wenn Sie gerade nicht im Bereich *Personen* arbeiten – beispielsweise wenn Sie gerade eine E-Mail bearbeiten –, können Sie zum Aufrufen des Fensters *Unbenannt - Kontaktgruppe* auch auf der Registerkarte *Start* in der Gruppe *Neu* auf *Neue Elemente* klicken und dann *Kontaktgruppe* wählen.

Mitglieder einer Gruppe hinzufügen

① Öffnen Sie – falls erforderlich – die Kontaktgruppe, indem Sie in der Kontaktliste auf das betreffende Element doppelklicken.

② Klicken Sie in der Gruppe *Mitglieder* auf *Mitglieder hinzufügen* und wählen Sie eine Quelle aus, z.B. *Aus Outlook-Kontakten*.

③ Markieren Sie in der Liste der (Outlook-)Kontakte den Kontakt, den Sie zu der Gruppe hinzufügen wollen.

④ Klicken Sie auf *Mitglieder*, um den Kontakt in das Feld rechts daneben einzutragen.

⑤ Wiederholen Sie Schritt 3 und 4 für weitere Kontakte.

⑥ Klicken Sie auf *OK*, um die Liste der Gruppenmitglieder in das Fenster *Kontaktgruppe* zu übertragen.

⑦ Klicken Sie auf *Speichern & schließen*.

Tipp

Wenn der gewünschte Kontakt noch nicht in der Gruppe der Outlook-Kontakte vorhanden ist, wählen Sie im Menü zur Schaltfläche *Mitglieder hinzufügen* die Option *Neuer E-Mail-Kontakt* und geben die Daten zu diesem Kontakt ein.

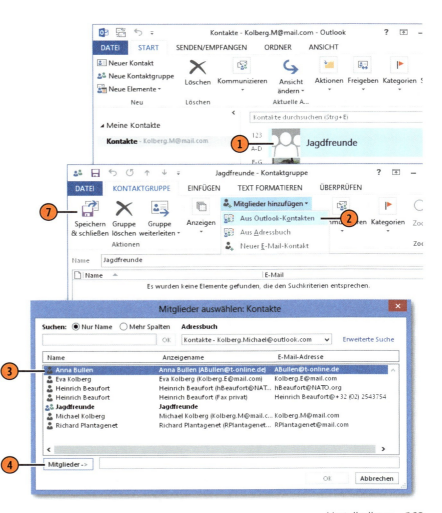

Die Mitglieder einer Kontaktgruppe anzeigen

① Markieren Sie in der Kontakteliste den Eintrag der betreffenden Kontaktgruppe.

② Im Lesebereich werden die Mitglieder der Gruppe angezeigt.

③ Durch einen Klick auf *Bearbeiten* wird das zugehörige Gruppenfenster geöffnet, in dem die Gruppe editiert werden kann – z.B. können Sie neue Mitglieder hinzufügen.

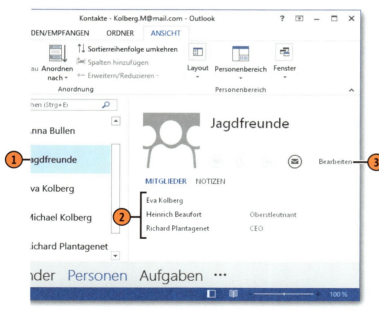

Kontakt aus Gruppe entfernen

① Doppelklicken Sie in der Kontakteliste auf die betreffende Gruppe.

② Markieren Sie den zu entfernenden Kontakt.

③ Klicken Sie auf der Registerkarte *Kontaktgruppe* in der Gruppe *Mitglieder* auf *Mitglied entfernen*.

④ Klicken Sie auf *Speichern & schließen*, um die Änderungen zu übernehmen.

Tipp ✔

Durch das Löschen eines Gruppenmitglieds entfernen Sie nicht den Kontakt selbst.

E-Mail an alle Mitglieder der Gruppe senden

① Markieren Sie in der Kontaktliste die betreffende Gruppe.

② Klicken Sie auf der Registerkarte *Start* in der Gruppe *Kommunizieren* auf *E-Mail*.

③ Im daraufhin geöffneten Nachrichtenformular ist als Empfängeradresse der Name der Kontaktgruppe eingetragen. Über das Pluszeichen können Sie die Mitgliederliste ggf. bearbeiten (siehe nebenstehenden Hinweis).

④ Geben Sie die restlichen Daten zur Nachricht ein.

⑤ Klicken Sie auf *Senden*, um die Nachrichten abzuschicken.

Gewusst wie

Wenn Sie im Feld *An* auf das Pluszeichen vor dem Namen der Kontaktgruppe klicken, werden Sie zunächst vor den Auswirkungen gewarnt.

Wenn Sie diese Warnung mit *OK* bestätigen, wird die Gruppe aufgelöst und die einzelnen Mitglieder werden angezeigt. Sie können diese Option verwenden, wenn Sie einzelne Gruppenmitglieder aus der Sendung ausschließen wollen. Klicken Sie dazu mit der rechten Maustaste auf den betreffenden Eintrag im Feld *An* und wählen Sie *Löschen* im Kontextmenü.

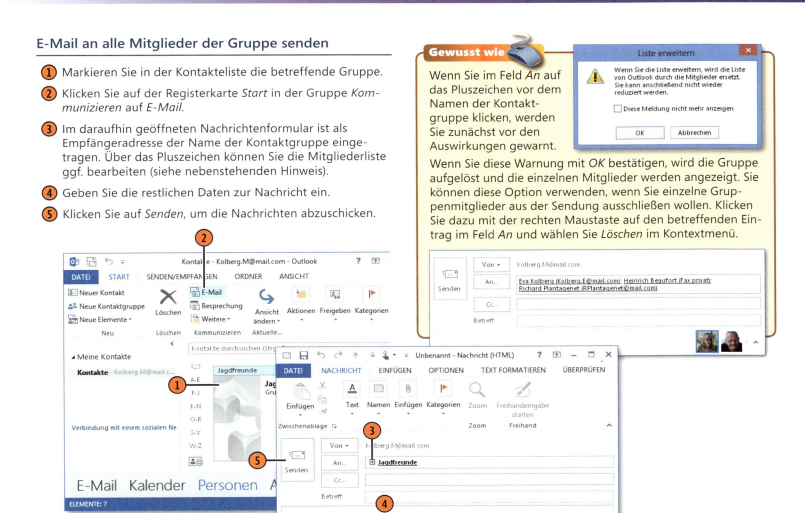

Serien-E-Mails und Seriendruck

Sie können die Microsoft Outlook-Kontakte als Datenquelle für eine Vielzahl von Seriendokumenten – wie Serien-E-Mails, Serienbriefe, Adressetiketten oder bedruckte Briefumschläge – verwenden. Hierbei wird für jeden Satz der Datenbank ein Exemplar des Dokuments mit den entsprechenden Feldinhalten gedruckt. Damit Sie diese Funktion nutzen können, muss Microsoft Word auf Ihrem Computer installiert sein. Sie starten den Seriendruck in Outlook und übernehmen dann die Adressdaten in Word.

Den Seriendruck in Outlook starten

① Wollen Sie für das Seriendokument nur einige der in der aktuellen Ansicht enthaltenen Kontakte verwenden, markieren Sie die betreffenden Einträge.

② Klicken Sie auf der Registerkarte *Start* in der Gruppe *Aktionen* auf *Serien-E-Mails*.

③ Legen Sie fest, ob Sie alle Kontakte oder nur die zuvor ausgewählten verwenden möchten.

④ Geben Sie an, ob Sie das Seriendokument auf der Grundlage eines neuen Dokuments oder auf Basis eines vorhandenen Dokuments erstellen wollen. Wählen Sie in letzterem Fall das gewünschte Dokument über *Durchsuchen* aus.

⑤ Legen Sie über das Dropdown-Listenfeld *Dokumenttyp* die Art der Aufgabe fest.

⑥ Im Dropdown-Listenfeld *Zusammenführung an* bestimmen Sie das Ergebnis der Zusammenführung von Seriendokument und Adressdaten: speichern in einem neuen Dokument, ausdrucken, per E-Mail senden.

⑦ Bestätigen Sie über *OK*, woraufhin Word geöffnet wird.

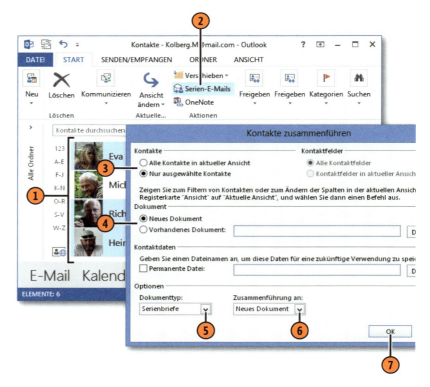

Die Adressen in Word anzeigen und filtern

① Wenn Sie die Empfänger zunächst einmal kontrollieren oder filtern wollen, klicken Sie auf der Registerkarte *Sendungen* in der Gruppe *Seriendruck starten* auf *Empfängerliste bearbeiten*.

② Aktivieren Sie die gewünschten Empfänger bzw. deaktivieren Sie die anderen.

③ Bestätigen Sie über *OK*.

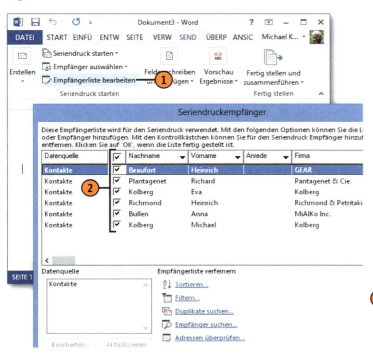

Eine Serien-E-Mail erstellen

① Geben Sie im Word-Dokument den Text zur Nachricht ein.

② Wählen Sie auf der Registerkarte *Sendungen* in der Gruppe *Fertig stellen* im Menü zur Schaltfläche *Fertig stellen und zusammenführen* den Befehl *E-Mail-Nachrichten senden*.

③ Geben Sie im daraufhin angezeigten Dialogfeld *Seriendruck in E-Mail* einen Betreff ein.

④ Legen Sie das gewünschte E-Mail-Format fest.

⑤ Geben Sie an, für welche Datensätze eine E-Mail erstellt werden soll.

⑥ Klicken Sie auf *OK*, um die E-Mail-Nachrichten erstellen und automatisch senden zu lassen.

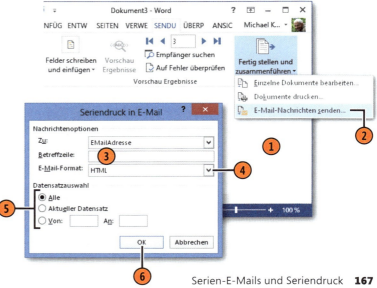

Adressinformationen in Word festlegen

① Wenn Sie einen Ausdruck auf Papier erstellen wollen, werden Sie die Adressen in das Dokument einfügen wollen. Setzen Sie dazu die Einfügemarke an die gewünschte Stelle.

② Klicken Sie auf der Registerkarte *Sendungen* in der Gruppe *Felder schreiben und einfügen* auf die Schaltfläche *Adressblock*.

③ Wählen Sie im Dialogfeld *Adressblock einfügen* die Form der Adresse aus.

④ Klicken Sie auf *OK*, um das Seriendruckfeld «*Adresse*» in das Dokument einzufügen.

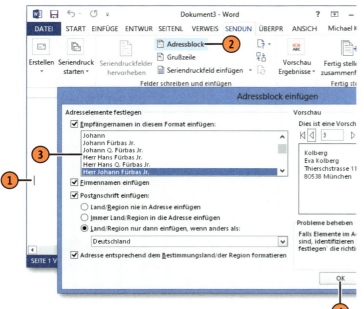

Die endgültigen Daten anzeigen

① Klicken Sie auf der Registerkarte *Sendungen* in der Gruppe *Vorschau Ergebnisse* auf die Schaltfläche *Vorschau Ergebnisse*.

② Im Dokument werden die endgültigen Daten angezeigt.

③ Über diese Schaltflächen können Sie zwischen den einzelnen Datensätzen wechseln.

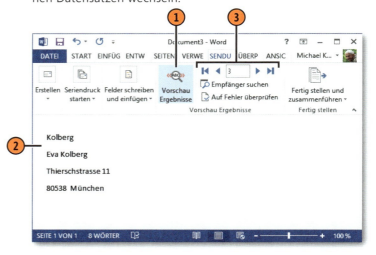

Gewusst wie

Auf dieselbe Weise wie einen Adressblock können Sie eine Grußzeile einfügen. Benutzen Sie dazu in der Gruppe *Felder schreiben und einfügen* die Schaltfläche *Grußzeile*.

Den Ausdruck in Word vornehmen

① Klicken Sie auf der Registerkarte *Sendungen* in der Gruppe *Fertig stellen* auf die Schaltfläche *Fertig stellen und zusammenführen*.

② Wählen Sie *Dokumente drucken*.

③ Geben Sie an, ob für alle Datensätze ein Dokument erzeugt werden soll oder nur für einige. Sie können hier auch einen Datensatz auswählen und mit diesem einen Probedruck durchführen.

④ Bestätigen Sie über *OK*.

⑤ Legen Sie im daraufhin geöffneten Dialogfeld *Drucken* die restlichen Parameter fest.

⑥ Nach der Bestätigung mit *OK* wird der Ausdruck gestartet.

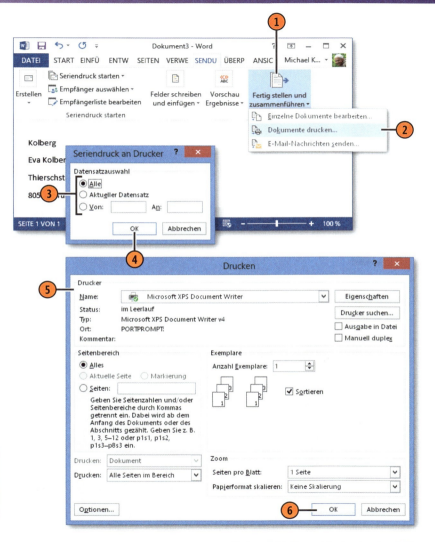

Gewusst wie

Die Option *Einzelne Dokumente bearbeiten* im Menü zur Schaltfläche *Fertig stellen und zusammenführen* erstellt für jeden Datensatz ein separates Dokument, das Sie anschließend individuell bearbeiten können.

Kontakte drucken

Alle in Outlook gespeicherten Elemente können Sie ausdrucken. Im Bereich *Personen* steht Ihnen dafür eine größere Zahl von Optionen zur Verfügung. Sie können darüber beispielsweise die Kontakte einzeln oder als Liste ausdrucken lassen. Die verfügbaren Druckoptionen sind dieselben wie bei den anderen Bereichen von Outlook.

Kontaktdaten drucken

1 Aktivieren Sie ggf. den Bereich *Personen*.

2 Wollen Sie nur bestimmte Kontakteinträge drucken, markieren Sie die betreffenden.

3 Klicken Sie auf die Registerkarte *Datei*.

4 Klicken Sie auf *Drucken*.

5 Legen Sie das gewünschte Ausgabeformat fest.

6 Legen Sie die Druckoptionen fest (siehe nächste Seite).

7 Klicken Sie auf die Schaltfläche *Drucken*.

Die Druckoptionen einstellen

① Klicken Sie auf der Seite *Drucken* auf die Schaltfläche *Druckoptionen* und nehmen Sie im Dialogfeld *Drucken* die betreffenden Einstellungen vor.

② Wählen Sie den gewünschten Drucker aus.

③ Bei mehrseitigen Listen können Sie festlegen, welche Seiten gedruckt werden sollen.

④ Legen Sie fest, ob alle Kontakte oder nur die markierten gedruckt werden sollen.

⑤ Legen Sie ggf. die Anzahl der Kopien fest. Das Aktivieren des Kontrollkästchens *Exemplare sortieren* bewirkt, dass erst alle Seiten eines Exemplars gedruckt werden, bevor das nächste gedruckt wird.

⑥ Durch einen Klick auf *Drucken* starten Sie den Ausdruck.

⑦ Über *Seitenansicht* schalten Sie zurück zur Seite *Drucken*.

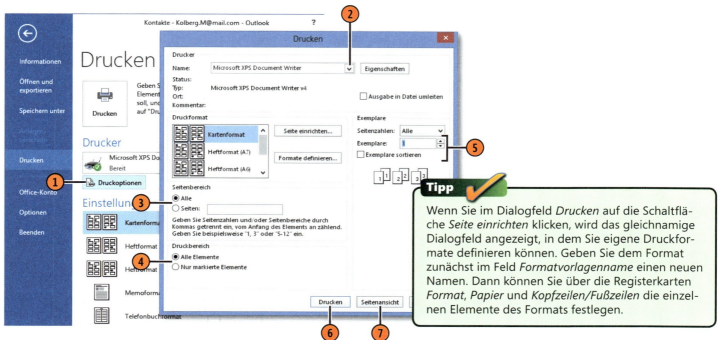

Tipp ✓

Wenn Sie im Dialogfeld *Drucken* auf die Schaltfläche *Seite einrichten* klicken, wird das gleichnamige Dialogfeld angezeigt, in dem Sie eigene Druckformate definieren können. Geben Sie dem Format zunächst im Feld *Formatvorlagenname* einen neuen Namen. Dann können Sie über die Registerkarten *Format*, *Papier* und *Kopfzeilen/Fußzeilen* die einzelnen Elemente des Formats festlegen.

Der Personenbereich

Wenn Sie auf ein Outlook-Element klicken, werden im Personenbereich Kontaktinformationen zu der Person angezeigt, die mit diesem Element verbunden ist – bei einer E-Mail-Nachricht beispielsweise Informationen zum Absender. Sie finden im Personenbereich zum einen Daten über die Kommunikation mit Outlook.

Die Ansicht des Personenbereichs einstellen

(1) Sorgen Sie dafür, dass der Personenbereich eingeschaltet ist und eine ausreichende Größe hat. Ziehen Sie den oberen Rand des Bereichs nach oben oder unten.

(2) Wenn vorhanden, werden Bilder von Ihnen und der Person, mit der Sie kommunizieren, angezeigt.

(3) Darunter finden Sie Informationen zu sonstigen Aktivitäten der Kommunikation zwischen Ihnen und der Person.

(4) Durch einen Klick auf diese Schaltfläche wechseln Sie die Ansicht des Personenbereichs.

(5) In dieser alternativen Ansicht werden nur noch die Fotos der beteiligten Personen angezeigt. Klicken Sie auf ein Foto, um wieder E-Mail-Nachrichten und Informationen aus dem jeweiligen sozialen Netzwerk anzuzeigen.

(6) Über die Pfeilschaltfläche können Sie den Personenbereich schnell minimieren bzw. wieder in der normalen Größe darstellen lassen.

Siehe auch

Der Personenbereich kann in allen Outlook-Modulen und Ansichten normal oder minimiert angezeigt werden oder aber auch abgeschaltet werden; siehe hierzu Seite 74.

Wenn der betreffende Kontakt auch Mitglied in einem sozialen Netzwerk ist, zu dem Sie eine Verbindung in Outlook eingerichtet haben, werden auch seine Aktivitäten in diesem Netzwerk angezeigt.

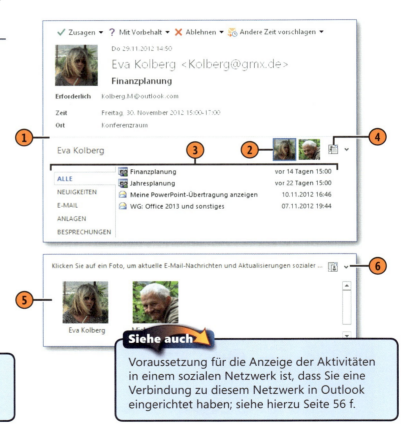

Siehe auch

Voraussetzung für die Anzeige der Aktivitäten in einem sozialen Netzwerk ist, dass Sie eine Verbindung zu diesem Netzwerk in Outlook eingerichtet haben; siehe hierzu Seite 56 f.

Daten aus sozialen Netzwerken anzeigen

① Auf der Registerkarte *Neuigkeiten* finden Sie die Aktivitäten in sozialen Netzwerken.

② Wenn Sie auf das Symbol des Netzwerks klicken, werden die entsprechenden Daten direkt im Browser angezeigt.

③ Wenn Sie im Outlook-Modul *Personen* die Ansicht *Personen* verwenden, müssen Sie im Lesebereich die Registerkarte *Neuigkeiten* wählen, um die Aktivitäten in sozialen Netzwerken anzuzeigen.

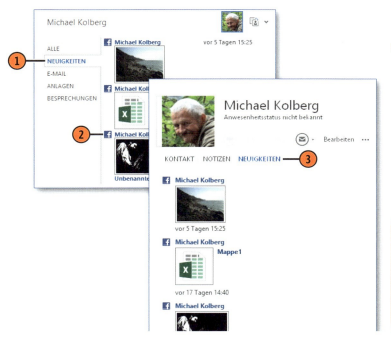

Die Registerkarten im Personenbereich

■ *Alle:* Hier finden Sie alle Aktivitäten und Nachrichten der ausgewählten Person.

■ *Neuigkeiten:* Hier werden die Aktivitäten angezeigt, die in sozialen Netzwerken bereitgestellt wurden, beispielsweise Benachrichtigungen, Kommentare oder Nachrichten.

■ *E-Mail:* Hier finden Sie eine Liste der E-Mail-Nachrichten, die kürzlich mit der ausgewählten Person ausgetauscht wurden.

■ *Anlagen:* Hier werden die Anlagen angezeigt, die Sie an diese Person gesendet oder von ihr empfangen haben. Benutzen Sie diese Registerkarte, wenn Sie nach bestimmten Anlagen suchen.

■ *Besprechungen:* Hier wird eine Liste der vergangenen und anstehenden Besprechungen und Termine angezeigt, in die Sie und die ausgewählte Person einbezogen waren oder sind.

Tipp

Welche Aktivitäten angezeigt werden, hängt auch vom jeweiligen Netzwerk ab.

Gewusst wie

Der Outlook Connector für soziale Netzwerke kann deaktiviert sein. Klicken Sie im Dialogfeld *Outlook-Optionen* auf *Add-Ins*, wählen Sie im Dropdown-Listenfeld *Verwalten* den Eintrag *COM-Add-Ins* und klicken Sie dann auf *Gehe zu*. Aktivieren Sie ggf. das Kontrollkästchen *Outlook Connector für soziale Netzwerke 2013* und bestätigen Sie mit *OK*.

Kontaktdaten weiterleiten

Sie können Kontaktdaten als Anlage zu einer E-Mail-Nachricht an eine andere Person senden. Durch das Senden der Informationen als angefügte Datei wird das Kontaktformular mit den voll-ständigen Informationen über einen Kontakt gesendet. Der Empfänger der E-Mail-Nachricht kann dann die Daten in seinem Kontakte-Ordner speichern.

Als Visitenkarte weiterleiten

1. Markieren Sie in der Kontaktliste den Kontakt, dessen Daten Sie weiterleiten möchten.

2. Klicken Sie auf die Registerkarte *Start*.

3. Klicken Sie in der Gruppe *Freigeben* auf die Schaltfläche *Kontakt weiterleiten*.

4. Wählen Sie *Als Visitenkarte*.

5. In dem daraufhin angezeigten E-Mail-Nach-richtenformular sind die Kontaktdaten bereits als Anhang angefügt.

6. Adressieren Sie die Nachricht und geben Sie die sonstigen gewünschten Daten ein.

7. Versenden Sie die Nachricht.

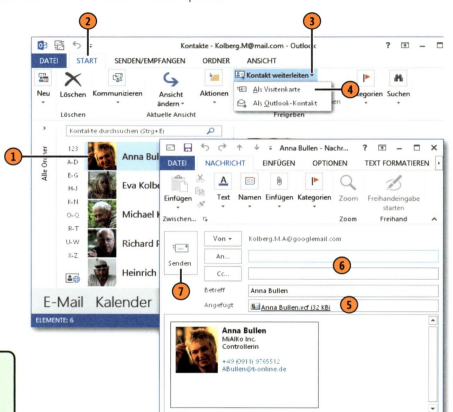

Tipp ✔

Der Empfänger enthält die Kontaktdaten als Anlage zur Nachricht. Er muss die Nachricht in der Lese-ansicht anzeigen lassen und dann auf die Anlage doppelklicken. Mit *Speichern & schließen* kann er die Daten in seine Kontakte übernehmen.

8 Kalender

Der Kalender hilft Ihnen, Ihre Termine im Auge zu behalten. Sie können hierüber sowohl Termine von kürzerer Dauer als auch ganztägige oder mehrtägige Aktivitäten planen. Ihre Eintragungen im Kalender können nach Tagen, Wochen oder Monaten angeordnet angezeigt werden. Wie in der Realität werden Sie dafür sorgen, dass die einzelnen Termine sich nicht überschneiden. Dafür werden im Programm für die eingegebenen Termine Zeitblöcke belegt und die entsprechenden Zeitspannen als gebucht angegeben. Es gibt aber auch die sogenannten Ereignisse. Das sind ganztägige Zeitblöcke, der Tag wird aber nicht als gebucht vermerkt.

Einen Sonderfall der Termine bilden die sogenannten Besprechungen. Dies sind Termine, zu denen Sie andere Personen einladen. Mithilfe von Besprechungsanfragen, die Sie direkt aus dem Kalender heraus an die Teilnehmer per E-Mail versenden, können Sie sicherstellen, dass alle gewünschten Personen zu der von Ihnen geplanten Zeit verfügbar sind.

Ihre Kalenderinformationen können Sie für andere Personen freigeben. Sie können anderen Personen Ihren Kalender per E-Mail senden oder aber den Kalender an einem allgemein zugänglichen Speicherort zur Verfügung stellen.

Der Bereich »Kalender« im Überblick

Der Kalender hilft Ihnen, Ihre Termine – sowohl Termine von kürzerer Dauer als auch ganztägige oder mehrtägige Aktivitäten zu planen und im Auge zu behalten. Den Kalender können Sie in verschiedenen Ansichten anzeigen lassen: Tages-, Wochen- oder Monatsansicht.

① Klicken Sie in der Navigationsleiste auf den Eintrag *Kalender*, um diesen Outlook-Bereich anzuzeigen.

② Links im Programmfenster finden Sie einen Datumsnavigator, der zum schnellen Wechseln zu einem anderen Datum dient.

③ Darunter wird der Ordnerbereich mit einem oder mehreren Kalendern angezeigt. Standardmäßig wird für jede von Ihnen benutzte Datendatei ein eigener Kalender erstellt. Über die Kontrollkästchen können Sie regeln, welcher Kalender angezeigt wird.

④ Im Hauptbereich des Fensters wird der ausgewählte Kalender wiedergegeben. Angezeigt wird hier die im Datumsnavigator markierte Zeitspanne. Es werden die bereits eingegebenen Termine und Ereignisse aufgelistet.

⑤ Den Umfang dieses Zeitbereichs können Sie nach Tagen, Wochen oder Monaten einstellen. Dazu benutzen Sie die Schaltflächen in der Gruppe *Anordnen* auf der Registerkarte *Start*. Beispielsweise bewirkt ein Klick auf *Woche*, dass im Kalender sieben Tage angezeigt werden.

⑥ Ein Termin ist eine von Ihnen geplante Aktivität, die Sie nach Belieben im Kalender eintragen können. Wie in der Praxis sorgen Sie aber dafür, dass sich die einzelnen Termine nicht überschneiden. Dafür werden im Programm für die eingegebenen Termine Zeitblöcke belegt und die entsprechenden Zeitspannen als gebucht angegeben.

⑦ Ein Ereignis ist eine Aktivität, die mindestens 24 Stunden dauert. Ereignisse werden – zumindest in der Tagesansicht – oben im Kalender angegeben. Beachten Sie, dass an einem mit einem Ereignis gekennzeichneten Tag durchaus Termine eingetragen werden können.

⑧ Die Details zu einem markierten Termin oder einem Ereignis werden im Lesebereich angezeigt.

⑨ Wie in allen anderen Outlook-Bereichen können Sie auch hier die Aufgabenleiste anzeigen lassen. In dieser Leiste können Sie einen Datumsnavigator, die anstehenden Termine und eine Liste der noch nicht abgeschlossenen Aufgaben anzeigen lassen.

⑩ Oberhalb der Kalenderdarstellung finden Sie Wetterdaten. Nach einem Klick auf den Dropdownpfeil neben der Ortsangabe können Sie hier auch die entsprechenden Daten für einen anderen Ort anzeigen lassen.

Siehe auch

Welche der Bereiche im *Kalender*-Modul wie angezeigt werden, können Sie über die Befehle der Gruppe *Layout* auf der Registerkarte *Ansicht* regeln. Die generelle Vorgehensweise dazu wird auf Seite 74 beschrieben.

Tipp

Wie bei allen Outlook-Bereichen können Sie die Größe der einzelnen Bereiche verändern, indem Sie die Trennlinie zwischen den Bereichen mit gedrückter Maustaste verschieben. Auf diese Weise können Sie die Oberfläche an Ihre Bedürfnisse anpassen.

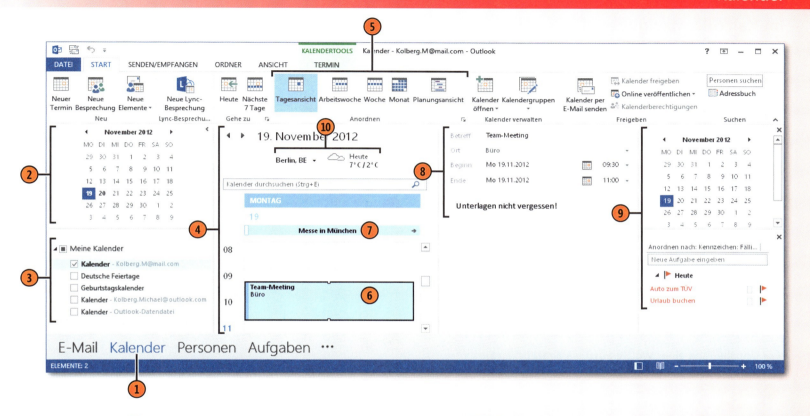

Tipp ✓

Wenn Sie einen *Exchange ActiveSync*-kompatiblen Dienst – wie beispielsweise *outloook.com* – als E-Mail-Konto betreiben, wird der zu diesem Konto gehörende Kalender automatisch zwischen mehreren Rechnern und dem Internet synchronisiert.

Siehe auch

Im Dialogfeld *Outlook-Optionen* finden Sie für Ihre(n) Kalender eine Vielzahl von Möglichkeiten zur Individualisierung. Hinweise dazu finden Sie auf Seite 248 ff. Informationen zur Arbeit mit der Aufgabenleiste und den Aufgaben im Allgemeinen finden Sie auf Seite 208 ff.

Im Kalender navigieren

Mithilfe des Datumsnavigators können Sie schnell einen oder mehrere – auch nicht zusammenhängende – Tage zur Ansicht im Kalender auswählen und dann Ihre Termine eingeben. Außerdem erlauben Ihnen zwei Befehle in der Gruppe *Gehe zu* auf der Regis-terkarte *Start*, schnell die für die Terminplanung wahrscheinlich wichtigsten Zeitpunkte anzeigen zu lassen – den heutigen Tag und die nächsten sieben Tage.

Daten zur Anzeige im Kalender auswählen

① Das aktuelle Datum wird durch ein dunkelblau unter-legtes Feld markiert.

② Um ein anderes Datum zu wählen, klicken Sie auf das entsprechende Feld im Datumsnavigator. Das gewählte Datum wird hellblau unterlegt.

③ Fett formatierte Einträge kennzeichnen Tage, für die bereits Termine eingetragen wurden.

④ Über die beiden Pfeilschaltflächen können Sie zu anderen Monaten wechseln.

⑤ Für einen schnellen Wechsel zu weiter entfernt liegen-den Monaten klicken Sie auf die Monatsangabe und wählen dann den gewünschten Monat in der Liste aus.

⑥ Um alle Tage einer Woche auszuwählen, klicken Sie links neben der betreffenden Zeile.

⑦ Um alle im Datumsnavigator angezeigten Tage aus-zuwählen, klicken Sie auf eine Abkürzung für einen Wochentag.

⑧ Um einen bestimmten Bereich auszuwählen, ziehen Sie mit gedrückter Maustaste darüber.

⑨ Um mehrere – nicht zusammenhängende – Tage auszuwählen, klicken Sie die betreffenden Tage mit gedrückter Strg-Taste an.

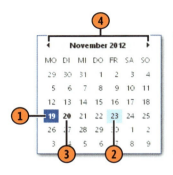

Den heutigen Tag bzw. die nächsten sieben Tage anzeigen lassen

① Klicken Sie auf die Registerkarte *Start*.

② Klicken Sie in der Gruppe *Gehe zu* auf *Heute*, um den aktuellen Tag im Kalender anzuzeigen.

③ Ein Klick auf *Nächste 7 Tage* zeigt die betreffende Anzahl von Tagen – beginnend mit dem aktuellen Tag – im Kalender an.

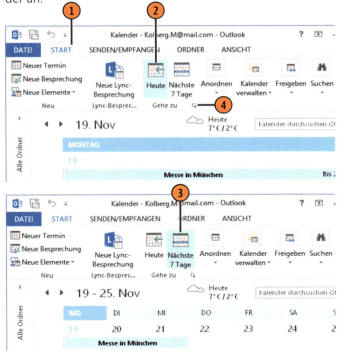

Zu einem bestimmten Tag wechseln

④ Klicken Sie in der Gruppe *Gehe zu* auf das sogenannte Startprogramm für Dialogfelder, um das Dialogfeld *Gehe zu Datum* zu öffnen.

⑤ Geben Sie das Datum ein oder benutzen Sie zum Festlegen des gewünschten Datums das Kalenderelement, das Sie durch einen Klick auf den Dropdownpfeil anzeigen lassen.

⑥ Welche Ansicht verwendet werden soll, legen Sie über die Dropdownliste *Anzeigen in* fest.

⑦ Bestätigen Sie über *OK*.

> **Tipp** ✓
> Über die Optionen zum Kalender können Sie den Datumsnavigator auch mit der Wochennummer versehen. Wie das geht, ist auf Seite 249 beschrieben.

Kalenderansichten

Der im Datumsnavigator markierte Bereich wird im Hauptfenster des Bereichs *Kalender* angezeigt. Welcher Zeitbereich wie ange-

zeigt wird, können Sie über die Befehle in der Gruppe *Anordnen* auf der Registerkarte *Start* einstellen.

Die Tagesansicht

① Standardmäßig wird der Kalender in der *Tagesansicht* angezeigt. Hier können Sie Termine eingeben, die zu einer bestimmten Tageszeit geplant sind.

② Über die beiden Navigationsschaltflächen können Sie schnell zum vorherigen bzw. zum nächsten Tag wechseln, ohne den Datumsnavigator bemühen zu müssen.

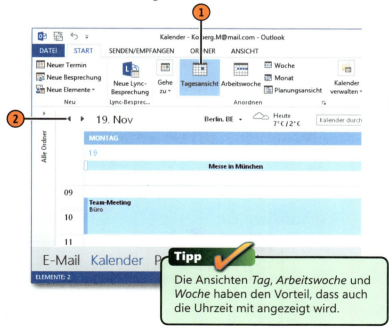

Tipp ✔

Die Ansichten *Tag*, *Arbeitswoche* und *Woche* haben den Vorteil, dass auch die Uhrzeit mit angezeigt wird.

Die Ansicht »Arbeitswoche«

① Bei der Ansicht *Arbeitswoche* handelt es sich um die Anzeige der Arbeitstage der Woche. Standardmäßig sind hier die Tage Samstag und Sonntag ausgeschlossen.

② Auch hier wechseln Sie über die beiden Navigationsschaltflächen zur vorherigen bzw. zur nächsten Arbeitswoche.

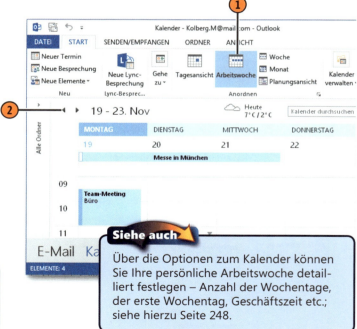

Siehe auch

Über die Optionen zum Kalender können Sie Ihre persönliche Arbeitswoche detailliert festlegen – Anzahl der Wochentage, der erste Wochentag, Geschäftszeit etc.; siehe hierzu Seite 248.

Die Wochenansicht

① Einen Überblick über die Termine der laufenden Woche erhalten Sie in der *Wochenansicht*. Darin werden auch die arbeitsfreien Tage – standardmäßig Samstag und Sonntag – mit angezeigt.

② Über die beiden Navigationsschaltflächen zeigen Sie die vorherige bzw. die nächste Woche an.

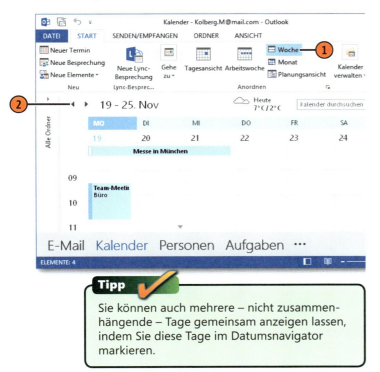

Tipp ✔

Sie können auch mehrere – nicht zusammen-hängende – Tage gemeinsam anzeigen lassen, indem Sie diese Tage im Datumsnavigator markieren.

Die Monatsansicht

① Einen Überblick über die Termine eines Monats liefert Ihnen die *Monatsansicht*. In dieser Ansicht gibt es keine Uhrzeitangaben.

② Mit den beiden Navigationsschaltflächen können Sie zum vorherigen bzw. zum nächsten Monat wechseln.

③ Dropdownpfeile werden angezeigt, wenn Sie für einen Tag bereits einen oder mehrere Termine eingegeben haben. Auch hier stehen Ihnen weitere Optionen zur Verfügung, über die Sie die Details der Anzeige im Hauptbereich des Kalenders steuern können.

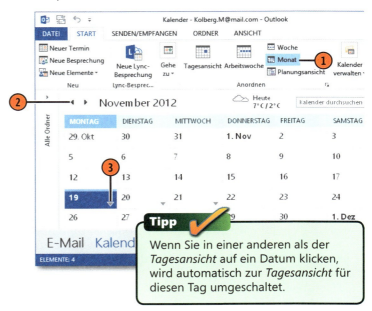

Tipp ✔

Wenn Sie in einer anderen als der *Tagesansicht* auf ein Datum klicken, wird automatisch zur *Tagesansicht* für diesen Tag umgeschaltet.

Termine eintragen

Zum Eintragen von Terminen können Sie mit einem Formular arbeiten, in dem Sie alle erforderlichen Daten eingeben können. Sie können darin den Tag, den Zeitpunkt, die Dauer und zusätz-liche Kommentare festlegen. Zum Aufruf dieses Formulars stehen Ihnen mehrere Möglichkeiten zur Verfügung.

Das Terminformular anzeigen lassen

① Sie vereinfachen sich die Eingabe, wenn Sie zuerst über den Datumsnavigator den Tag oder den Zeit-bereich für den Termin wählen (siehe hierzu Seite 178 f.).

② Sie können im Kalender auf einen Zeitpunkt doppel-klicken. Der so gewählte Tag und Zeitpunkt werden damit automatisch in die entsprechenden Felder im Formular eingetragen.

③ Alternativ können Sie aber auch nach dem Markie-ren des Zeitpunkts auf der Registerkarte *Start* in der Gruppe *Neu* auf die Schaltfläche *Neuer Termin* klicken. Auch in diesem Fall werden Tag und Zeit-punkt automatisch in das Formular eingetragen.

④ Sie können auch mit der rechten Maustaste auf einen Zeitpunkt klicken und im Kontextmenü den gewünschten Termintyp wählen. Auch in diesem Fall werden Tag und Zeitpunkt automatisch in das For-mular eingetragen.

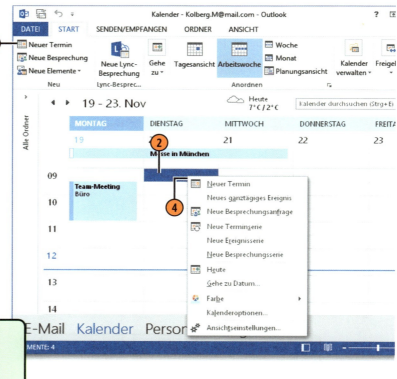

> **Tipp** ✔
>
> Wenn Sie gerade nicht im Bereich *Kalender* arbeiten, sondern z.B. beim Verfassen einer E-Mail sind, können Sie zum Eintra-gen eines Termins in der Gruppe *Neu* die Liste zu *Neue Ele-mente* öffnen und dann den Befehl *Termin* wählen. In diesem Fall müssen Sie Tag und Zeitpunkt noch im Formular eingeben.

Mit dem Terminformular arbeiten

① Mit der Angabe im Feld *Betreff* geben Sie dem Termin einen Namen. Diese Angabe wird im Kalender angezeigt. Wählen Sie also möglichst eine kurze, treffende Bezeichnung.

② Geben Sie den Ort an, an dem der Termin stattfinden soll. Eine Angabe ist besonders dann sinnvoll, wenn es sich dabei nicht um Ihren üblichen Standort handelt. Über das Dropdown-Listenfeld können Sie den Ort auch aus den bisher in diesem Feld vorgenommenen Eintragungen auswählen.

③ Legen Sie über die Felder *Beginn* und *Ende* fest, wann der Termin stattfindet. Zur Auswahl des Datums können Sie sich auch des Datumsnavigators bedienen, der durch Klicken auf das Kalendersymbol eingeblendet wird.

④ Das Dropdown-Listenfeld zur Angabe der Uhrzeit ermöglicht die Festlegung in Schritten von je einer halben Stunde. Sie können den betreffenden Zeitpunkt aber auch direkt in das Feld eingeben, wobei Sie nicht auf das Halb-Stunden-Intervall beschränkt sind.

⑤ Im Textfeld des Formulars können Sie zusätzliche Bemerkungen zum Termin eingeben – beispielsweise Hinweise zum benötigten Begleitmaterial.

⑥ Klicken Sie auf der Registerkarte *Termin* in der Gruppe *Aktionen* auf *Speichern & schließen*, um das Formular zu schließen und den Termin in den Kalender einzutragen.

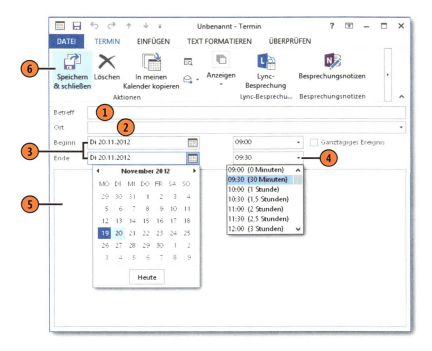

Tipp ✓

Nach dem Aufruf des Formulars ist es zunächst mit *Unbenannt - Termin* benannt. Nach der Eingabe im Feld *Betreff* wird dieser Eintrag auch als Name verwendet, der in der Titelleiste des Formulars angezeigt wird. Im Kalender wird der Termin ebenfalls unter der im Betreff genannten Bezeichnung geführt.

Terminserien

Sie können im Kalender mit sogenannten Serien arbeiten, bei denen sich Termine oder Ereignisse in bestimmten Abständen wiederholen – beispielsweise bei einer wöchentlichen Teambesprechung oder bei Jahrestagen. Dafür müssen Sie keine separaten Kalendereinträge erstellen, sondern definieren sogenannte Terminserien anhand eines Musters und einer Dauer. Diese Termine werden dann automatisch an den entsprechenden Tagen in den Kalender eingetragen.

Eine Terminserie definieren

① Lassen Sie das Terminformular anzeigen (siehe hierzu Seite 182) und klicken Sie in der Gruppe *Optionen* auf *Serientyp*, um das Dialogfeld *Terminserie* anzuzeigen.

② Unter *Termin* können Sie den Start- und den Endzeitpunkt oder – ersatzweise für den Endzeitpunkt – eine Dauer für den wiederkehrenden Termin angeben.

③ Wählen Sie unter *Serienmuster*, in welchem Rhythmus der Termin stattfindet. Standardmäßig ist hier *Wöchentlich* eingestellt. Je nach gewählter Option ändern sich die weiteren Einstellmöglichkeiten in diesem Bereich (siehe hierzu nächste Seite).

④ Legen Sie fest, wie lange die Serie dauern soll (siehe hierzu nächste Seite).

⑤ Bestätigen Sie die Angaben zur Serie mit *OK*.

⑥ Klicken Sie im Terminformular in der Gruppe *Aktionen* auf *Speichern & schließen*.

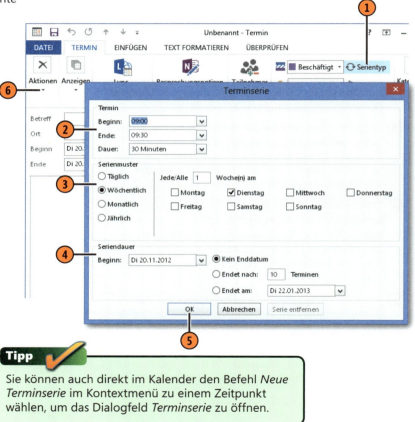

Tipp ✔

Sie können auch direkt im Kalender den Befehl *Neue Terminserie* im Kontextmenü zu einem Zeitpunkt wählen, um das Dialogfeld *Terminserie* zu öffnen.

Serienmuster

① Die Option *Täglich* erlaubt die Festlegung für jeden Tag, für einen bestimmten Tagesrhythmus – beispielsweise jeden dritten Tag – oder jeden Arbeitstag.

② Bei *Wöchentlich* können Sie einerseits über *Jede/Alle* festlegen, ob der Termin für jede Woche oder mit bestimmten Abständen gelten soll. Außerdem können Sie den oder die gewünschten Tag(e) einzeln bestimmen.

③ Bei *Monatlich* können Sie entweder den Termin auf einen bestimmten Tag eines Monats oder einen Wochentag einer bestimmten Woche im Monat legen – beispielsweise jeden ersten Montag im Monat. Außerdem können Sie angeben, ob der Termin jeden Monat oder weniger häufig stattfinden soll.

④ Bei *Jährlich* können Sie mit *Jedes/Alle* festlegen, wie häufig der Termin stattfinden soll, und entweder ein festes Datum im Jahr bestimmen oder ein auf die Kalenderwoche bezogenes Datum angeben.

Seriendauer

⑤ Als *Beginn* wird – sofern vorhanden – das im Terminformular eingegebene Datum als Voreinstellung übernommen. Sie können diese Angabe direkt im Feld editieren oder dazu den einblendbaren Datumsnavigator verwenden.

⑥ Legen Sie außerdem ggf. fest, wann die Terminserie enden soll.

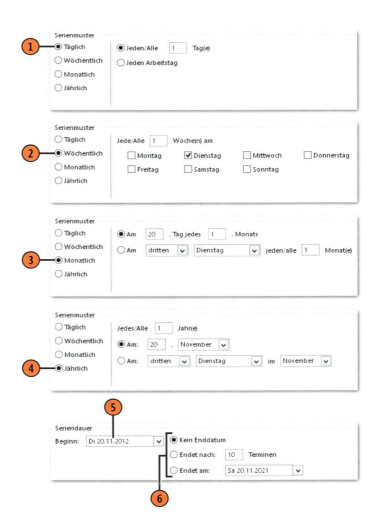

Ereignisse

Ein Ereignis ist eine Aktivität, die mindestens 24 Stunden dauert. Beispiele für Ereignisse sind eine Messe, Ihr Urlaub oder ein Kurs. Wie im Fall der – kürzeren – Termine können Ereignisse einmalig oder in einem bestimmten Rhythmus stattfinden. Ereignisse und wiederkehrende Ereignisse belegen keine Zeitblöcke in Ihrem Kalender; stattdessen erscheinen sie als sogenanntes Banner unterhalb der Tagesbezeichnung.

Ein Ereignis eintragen

① Klicken Sie auf den Tag, für den Sie das Ereignis eintragen wollen.

② Öffnen Sie auf der Registerkarte *Start* in der Gruppe *Neu* das Menü zur Schaltfläche *Neue Elemente*.

③ Wählen Sie *Ganztägig*.

④ In dem zunächst mit *Unbenannt - Ereignis* bezeichneten Formularfenster legen Sie die Details zum Ereignis fest. Der Eintrag im Feld *Betreff* wird dann auch als Bezeichnung für das Ereignis verwendet.

⑤ Klicken Sie in der Gruppe *Aktionen* auf *Speichern & schließen*.

⑥ Der Betreff – die Bezeichnung des Ereignisses – wird oberhalb der Termine im Kalender angezeigt.

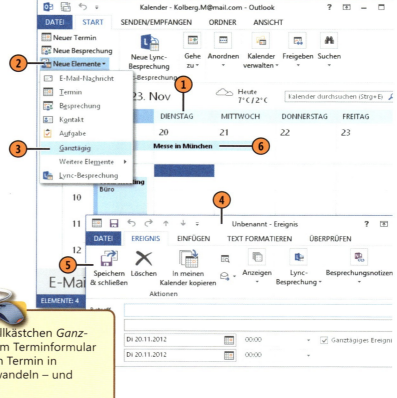

Tipp ✔

Das Formular zum Definieren eines Ereignisses können Sie auch über den Befehl *Neues ganztägiges Ereignis* im Kontextmenü zum Kalender öffnen.

Gewusst wie 🖱

Über das Kontrollkästchen *Ganztägiges Ereignis* im Terminformular können Sie einen Termin in ein Ereignis umwandeln – und umgekehrt.

Besonderheiten von Ereignissen

■ Das Kontrollkästchen *Ganztägiges Ereignis* ist im Formular standardmäßig aktiviert. Als Eckdaten für den Beginn und das Ende stehen Ihnen also nur die Datumsangaben zur Verfügung. Die Felder für die Uhrzeitangaben sind abgeblendet.

■ Legen Sie im Feld *Beginn* den ersten Tag des Ereignisses fest. Durch eine Eingabe in diesem Feld ändern Sie gleichzeitig die Eintragung im Feld *Ende* in dasselbe Datum.

■ Falls es sich um ein mehrtägiges Ereignis handelt, ändern Sie den Wert im Feld *Ende* besser erst, nachdem Sie die Eintragung im Feld *Beginn* durchgeführt haben.

■ Wenn Sie nach der Eingabe von Anfangs- und Endtermin später den Anfangstermin verschieben, wird auch der Endtermin um dieselbe Anzahl von Tagen verschoben, die Länge des Ereignisses bleibt also gleich.

■ Für das Feld *Anzeigen als* wird standardmäßig die Eintragung *Frei* eingestellt. Sie können also weiterhin Termine für die durch das Ereignis belegte Zeitspanne annehmen – beispielsweise für ein Treffen während eines Messebesuchs oder den Besuch des Zahnarztes an Ihrem Geburtstag. Wollen Sie eine solche Doppelbelegung ausschließen, wählen Sie eine andere Option.

■ Wenn Sie ein Ereignis in einen normalen Termin umwandeln wollen, deaktivieren Sie das Kontrollkästchen *Ganztägiges Ereignis*. Die Felder für die Uhrzeitangaben können dann wieder verwendet werden. Im Kalender wird das Element anschließend wie ein normaler Termin angezeigt.

Wiederkehrende Ereignisse

■ Wie Termine können sich auch Ereignisse in einem bestimmten Rhythmus wiederholen. Sie brauchen die Daten nur einmal anhand eines Musters zu definieren. Diese Ereignisse werden dann automatisch an den entsprechenden Tagen in den Kalender eingetragen.

■ Klicken Sie im Formularfenster des Ereignisses in der Gruppe *Optionen* auf die Schaltfläche *Serientyp*, um das Dialogfeld *Terminserie* zu öffnen. Dieses Dialogfeld entspricht dem von wiederkehrenden Terminen (die Details hierzu finden Sie auf Seite 184 f.). Aufgrund des Ereignischarakters ist die *Dauer* allerdings auf ganze Tage angelegt.

Termine ändern

Um einen Termin zu ändern, können Sie das zugehörige Formular durch einen Doppelklick auf den betreffenden Termin im Kalender wieder öffnen und dort die neuen Angaben hinterlegen. Einfacher ist es aber, das entsprechende Element direkt im Kalender auf eine andere Uhrzeit oder im Datumsnavigator auf ein anderes Datum zu verschieben.

Einen Termin direkt im Kalender ändern

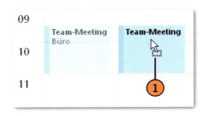 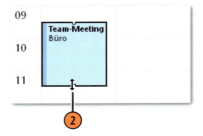

① Zum Verschieben des Termins unter Beibehalten seiner Dauer setzen Sie den Mauszeiger im Kalender in das Terminelement und führen eine der folgenden Aktionen durch:

- Wenn der Zeitpunkt, zu dem der Termin nun stattfinden soll, bereits in der aktuellen Ansicht des Kalenders angezeigt wird, verschieben Sie das Terminelement mit gedrückter Maustaste dorthin.

- Wird der Tag, an dem der Termin nun stattfinden soll, gerade nicht im Kalender angezeigt, ziehen Sie das Terminelement zunächst auf den gewünschten Tag im Datumsnavigator. Der Termin wird damit auf den betreffenden Tag verschoben. Ziehen Sie anschließend den Termin an dem betreffenden Tag auf die gewünschte Uhrzeit.

② Um die Dauer eines Termins unter Beibehaltung des Anfangszeitpunkts zu ändern, setzen Sie den Mauszeiger auf den unteren Rand des Elements, sodass er die Form eines Doppelpfeils annimmt. Verlängern oder verkürzen Sie den Termin durch Verschieben des unteren Rands. Entsprechend können Sie durch Verschieben des oberen Rands den Anfangszeitpunkt ändern.

Tipp

Handelt es sich bei dem zu verschiebenden Termin um eine Terminserie, wird nur die ausgewählte Instanz des Termins verschoben. Um alle Instanzen einer Terminserie zu verschieben, doppelklicken Sie auf ein Element der Serie. Anschließend müssen Sie entscheiden, ob Sie nur diesen Termin oder die ganze Serie ändern wollen. Wenn Sie die Option *Die gesamte Serie* wählen, können Sie das Serienmuster erneut festlegen.

Terminänderungen im Formular notieren

① Markieren Sie im Kalender den Termin, den Sie ändern wollen.

② Klicken Sie auf der kontextbezogenen Register-karte *Kalendertools/Termin* in der Gruppe *Aktionen* auf *Öffnen*, um das Terminformular anzuzeigen.

③ Führen Sie im Terminformular die Änderungen durch. Sie können beispielsweise einen anderen Beginn oder ein anderes Ende festlegen. Diese Änderungen können Sie für den Tag und auch für die Uhrzeit durchführen.

④ Klicken Sie in der Gruppe *Aktionen* auf *Speichern & schließen*, um die Terminänderung zu speichern und entsprechend im Kalender einzutragen.

> **Tipp** ✔
>
> Zum Öffnen eines Termins im Formularfenster können Sie auch einfach einen Doppelklick auf dem Termineintrag im Kalender durchführen.

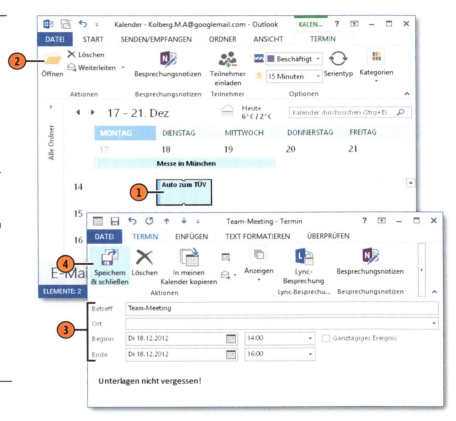

Einen Termin löschen

① Markieren Sie den Termin in einer beliebigen Kalenderansicht.

② Klicken Sie auf der Registerkarte *Kalendertools/ Termin* in der Gruppe *Aktionen* auf *Löschen* oder drücken Sie die Taste *Entf*.

Besprechungen

Eine Besprechung ist ein Termin, zu dem Sie andere Personen einladen oder für den Sie bestimmte Ressourcen reservieren. Besprechungen können in einem tatsächlichen Raum oder online abgehalten werden. Mit den Kalenderfunktionen können Sie schnell Besprechungen planen, Besprechungsanfragen per E-Mail an die gewünschten Teilnehmer versenden und die Antworten darauf verwalten. Sie können die Verfügbarkeit aller Teilnehmer mithilfe des Terminplanungs-Assistenten überprüfen, bevor Sie die Besprechungsanfrage senden.

Eine Besprechungsanfrage erstellen

① Klicken Sie auf das Datum und die Uhrzeit, zu dem/der Sie die Besprechung abhalten wollen.

② Klicken Sie auf der Registerkarte *Start* in der Gruppe *Neu* auf *Neue Besprechung*, um das zunächst mit *Unbenannt - Besprechung* bezeichnete Formular zu öffnen.

③ Geben Sie im Feld *An* die Adressen der Personen ein, die an der Besprechung teilnehmen sollen.

④ Geben Sie Informationen zu *Betreff* und zu *Ort* an.

⑤ Kontrollieren Sie die Angaben in den Feldern *Beginn* und *Ende*.

⑥ Klicken Sie auf die Schaltfläche *Senden*, um die Besprechungsanfragen abzuschicken. Der Termin wird automatisch in Ihren Kalender eingetragen.

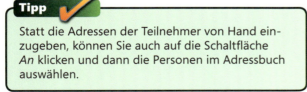

Tipp

Statt die Adressen der Teilnehmer von Hand einzugeben, können Sie auch auf die Schaltfläche *An* klicken und dann die Personen im Adressbuch auswählen.

Mit den Terminplanungsfunktionen arbeiten

(1) Klicken Sie vor dem Absenden einer Besprechungsanfrage im Formular auf der Registerkarte *Besprechung*
in der Gruppe *Anzeigen* auf *Terminplanung*, um die
betreffenden Terminplanungsfunktionen einzublenden.

(2) Die Termine der einzelnen Besprechungsteilnehmer
werden – sofern verfügbar – als waagerechte Balken
angezeigt.

(3) Der zu planende Termin wird – auf der Grundlage der
zuvor festgelegten Daten – mit einem senkrechten
Balken gekennzeichnet.

(4) Falls sich die Termine überlappen sollten, können Sie
durch Anklicken einer der beiden *AutoAuswahl*-Schalt-
flächen den neuen Terminblock automatisch auf die
nächste oder vorherige freie Stelle im Kalender verschieben lassen.

(5) Möchten Sie zusätzliche Teilnehmer einladen, öffnen
Sie das Menü zur Schaltfläche *Weitere einladen* und
legen dann fest, ob Sie die Teilnehmer aus Ihrem
Adressbuch oder einem öffentlichen Ordner hinzufügen wollen.

(6) Im Dialogfeld *Teilnehmer und Ressourcen auswählen*
legen Sie die weiteren Teilnehmer fest. Markieren Sie
zunächst die gewünschte(n) Person(en).

(7) Für den/die markierten Teilnehmer können Sie festlegen,
ob es sich dabei um eine erforderliche oder um eine
optionale Person handelt. Klicken Sie auf die entsprechende Schaltfläche. Der betreffende Name wird dann
im Feld daneben eingefügt.

(8) Bestätigen Sie durch einen Klick auf *OK*.

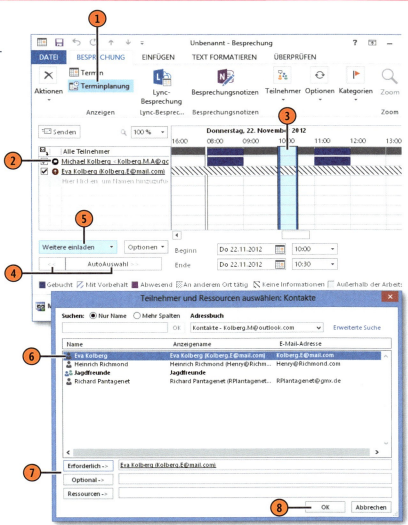

Eine Besprechungsanfrage beantworten

① Eine Besprechungsanfrage wird wie eine normale E-Mail-Nachricht empfangen. Klicken Sie auf die Nachricht, um ihren Inhalt im Lesebereich anzuzeigen, oder doppelklicken Sie darauf, um sie in einem separaten Fenster zu öffnen.

② Im Lesebereich zur Nachricht finden Sie Schaltflächen, über die Sie zusagen, mit Vorbehalt zusagen, ablehnen oder einen alternativen Termin vorschlagen können. Klicken Sie auf die betreffende Schaltfläche.

③ Praktisch dieselben Möglichkeiten finden Sie im Mailfenster in der Gruppe *Antworten*.

Tipp ✔

Über *Antwort vor dem Senden bearbeiten* im Menü zu den Antwortschaltflächen können Sie der Antwort auf die Besprechungsanfrage noch zusätzliche Informationen hinzufügen.

Tipp ✔

Nach Ihrer Antwort wird die Anfrage standardmäßig (das heißt sofern die betreffende Option im Dialogfeld *Erweiterte E-Mail-Optionen* aktiviert ist) aus dem Posteingang entfernt. Wenn Sie zusagen, wird der Termin in Ihrem Kalender notiert. Wenn Sie ablehnen, wird die Anfrage nur in den Ordner *Gelöschte Elemente* verschoben.

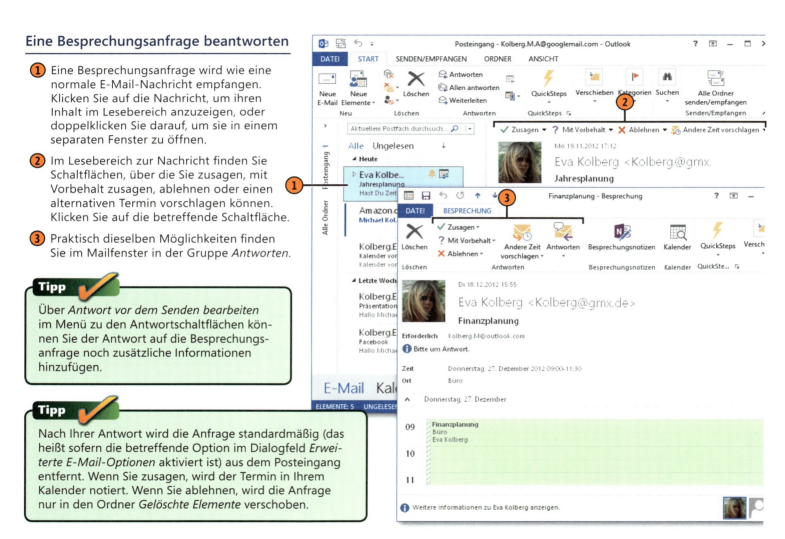

Einen neuen Termin vorschlagen

① Klicken Sie in der Besprechungsanfrage im Lesebereich oder im Formular auf *Andere Zeit vorschlagen*, um die Terminplanungsfunktionen einzublenden.

② Die Zeiträume, zu denen der Sender der Anfrage belegt ist, sind markiert. Auch die belegten Zeiten des Empfängers der Anfrage sind gekennzeichnet.

③ Um das Besprechungsdatum zu ändern, legen Sie für *Besprechungsbeginn* und/oder *Besprechungsende* neue Daten fest.

④ Um die Uhrzeit der Besprechung zu ändern, klicken Sie auf den Balken, der die Uhrzeit der Besprechung repräsentiert, und ziehen ihn auf eine andere Uhrzeit.

⑤ Durch Anklicken einer der beiden *AutoAuswahl*-Schaltflächen können Sie den neuen Terminblock automatisch auf die nächste oder vorherige freie Stelle im Kalender verschieben lassen.

⑥ Ein Klick auf *Aktueller Termin* stellt den Ausgangszustand wieder her.

⑦ Um nach dem Festlegen des Alternativtermins den Urheber der Anfrage über Ihren Vorschlag zu informieren, klicken Sie auf *Zeit vorschlagen*. Daraufhin wird eine E-Mail-Nachricht an den Urheber der Besprechungsanfrage erstellt, die Sie noch absenden müssen.

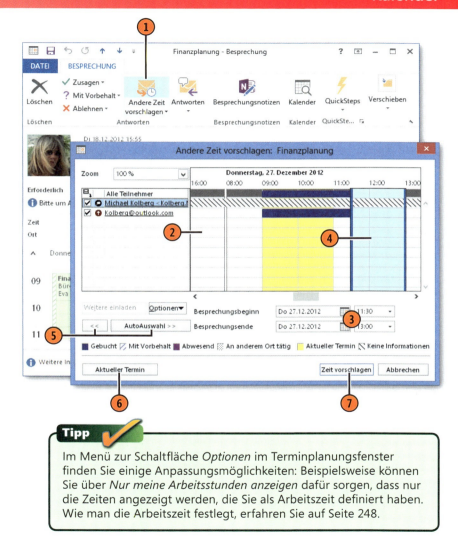

Tipp

Im Menü zur Schaltfläche *Optionen* im Terminplanungsfenster finden Sie einige Anpassungsmöglichkeiten: Beispielsweise können Sie über *Nur meine Arbeitsstunden anzeigen* dafür sorgen, dass nur die Zeiten angezeigt werden, die Sie als Arbeitszeit definiert haben. Wie man die Arbeitszeit festlegt, erfahren Sie auf Seite 248.

Lync-Besprechungen

Wenn Sie Outlook mit der Anbindung an einen Unternehmens-server betreiben, können Sie mit Ihren Kollegen eine sogenannte Lync-Besprechung durchführen. Hierbei kann es sich um einen Audio- oder einen Videoanruf handeln.

Eine Lync-Besprechungsanfrage erstellen

1. Klicken Sie im Bereich *Kalender* auf der Regis-terkarte *Start* in der Gruppe *Lync-Besprechung* auf *Neue Lync-Besprechung*, um ein Formular zum Erstellen einer Besprechungsanfrage zu öffnen.

2. Geben Sie in das Feld *An* die E-Mail-Adressen der gewünschten Teilnehmer ein.

3. Geben Sie einen Betreff ein.

4. Legen Sie die Anfangs- und die Endzeit fest.

5. Achten Sie unbedingt darauf, dass Sie die Lync-Besprechungsinformationen nicht ändern.

6. Klicken Sie dann auf *Senden*.

Tipp

Der Empfänger der Besprechungseinladung kann wie bei einer normalen Besprechungsanfrage zu- oder absagen. Wenn er zusagt, wird die Bespre-chung als Termin in seinem Kalender vermerkt. Zum festgelegten Zeitpunkt wird dann die Verbin-dung hergestellt und es stehen die für Lync übli-chen Kommunikationsfunktionen zur Verfügung. Details dazu finden Sie auf Seite 157 ff.

Den Kalender mit anderen teilen

Sie können die Informationen in Ihrem Kalender für andere Personen freigeben. Dazu stehen mehrere Optionen zur Verfügung: Sie können Kalenderinformationen per E-Mail an andere Personen senden. Die Empfänger können dann Ihre Termine in einem sepa-

raten Kalender anzeigen lassen. Wenn Sie Zugriff auf einen Webserver haben, der das *WebDAV*-Protokoll unterstützt, können Sie Kalender auch auf diesem Server veröffentlichen. Berechtigte Personen haben es dann einfacher, Termine mit Ihnen abzustimmen.

Kalenderinformationen per E-Mail senden

1 Klicken Sie im Bereich *Kalender* auf die Registerkarte *Start*.

2 Klicken Sie in der Gruppe *Freigeben* auf die Schaltfläche *Kalender per E-Mail senden*.

3 Nehmen Sie die gewünschten Einstellungen im Dialogfeld *Kalender über E-Mail senden* vor (siehe nächste Seite).

4 Klicken Sie auf *OK*.

5 Geben Sie die Empfängeradresse(n) ein.

6 Klicken Sie auf *Senden*.

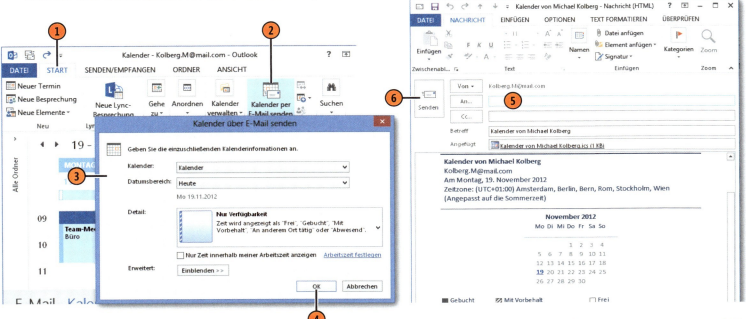

Die Optionen im Dialogfeld »Kalender über E-Mail senden«

■ Wenn Sie über mehrere Kalender verfügen, wählen Sie den zu sendenden im Dropdown-Listenfeld *Kalender* aus. Hier ist standardmäßig Ihr Standardkalender ausgewählt.

■ Wählen Sie im Dropdown-Listenfeld *Datumsbereich* den Umfang der in die Nachricht einzuschließenden Kalenderdaten aus. Sie können hier auch die Option *Datum angeben* wählen, um einen benutzerdefinierten Datumsbereich festzulegen.

■ Wählen Sie im Listenfeld *Detail* die Art der Daten aus, die den Empfängern angezeigt werden sollen. Standardmäßig ist die Option *Nur Verfügbarkeit* ausgewählt. Keine der Optionen schließt als privat gekennzeichnete Elemente ein, es sei denn, Sie ändern unter *Erweitert* die Verfügbarkeitsoption.

■ Optional können Sie die eingeschlossenen Informationen auf die Arbeitszeit beschränken, indem Sie das Kontrollkästchen *Nur Zeit innerhalb meiner Arbeitszeit anzeigen* aktivieren.

■ Wenn Sie auf die Schaltfläche *Einblenden* neben *Erweitert* klicken, können Sie weitere Optionen einstellen: *Details von als privat markierten Elementen einschließen* ist nur wählbar, wenn für Details *Eingeschränkte Details* oder *Alle Details* festgelegt sind. Das Vorhandensein privater Elemente wird ausgeschlossen, weitere Informationen werden jedoch nicht freigegeben. Mit *Anlagen in Kalenderelementen einschließen* werden alle Anlagen in Kalenderelementen mit in die Nachricht eingeschlossen. Für diese Option muss *Detail* auf *Alle Details* festgelegt sein. Dadurch kann die Größe der E-Mail-Nachricht erheblich zunehmen. Unter *E-Mail-Layout* können Sie auf *Tagesplan* oder *Liste der Ereignisse* klicken, um Ihren Zeitplan oder eine Liste der Ereignisse einzufügen.

Kalender von anderen übernehmen

(1) Markieren Sie die Nachricht, mit der Ihnen eine andere Person ihre Kalenderdaten übermittelt hat.

(2) Klicken Sie im Lesebereich auf die Schaltfläche *Diesen Kalender öffnen*.

(3) Bestätigen Sie die Nachfrage mit *Ja*. Der übernommene Kalender wird im Bereich *Kalender* links im Ordnerbereich angezeigt.

Achtung!

Bei einem per E-Mail übertragenen Kalender handelt es sich um eine Momentaufnahme der vorhandenen Termine. Die Empfänger erhalten Änderungen am Kalender nur, wenn Sie den Kalender erneut per E-Mail an sie senden.

Kalender auf einem WebDAV-Server veröffentlichen

① Klicken Sie im Bereich *Kalender* auf die Registerkarte *Start*.

② Markieren Sie den zu veröffentlichenden Kalender.

③ Öffnen Sie in der Gruppe *Freigeben* das Menü zu *Online veröffentlichen* und wählen Sie *Auf WebDAV-Server veröffentlichen*.

④ Nehmen Sie die Einstellungen im Dialogfeld *Kalender auf benutzerdefiniertem Server veröffentlichen* vor.

⑤ Klicken Sie auf *OK*, um den Kalender zu veröffentlichen.

Die Optionen im Einzelnen

■ Geben Sie im Feld *Ort* den Standort des WebDAV-Servers ein.

■ Legen Sie im Bereich *Zeitspanne* fest, welcher Zeitbereich Ihres Kalenders veröffentlicht werden soll.

■ Wenn Sie auf den Dropdownpfeil des Listenfeldes *Detail* klicken, können Sie die Anzahl der Details auswählen, die Sie freigeben möchten.

■ Aktivieren Sie ggf. das Kontrollkästchen *Nur Zeit innerhalb meiner Arbeitszeit anzeigen*, um die Anzeige der freigegebenen Details auf solche zu beschränken, die innerhalb Ihrer festgelegten Arbeitszeit liegen.

■ Über *Erweitert* können Sie die Uploadmethode festlegen. Außerdem können Sie angeben, ob die an dem Outlook-Kalender vorgenommenen Aktualisierungen automatisch auf Office.com wiedergegeben werden sollen.

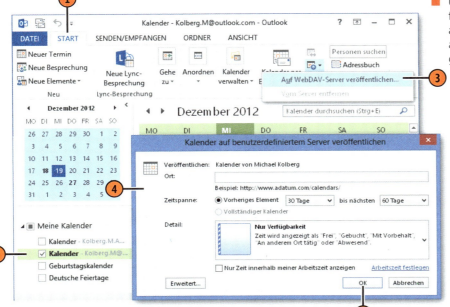

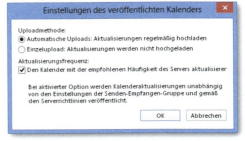

Einen Kalender aus dem Internet abonnieren

① Aktivieren Sie den Bereich *Kalender*.

② Öffnen Sie auf der Registerkarte *Start* in der Gruppe *Kalender verwalten* das Menü zur Schaltfläche *Kalender öffnen*.

③ Wählen Sie *Aus dem Internet*.

④ Geben Sie den Speicherort des Kalenders ein und klicken Sie dann auf *OK*.

⑤ Bestätigen Sie die Frage, ob Sie den Kalender in Outlook öffnen und abonnieren wollen, mit *Ja*.

Den Internetkalender konfigurieren

⑥ Klicken Sie in dem Dialogfeld mit der Frage, ob Sie den Kalender in Outlook öffnen und abonnieren wollen, vor dem Bestätigen auf die Schaltfläche *Erweitert*.

⑦ Geben Sie dem Kalender einen Namen.

⑧ Bestätigen Sie über *OK*.

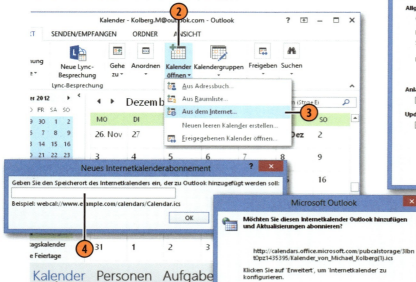

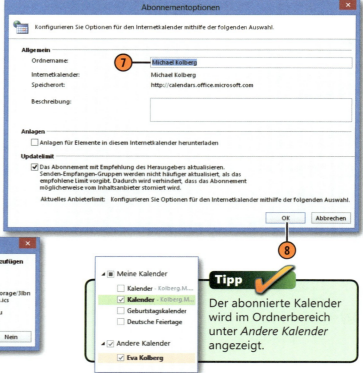

Tipp ✔

Der abonnierte Kalender wird im Ordnerbereich unter *Andere Kalender* angezeigt.

Kalender über Unternehmensserver freigeben

(1) Wenn Sie Outlook mit der Anbindung an einen Unternehmensserver betreiben, können Sie anderen Personen eine sogenannte Freigabeeinladung für Ihren Kalender erteilen. Klicken Sie dazu in der Gruppe *Freigeben* auf *Kalender freigeben*.

(2) Im Formular *Freigabeeinladung* geben Sie die Adresse der Person(en) ein, für die Sie Ihren Kalender freigeben wollen.

(3) Sie können mit derselben Nachricht auch gleich anfordern, dass der Empfänger Ihnen ebenfalls eine solche Berechtigung für seinen Kalender erteilt.

(4) Legen Sie auch fest, welchen Detailgrad Sie zulassen wollen: *Nur Verfügbarkeit*, *Eingeschränkte Details* oder *Alle Details*.

(5) Klicken Sie abschließend auf *Senden*.

Tipp ✓

Der Empfänger der Freigabeeinladung erhält eine Nachricht, in der er auf die *Öffnen*-Schaltfläche klicken kann, um Ihren Kalender in Outlook zu integrieren.

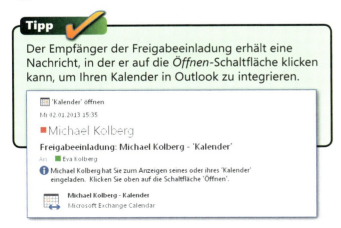

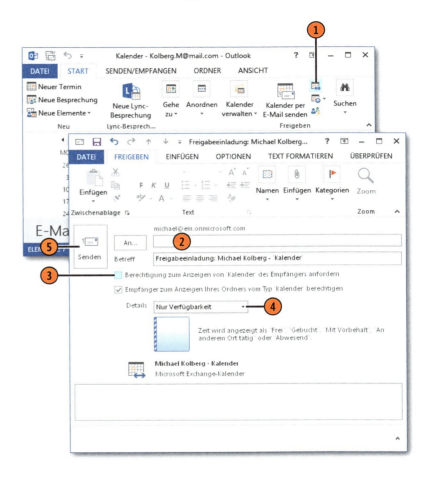

Mit mehreren Kalendern arbeiten

Sie sind bei Ihrer Arbeit nicht auf den oder die standardmäßig vorhandenen Kalender beschränkt, sondern können weitere Kalender erstellen, die Sie in Kalendergruppen anordnen können. Zusätzliche Kalender sind beispielsweise ideal geeignet, um Ereignisse in Bezug auf ein Projekt zu verfolgen oder um private und berufliche Termine voneinander zu trennen. Allerdings kann nur der primäre Kalender für Besprechungsanfragen und zum Anzeigen Ihrer Verfügbarkeit anderen Personen gegenüber verwendet werden. Nachdem mehrere Kalender vorhanden sind, können Sie diese wahlweise anzeigen oder auch überlagern.

Eine Kalendergruppe erstellen

① Öffnen Sie im Bereich *Kalender* auf der Registerkarte *Start* in der Gruppe *Kalender verwalten* das Menü zu *Kalendergruppen*.

② Wählen Sie *Neue Kalendergruppe erstellen*.

③ Geben Sie der Gruppe einen Namen.

④ Bestätigen Sie mit *OK*. Die Gruppe wird anschließend links im Ordnerbereich angezeigt.

Einen Kalender erstellen

① Öffnen Sie im Bereich *Kalender* auf der Registerkarte *Start* in der Gruppe *Kalender verwalten* das Menü zu *Kalender öffnen*.

② Wählen Sie *Neuen leeren Kalender erstellen*.

③ Geben Sie dem Kalender einen Namen.

④ Markieren Sie den Ordner, unter dem der Kalender angelegt werden soll.

⑤ Bestätigen Sie mit *OK*. Der Kalender wird anschließend im Ordnerbereich angezeigt.

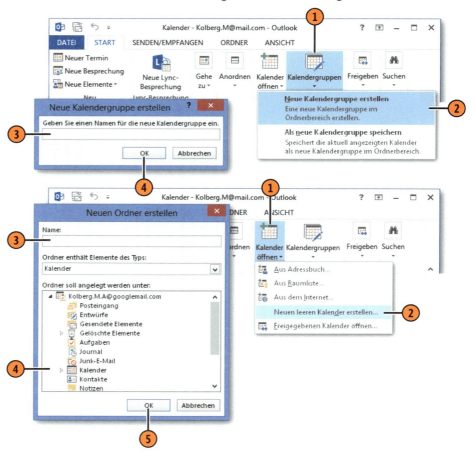

Mehrere Kalender anzeigen

① Aktivieren Sie im Ordnerbereich des Moduls *Kalender* die Kontrollkästchen der anzuzeigenden Kalender.

② Die Kalender werden standardmäßig nebeneinander angeordnet.

③ Um einen dieser Kalender wieder auszublenden, klicken Sie auf seine *Schließen*-Schaltfläche. Sie können Kalender auch schließen, indem Sie im Ordnerbereich das betreffende Kontrollkästchen deaktivieren.

Kalender überlagern

① Aktivieren Sie im Ordnerbereich des Moduls *Kalender* einen der anzuzeigenden Kalender.

② Klicken Sie mit der rechten Maustaste auf einen weiteren Kalender, um das Kontextmenü anzuzeigen.

③ Wählen Sie *Überlagerung*.

④ Die Termine werden in einem gemeinsamen Kalender mit verschiedenen Farben angezeigt.

Tipp ✓

Durch erneute Wahl von *Überlagerung* im Kontextmenü schalten Sie diese Darstellung wieder ab.

Planungsansicht

① Wählen Sie im Modul *Kalender* die Registerkarte *Start*.

② Aktivieren Sie im Ordnerbereich die Kontrollkästchen der Kalender, die Sie zusammen in der Planungsansicht anzeigen lassen wollen.

③ Klicken Sie auf der Registerkarte *Start* in der Gruppe *Anordnen* auf *Planungsansicht*.

④ Die Kalender werden vertikal ausgerichtet – übereinander – angezeigt. Das ermöglicht es, freie Zeiträume zu erkennen.

⑤ Benutzen Sie die waagerechte Bildlaufleiste, um zu benachbarten Zeiträumen zu wechseln.

⑥ Wenn Sie die Planungsansicht wieder abschalten wollen, wählen Sie in der Gruppe *Anordnen* eine andere Option.

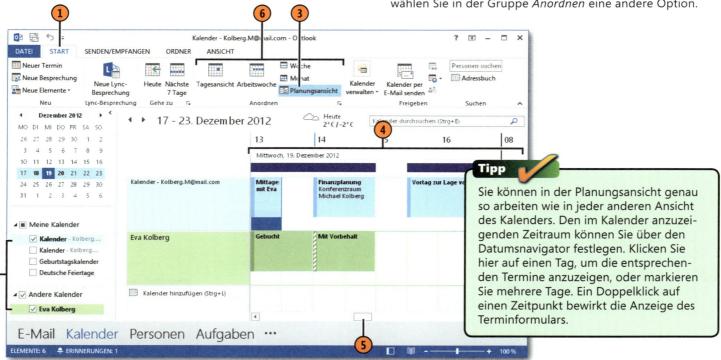

Tipp ✓

Sie können in der Planungsansicht genau so arbeiten wie in jeder anderen Ansicht des Kalenders. Den im Kalender anzuzeigenden Zeitraum können Sie über den Datumsnavigator festlegen. Klicken Sie hier auf einen Tag, um die entsprechenden Termine anzuzeigen, oder markieren Sie mehrere Tage. Ein Doppelklick auf einen Zeitpunkt bewirkt die Anzeige des Terminformulars.

Einen Kalender löschen

① Klicken Sie mit der rechten Maustaste im Ordnerbereich auf den Kalender, den Sie entfernen wollen.

② Klicken Sie auf *Kalender löschen*.

③ Bestätigen Sie den Vorgang mit *Ja*.

Möchten Sie den Ordner "Eva Kolberg" samt Inhalt wirklich löschen? Dadurch wird der entsprechende Internetkalender von allen Computern entfernt, die Sie verwenden.

| Ja | Nein |

Gewusst wie

Im Kontextmenü finden Sie noch weitere Befehle für die Arbeit mit Kalendern. Klicken Sie mit der rechten Maustaste auf einen Kalender im Ordnerbereich, um das Kontextmenü anzuzeigen.

- *In neuem Fenster öffnen* öffnet ein neues Outlook-Fenster und zeigt den Kalender darin an.

- *Diesen Kalender einblenden/ausblenden* hat dieselbe Wirkung wie das Aktivieren/Deaktivieren des Kontrollkästchens vor dem Kalender im Ordnerbereich.

- *Kalender umbenennen* erlaubt es, dem Kalender einen anderen Namen zu geben.

- Farben werden zunächst automatisch vergeben. Über *Farbe* können Sie die Farben selbst einstellen.

- *Nach oben*, *Nach unten* verschiebt einen Kalender im Ordnerbereich.

Tipp ✔

Alle Kalender, die Sie selbst erstellt haben, können gelöscht werden. Eine Ausnahme bildet der Hauptkalender von Outlook, der für von Ihnen gesendete und empfangene Besprechungsanfragen verwendet wird. Auch zusätzliche Kalender, die Sie geöffnet haben – beispielsweise freigegebene Kalender oder Kalender aus dem Internet – können gelöscht werden.

Einen Kalender drucken

Wie alle Outlook-Module bietet auch der Bereich *Kalender* umfangreiche Optionen für den Ausdruck.

Kalenderinformationen drucken

1. Sorgen Sie dafür, dass der Bereich *Kalender* aktiv ist. Wenn Sie nur ausgewählte Termine oder Tage drucken wollen, markieren Sie diese.

2. Klicken Sie auf die Registerkarte *Datei*.

3. Klicken Sie auf *Drucken*.

4. Wählen Sie, welches Kalenderformat Sie für den Ausdruck wünschen (siehe hierzu nächste Seite).

5. Prüfen Sie das Ergebnis in der Vorschau.

6. Klicken Sie auf *Drucken*.

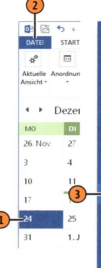

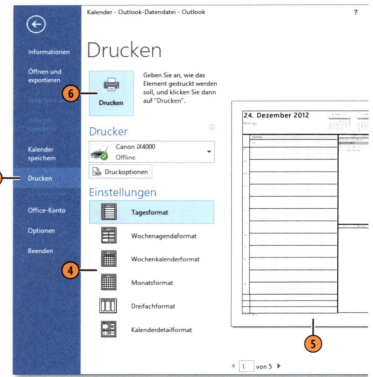

Steuerung der Seitenansicht

◄ 1 von 5 ►	*Aktuelle Seite*: Bei mehrseitigen Druckergebnissen können Sie über die Elemente in diesem Bereich zwischen den Seiten wechseln.
	Aktuelle Größe: Vergrößert die Vorschau auf die tatsächliche Größe.
	Eine Seite: Verkleinert die Vorschau so, dass sie in das Fenster passt.
	Mehrere Seiten: Bei mehrseitigen Druckergebnissen werden mehrere Seiten in der Vorschau angezeigt.

Kalenderformate

① Das *Tagesformat* druckt den im Kalender markierten Tag aus. Standardmäßig werden der Datumsnavigator und der Aufgabenblock mit ausgedruckt.

② Im *Wochenagendaformat* werden alle Termine der aktiven Woche gedruckt. Der Datumsnavigator wird mit ausgedruckt.

③ Im *Wochenkalenderformat* werden alle Termine der aktiven Woche gedruckt. Die Zeiteinteilung sowie der Datumsnavigator werden mit ausgedruckt.

④ Das *Monatsformat* druckt die Termine des aktiven Monats im Querformat zusammen mit dem Datumsnavigator.

⑤ Das *Dreifachformat* druckt im Querformat in drei Spalten den aktuellen Tag, den Aufgabenblock und die Termine der aktuellen Arbeitswoche.

⑥ Im *Kalenderdetailformat* wird eine Liste aller Termine für die einzelnen Tage gedruckt, an denen Termine eingetragen sind. Tage ohne Termine werden ausgelassen.

Gewusst wie

Wenn Sie einen Kalender ohne Termine oder Besprechungen drucken möchten, erstellen Sie einen neuen, leeren Kalender und verwenden die Druckoptionen, um den Datumsbereich und das Druckformat anzupassen.

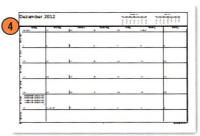

Siehe auch

Weitere Informationen zu den Druckereinstellungen finden Sie auf Seite 171.

Die Erinnerungsfunktion

Die Formulare zur Definition eines Termins oder einer Aufgabe beinhalten die Option *Erinnerung*. Wenn Sie die Erinnerungsfunktion eingeschaltet haben, werden Sie zum festgelegten Zeitpunkt an die Fälligkeit der Aufgabe oder des Termins erinnert.

Erinnerungsfunktion aktivieren

■ Für Termine legen Sie im Terminformular in der Gruppe *Optionen* im Feld *Erinnerung* fest, wie lange im Voraus Sie an den Termin erinnert werden möchten. Die Standardeinstellung steht auf 15 Minuten. Diesen Standardwert stellen Sie im Dialogfeld *Outlook-Optionen* in der Kategorie *Kalender* über die Option *Standarderinnerungen* ein.

■ Für Aufgaben können Sie die Einstellung direkt im Formular vornehmen. Aktivieren Sie zuerst die Option *Erinnerung*. Danach können Sie über die Listenfelder ein Datum und einen Zeitpunkt für die Erinnerung wählen.

Auf die Erinnerung reagieren

① Durch einen Doppelklick auf die Anzeige können Sie das Dialogfeld zum markierten Element öffnen und dort beispielsweise Änderungen im Zeitplan vornehmen. Das Öffnen erreichen Sie auch durch einen Doppelklick auf die Zeile mit der Erinnerungsangabe.

② Über die Schaltfläche *Schließen* teilen Sie dem Programm mit, dass Sie keine weitere Erinnerung zu diesem Termin mehr wünschen.

③ Klicken Sie auf *Erneut erinnern*, wenn Sie den Termin der Erinnerung verschieben möchten. Standardmäßig erfolgt die nächste Erinnerung fünf Minuten später. Über das Listenfeld links der Schaltfläche können Sie auch eine andere Zeitspanne auswählen.

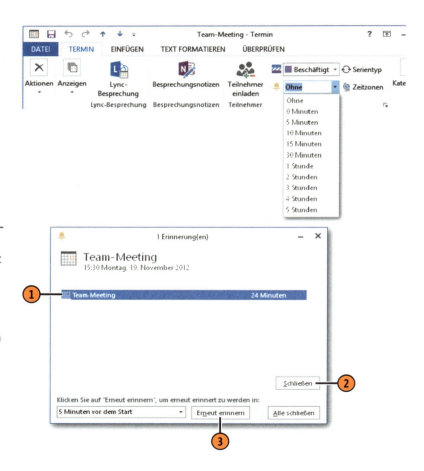

9 Aufgaben

Über die Funktionen im Modul *Aufgaben* können Sie Ihre noch zu erledigenden Tätigkeiten – ähnlich wie bei einer handgeschriebenen Aufgabenliste – in einer Liste zusammenstellen und nachverfolgen. Aufgaben sind mit den Terminen im Kalender insofern verwandt, als auch sie meist an einen bestimmten Zeitpunkt geknüpft sind. Deswegen weisen die Funktionen in diesem Modul auch Ähnlichkeiten mit denen im Bereich *Kalender* auf. Aufgaben müssen aber nicht mit einem Termin verbunden sein.

Aufgaben definieren Sie in einem Formular. Sie können darin – neben der Beschreibung der Tätigkeit – Daten zur Fälligkeit, zum Status und Fortschritt der Arbeit sowie zur Priorität angeben. Sie können auch die Erinnerungsfunktion nutzen und ein Fälligkeitsdatum angeben. Auch Serienaufgaben – also Aufgaben, die sich in einem bestimmten zeitlichen Rhythmus wiederholen – sind möglich.

Um Aufgaben an andere Personen zu delegieren, arbeiten Sie mit Aufgabenanfragen. Ein Vorgesetzter kann beispielsweise eine Aufgabe einem Untergebenen übertragen, ebenso ein Mitarbeiter einem Teamkollegen. Für eine solche Aktion sind also mindestens zwei Personen erforderlich: Eine Person zum Senden einer Aufgabenanfrage und eine weitere Person zum Beantworten der Anfrage.

Der Bereich »Aufgaben« im Überblick

Mithilfe der Funktionen des Outlook-Moduls *Aufgaben* können Sie noch zu Erledigendes – ähnlich wie bei einer handgeschriebenen To-do-Liste – in einer Liste zusammenstellen und nachverfolgen. Aufgaben sind mit den Terminen im Kalender insofern verwandt, als auch Aufgaben meist an einen bestimmten Zeitpunkt geknüpft sind. Deswegen weisen die Funktionen in diesem Modul auch Ähnlichkeiten mit denen im Bereich *Kalender* auf. Aufgaben müssen aber nicht zwingend mit einem Termin verbunden sein.

① Zur Anzeige der Aufgaben klicken Sie in der Navigationsleiste auf *Aufgaben*.

② Im Ordnerbereich wird für jedes erstellte Konto ein Aufgabenordner angelegt. Außerdem finden Sie hier einen Ordner mit dem Namen *Vorgangsliste*, in dem alle Aufgaben gemeinsam dargestellt werden.

③ Die Aufgaben aus dem markierten Ordner werden standardmäßig in tabellarischer Form dargestellt und als Vorgangsliste bezeichnet. Darin werden die anstehenden Aufgaben in Termingruppen – *Heute, Diese Woche, Nächsten Monat* usw. – angezeigt. Diese Liste ist standardmäßig gefiltert, sodass nur die noch nicht erledigten Aufgaben angezeigt werden.

④ In mehreren Ansichten werden zusätzliche Symbole und Formate angezeigt. Ist beispielsweise eine Aufgabe bereits überfällig, wird sie in der Liste rot gekennzeichnet.

⑤ Ist der Lesebereich eingeschaltet, werden darin Details zu der im Ansichtsbereich markierten Aufgabe wiedergegeben. Sie finden darin Informationen, die in der Zusammenfassung nicht angezeigt werden können.

⑥ Wie in allen Outlook-Bereichen finden Sie auch bei den Aufgaben die Aufgabenleiste mit mehreren Abschnitten. Zum Ein- und Ausschalten dieser Leiste benutzen Sie die Befehle im Menü zu *Aufgabenleiste* in der Gruppe *Layout* auf der Registerkarte *Ansicht*.

⑦ Über das Feld *Vorgangsliste durchsuchen* können Sie nach bestimmten Aufgaben suchen, das funktioniert auf die gleiche Weise wie bei E-Mail-Nachrichten.

Siehe auch

Weitere Hinweise zum Suchen nach Outlook-Elementen finden Sie auf Seite 134 ff. Dort geht es zwar um Nachrichten, die Methoden sind aber dieselben.

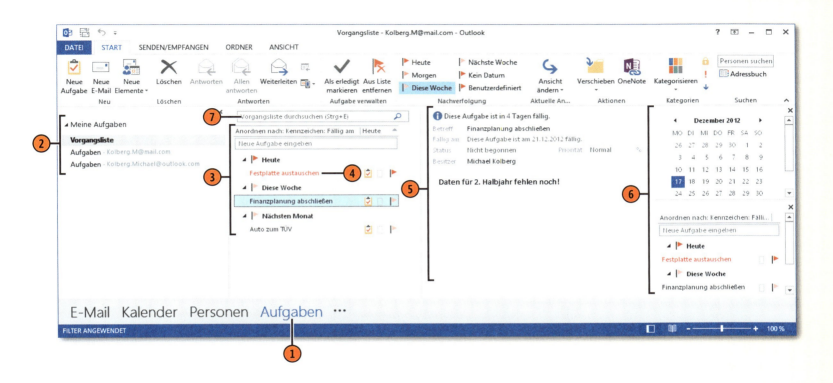

Siehe auch

Andere Formen der Ansicht sind möglich. Diese wählen Sie über den Katalog zu *Ansicht ändern* in der Gruppe *Aktuelle Ansicht* auf der Registerkarte *Ansicht*. Weitere Details hierzu finden Sie auf den nächsten Seiten.

Tipp ✓

Wie die Aufgaben in der Vorgangsliste sortiert werden, können Sie über Befehle auf der Register-karte *Ansicht* einstellen. Details dazu finden Sie auf Seite 211.

Ansichten und Anordnungen

In der Tabellendarstellung *Vorgangsliste* werden die anstehenden Aufgaben in Termingruppen geordnet. Sie finden hier beispielsweise die Gruppen *Heute*, *Morgen*, *Diese Woche*, *Nächsten Monat* usw. Die Vorgangsliste ist standardmäßig gefiltert, sodass nur die noch nicht erledigten Aufgaben dort erscheinen. Es sind aber auch andere Formen der Ansicht möglich. Außerdem können Sie über *Anordnungen* festlegen, nach welchem Kriterium gruppiert werden soll und in welcher Reihenfolge die Aufgaben in der Liste sortiert werden sollen.

Ansicht einstellen

1. Wählen Sie die Registerkarte *Start*.
2. Öffnen Sie in der Gruppe *Aktuelle Ansicht* das Menü zur Schaltfläche *Ansicht ändern*.
3. Wählen Sie die gewünschte Ansicht (siehe hierzu nächste Seite). Beispielsweise können Sie mit *Einfache Liste* alle definierten Aufgaben anzeigen, inklusive der erledigten. Die Mehrzahl der Ansichten verwendet eine Tabellenform und weist zumindest ein Symbol, den Namen der Aufgabe und meist auch das Fälligkeitsdatum auf. Einige Ansichten halten zusätzliche Informationen über die einzelnen Aufgaben bereit.

Anordnung einstellen

1. Wählen Sie die Registerkarte *Ansicht*.
2. Öffnen Sie in der Gruppe *Anordnung* das Menü zur Schaltfläche *Anordnen nach*.
3. Wählen Sie die gewünschte Anordnung. Standardmäßig wird die Anzeige nach Fälligkeit sortiert.

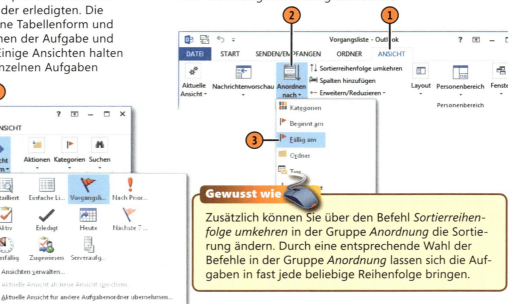

Gewusst wie

Zusätzlich können Sie über den Befehl *Sortierreihenfolge umkehren* in der Gruppe *Anordnung* die Sortierung ändern. Durch eine entsprechende Wahl der Befehle in der Gruppe *Anordnung* lassen sich die Aufgaben in fast jede beliebige Reihenfolge bringen.

Häufig verwendete Ansichten

(1) Die Ansicht *Detailliert* zeigt viele Einzelheiten an. Erledigte Aufgaben werden in grauer Schrift und durchgestrichen weiterhin angezeigt. Rote Schriftfarbe signalisiert überfällige Aufgaben.

(2) Die Ansicht *Einfache Liste* benutzt dieselben Techniken, vereinfacht aber die Darstellung, da weniger Spalten angezeigt werden.

(3) Standardmäßig wird die Ansicht *Vorgangsliste* benutzt. In dieser Ansicht werden erledigte Aufgaben nicht angezeigt. Wenn Sie den Lesebereich nicht gezielt ausblenden, wird er beim Umschalten zu dieser Ansicht automatisch eingeblendet.

(4) Die Ansicht *Nach Priorität* sortiert die Aufgaben nach dem Eintrag im Feld *Priorität*. Aufgaben, die mit der Priorität *Hoch* gekennzeichnet sind, werden standardmäßig zuerst angezeigt.

(5) Die Ansicht *Erledigt* filtert die Aufgaben heraus, die Sie als *Erledigt* gekennzeichnet haben.

Tipp

In allen Ansichten können Sie die Reihenfolge der Sortierung umkehren, indem Sie auf den betreffenden Spaltenkopf klicken.

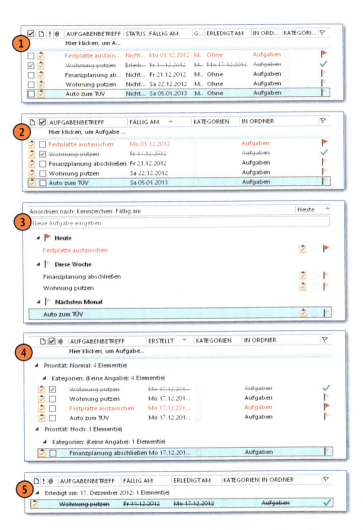

Aufgaben eintragen

Zum Definieren von Aufgaben stehen mehrere Methoden zur Verfügung: Sie können die Aufgabe direkt im Modul *Aufgaben* im Listenbereich eintragen oder in anderen Modulen die Aufgabenleiste dazu benutzen. Dabei können Sie die Aufgabe aber meist nur benennen. Wenn Sie weitere Informationen wie Terminvorgaben notieren möchten, müssen Sie diese Daten in einem entsprechenden Formular eingeben. Außerdem können Sie Aufgaben auch aus anderen Outlook-Elementen heraus erstellen, beispielsweise direkt aus dem Inhalt einer E-Mail-Nachricht.

Eine Aufgabe definieren

① Lassen Sie den Bereich *Aufgaben* anzeigen.

② Klicken Sie in das Feld *Hier klicken, um Aufgabe zu erstellen* bzw. *Neue Aufgabe eingeben* und geben Sie der Aufgabe einen Namen. Einen Termin oder weitere Angaben zur Aufgabe können Sie dabei nicht eingeben.

③ Wollen Sie Terminangaben festlegen, klicken Sie auf der Registerkarte *Start* in der Gruppe *Neu* auf *Neue Aufgabe*, um das Aufgabenformular anzuzeigen (siehe nächste Seite).

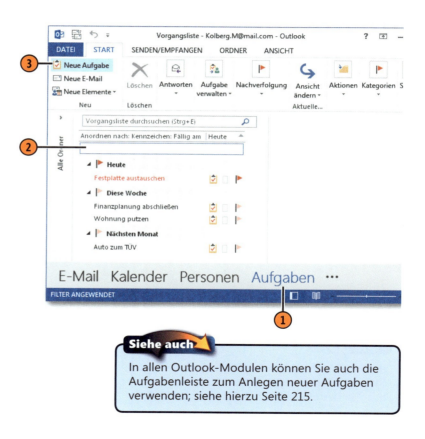

Tipp ✔

Wenn Sie gerade in einem anderen als dem Modul *Aufgaben* arbeiten, öffnen Sie in der Gruppe *Neu* der Registerkarte *Start* das Menü zur Schaltfläche *Neue Elemente* und wählen *Aufgabe*, um das Aufgabenformular zu öffnen.

Siehe auch

In allen Outlook-Modulen können Sie auch die Aufgabenleiste zum Anlegen neuer Aufgaben verwenden; siehe hierzu Seite 215.

Das Aufgabenformular verwenden

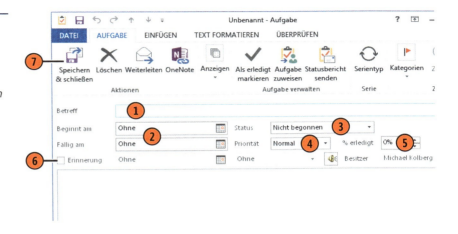

① Im Feld *Betreff* geben Sie der Aufgabe einen Namen. Hier empfiehlt sich, für die Anzeige in der Aufgabenliste eine kurze, verständliche Bezeichnung zu wählen.

② Geben Sie in den Feldern *Beginnt am* und *Fällig am* die entsprechenden Daten an. Letzteres kann ein Endtermin für die Erledigung sein, aber auch ein wichtiger Zwischentermin.

③ Im Feld *Status* geben Sie den Stand der Dinge an. Diese Eintragung wird z.B. verwendet, wenn Sie einen Statusbericht senden.

④ Legen Sie die Wichtigkeit der Aufgabe fest. Die gewählte Stufe wird in der Aufgabenleiste und der Vorgangsliste durch entsprechende Symbole gekennzeichnet.

⑤ Geben Sie den Fortschritt bei der Erledigung der Aufgabe an.

⑥ Möchten Sie an die Durchführung der Aufgabe erinnert werden, aktivieren Sie das Kontrollkästchen und legen Datum und Uhrzeit fest.

⑦ Klicken Sie auf *Speichern & schließen*, um die Aufgabe in die Aufgabenliste einzutragen.

Siehe auch

Wie bei Terminen im Kalender können Sie auch Aufgaben festlegen, die in bestimmten Abständen wiederholt ausgeführt werden müssen; auf Seite 219 finden Sie Details dazu. Auch Erinnerungen an Aufgaben funktionieren wie Erinnerungen an Termine im Bereich *Kalender*; Näheres dazu auf Seite 206. Zum Thema Statusberichte finden Sie Informationen auf Seite 223.

Eine Aufgabe aus einer E-Mail heraus erstellen

① Wählen Sie den Bereich *E-Mail*.

② Markieren Sie die betreffende E-Mail-Nachricht.

③ Ziehen Sie die Nachricht aus der Nachrichtenliste auf den Eintrag *Aufgaben* in der Navigationsleiste.

④ Im daraufhin geöffneten Aufgabenformular legen Sie die weiteren Angaben zu der Aufgabe fest.

⑤ Der Betreff der E-Mail-Nachricht ist automatisch als Name der Aufgabe eingetragen; bearbeiten Sie ihn bei Bedarf.

⑥ Der Inhalt der Nachricht wird als Kommentar zur Aufgabe angezeigt.

⑦ Um die Aufgabe in die Aufgabenliste einzutragen, klicken Sie auf *Speichern & schließen*.

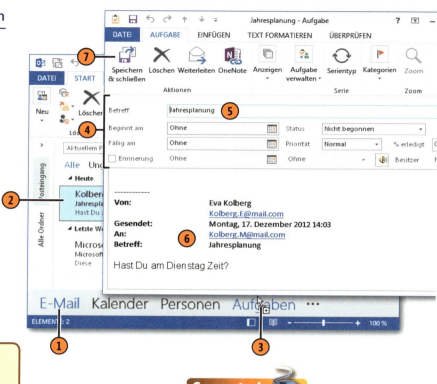

Gewusst wie

Wenn Sie einen Termin aus dem Kalender auf den Eintrag *Aufgaben* in der Navigationsleiste ziehen, erstellen Sie zusätzlich zum Termin noch eine Aufgabe mit demselben Inhalt. Der *Betreff* wird übernommen, das Datum im Feld *Beginn* wird im Feld *Fällig am* angezeigt, außerdem werden die Daten des Termins nochmals unten im Aufgabenformular zusammengefasst. Schließen Sie das Aufgabenformular mit *Speichern & schließen*, um die Aufgabe einzutragen.

Gewusst wie

Wenn Sie einen Kontakt auf den Bereich *Aufgaben* in der Navigationsleiste ziehen, erstellen Sie damit keine neue Aufgabe, sondern eine Aufgabenanfrage an diesen Kontakt. Wie man mit Aufgabenanfragen arbeitet, lesen Sie auf Seite 220 ff.

Die Aufgabenleiste

Um den Überblick über die anstehenden Aufgaben zu behalten, steht Ihnen in allen Outlook-Modulen die Aufgabenleiste zur Verfügung. Diese Leiste können Sie ein-/ausblenden und auch minimiert anzeigen lassen.

Mit der Aufgabenleiste arbeiten

1 Aktivieren Sie den Outlook-Bereich, in dem die Aufgabenleiste angezeigt werden soll – beispielsweise das Modul *E-Mail*.

2 Wählen Sie die Registerkarte *Ansicht*.

3 Aktivieren Sie in der Gruppe *Layout* im Menü zur Schaltfläche *Aufgabenleiste* die Option *Aufgaben*.

4 Geben Sie im Feld *Neue Aufgabe eingeben* eine Bezeichnung für die Aufgabe ein.

5 Bestätigen Sie mit *Eingabe*, um die Aufgabe in die Vorgangsliste einzutragen. Auch im Bereich *Aufgaben* ist sie damit eingetragen.

Tipp ✔

In der Aufgabenleiste können Sie die Aufgabe nur benennen. Um weitere Angaben wie das Fälligkeitsdatum zu dieser Aufgabe zu notieren, doppelklicken Sie auf den Eintrag in der Aufgabenleiste und benutzen dann das Aufgabenformular (siehe Seite 213).

Mit Aufgaben arbeiten

Nachdem Sie Aufgaben eingetragen haben, besteht der Beitrag des Programms bei deren Erledigung im Wesentlichen darin, Sie auf die Aufgaben aufmerksam zu machen. Während Sie an den Aufgaben arbeiten, werden Sie wahrscheinlich die betreffenden

Eintragungen ändern und ergänzen wollen. Einige dieser Änderungen können Sie direkt in der Aufgaben- bzw. der Vorgangsliste vornehmen. Weitere Details müssen Sie wieder im Formular zu der betreffenden Aufgabe bearbeiten.

Aufgaben sortieren

① Klicken Sie zum Sortieren der Aufgabenliste auf die betreffende Spaltenüberschrift. Zum Umkehren der Sortierfolge klicken Sie erneut auf die Spaltenüberschrift.

② Nach welchem Kriterium und in welcher Reihenfolge die Liste sortiert ist, erkennen Sie an dem Pfeilsymbol in der betreffenden Spaltenüberschrift.

Aufgaben in der Liste als erledigt kennzeichnen

① Markieren Sie die Aufgabe in der Liste.

② Klicken Sie auf das zugehörige Kontrollkästchen. Die Aufgabe wird daraufhin durchgestrichen.

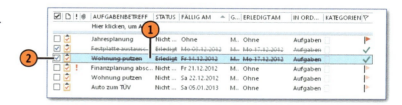

Aufgabendetails in der Liste bearbeiten

① Klicken Sie in der Liste auf das betreffende Feld des zu bearbeitenden Aufgabeneintrags.

② Nehmen Sie die gewünschten Änderungen vor.

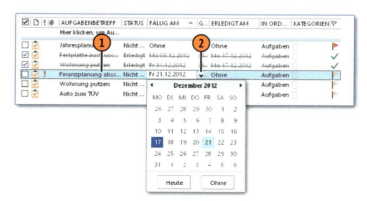

Tipp ✔

Um eine Aufgabe vollständig aus der Liste zu entfernen, markieren Sie sie und klicken auf der Registerkarte *Start* in der Gruppe *Löschen* auf *Löschen*.

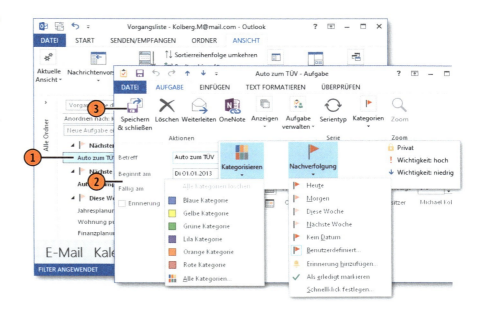

Weitergehende Änderungen vornehmen

① Doppelklicken Sie in der Aufgabenliste auf den betreffenden Eintrag, um das zugehörige Aufgabenformular zu öffnen.

② Führen Sie die gewünschten Änderungen durch:

- Ändern Sie z.B. den Termin oder die Wichtigkeitseinstufung.

- Über *Kategorisieren* können Sie der Aufgabe eine zusätzliche Eigenschaft verleihen, die beispielsweise zum Sortieren der Aufgabenliste verwendet werden kann.

- Die Kennzeichnung zur *Nachverfolgung* lässt sich jederzeit ändern.

③ Klicken Sie abschließend auf *Speichern & schließen*, um die an der Aufgabe durchgeführten Änderungen zu übernehmen.

Gewusst wie

Standardmäßig wird beim Erstellen einer Aufgabe die Kennzeichnung zur Nachverfolgung auf der Grundlage des Fälligkeitstermins automatisch gesetzt. Liegt dieser beispielsweise innerhalb der nächsten Tage, wird die Kennzeichnung *Diese Woche* verwendet. Sie können aber jederzeit eine andere Kennzeichnung wählen, um sich entsprechend an diese Aufgabe erinnern zu lassen.

Siehe auch

Mehr zu Kategorien finden Sie auf Seite 138 f. Dort geht es zwar um das Arbeiten mit Kategorien bei E-Mail-Nachrichten – das Verfahren ist aber identisch.

Zusätzliche Aufgabendetails eintragen

① Lassen Sie die betreffende Aufgabe im Aufgabenformular anzeigen.

② Klicken Sie auf der Registerkarte *Aufgabe* in der Gruppe *Anzeigen* auf *Details*, um weitere Informationen
zur Aufgabe eintragen zu können.

③ Geben Sie die gewünschten zusätzlichen Daten ein:

- Im Feld *Erledigt am* geben Sie das Datum für den
Abschluss der Aufgabe ein. Hierdurch wird der
Status der Aufgabe ab diesem Datum auf *Erledigt*
gesetzt.

- Die übrigen Felder erlauben die Eingabe von Daten
im Rahmen der Erledigung dieser Aufgabe – bis-
heriger Aufwand, nach Abschluss der Aufgabe der
Gesamtaufwand, die geleisteten Reisekilometer,
zusätzliche Informationen zur Abrechnung und die
mit der Aufgabe assoziierte Firma. Alle diese Daten
müssen immer manuell aktualisiert werden.

④ Klicken Sie auf *Speichern & schließen*, um die Änderungen zu übernehmen.

Erledigte Aufgaben

① Markieren Sie die Aufgabe in einer beliebigen Ansicht.

② Klicken Sie auf der Registerkarte *Start* in der Gruppe
Aufgabe verwalten auf *Als erledigt markieren*.

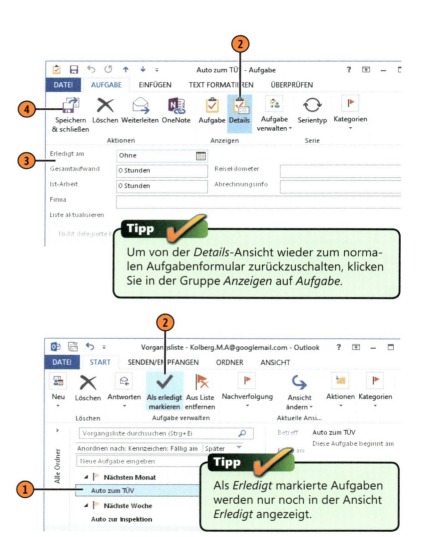

Tipp
Um von der *Details*-Ansicht wieder zum norma-
len Aufgabenformular zurückzuschalten, klicken
Sie in der Gruppe *Anzeigen* auf *Aufgabe*.

Tipp
Als *Erledigt* markierte Aufgaben
werden nur noch in der Ansicht
Erledigt angezeigt.

Serienaufgaben

Sie können auch bei den Aufgaben mit sogenannten Serien arbeiten, bei denen sich Aufgaben in bestimmten Abständen wiederholen – z.B. die Anfertigung eines Statusberichts jeweils zum Ende des Monats. Wie bei der Kalenderfunktion müssen Sie dafür keine separaten Aufgabeneinträge erstellen, sondern definieren sogenannte Aufgabenserien anhand eines Musters und einer Dauer. Diese Aufgaben werden dann automatisch zu den entsprechenden Terminen in der Aufgabenliste eingetragen.

Aufgabenserien definieren

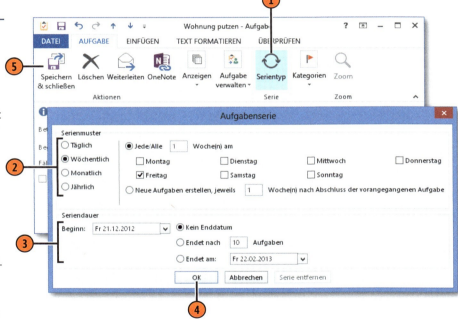

① Lassen Sie das Aufgabenformular anzeigen und klicken Sie in der Gruppe *Serie* auf *Serientyp*, um das Dialogfeld *Aufgabenserie* anzuzeigen.

② Wählen Sie unter *Serienmuster* die Periode, mit der die Aufgabe auftritt. Standardmäßig ist hier *Wöchentlich* eingestellt. Je nach gewählter Option ändern sich die weiteren Einstellmöglichkeiten in diesem Bereich.

③ Legen Sie fest, von wann bis wann die Serie dauern soll. Als *Beginn* wird – sofern vorhanden – das im Aufgabenformular im Feld *Beginnt am* eingegebene Datum als Voreinstellung übernommen. Sie können es direkt im Feld editieren oder den Datumsnavigator verwenden. Legen Sie außerdem in den betreffenden Feldern fest, wie lange die Aufgabenserie dauern soll.

④ Bestätigen Sie die Angaben zur Aufgabenserie mit *OK*.

⑤ Klicken Sie im Aufgabenformular auf *Speichern & schließen*, um die entsprechenden Aufgaben in der Aufgabenliste einzutragen.

Siehe auch

Die Unterschiede in den Serienmustern sind dieselben wie bei Serienterminen. Hinweise dazu finden Sie auf Seite 184 f.

Aufgabenanfragen

Um Aufgaben an andere Personen zu delegieren, arbeiten Sie mit Aufgabenanfragen. Ein Vorgesetzter kann beispielsweise eine Aufgabe einem Untergebenen übertragen, ebenso ein Mitarbeiter einem Teamkollegen. Für eine solche Aktion sind also mindestens zwei Personen erforderlich: eine Person zum Senden einer Aufgabenanfrage und eine weitere Person zum Beantworten der Anfrage. Aufgabenanfragen erhalten Sie wie jede andere E-Mail-Nachricht. Der Empfänger einer Aufgabenanfrage kann die Aufgabe annehmen, ablehnen oder wiederum einer anderen Person übertragen.

Eine Aufgabenanfrage erstellen

① Öffnen Sie auf der Registerkarte *Start* in der Gruppe *Neu* das Menü zur Schaltfläche *Neue Elemente* und wählen Sie *Aufgabenanfrage*.

② Geben Sie im Feld *An* die Person(en) an, der bzw. denen Sie die Aufgabe übertragen möchten.

③ Die Daten für die Aufgabe legen Sie in diesem Teil des Aufgabenanfrageformulars wie beim Definieren einer Aufgabe für Ihre eigenen Zwecke fest.

④ Geben Sie einen Kommentar zur Aufgabenanfrage ein.

⑤ Um die Aufgabenanfrage an den/die Empfänger zu übermitteln, klicken Sie auf *Senden*.

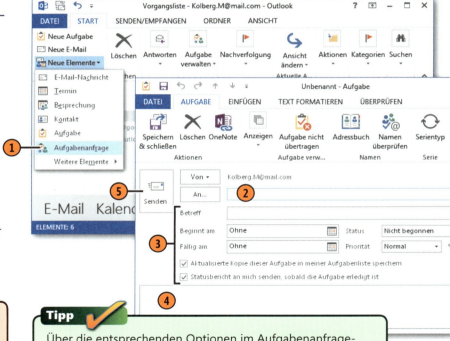

Achtung!

Mit dem Senden einer Aufgabenanfrage verlieren Sie als Ersteller der Aufgabe den Status als Eigentümer der Aufgabe. Nur der jeweilige Eigentümer oder der temporäre Eigentümer der Aufgabe kann Änderungen daran vornehmen.

Tipp ✔

Über die entsprechenden Optionen im Aufgabenanfrageformular können Sie eine aktualisierte Kopie der Aufgabe in Ihrer Aufgabenliste speichern und einen Statusbericht mit der Angabe der Erledigung der Aufgabe anfordern.

Eine Aufgabenanfrage beantworten

① Doppelklicken Sie im Bereich *E-Mail* auf die Nachricht mit der Aufgabenanfrage, um sie in einem separaten Fenster zu öffnen.

② Wollen Sie die Aufgabe annehmen, klicken Sie in der Gruppe *Antworten* auf *Zusagen*.

③ Im daraufhin angezeigten Dialogfeld können Sie entscheiden, wie Sie dem Sender der Aufgabe antworten möchten:

● Wählen Sie *Antwort sofort senden*, um die Aufgabe kommentarlos zu übernehmen.

● Wählen Sie *Antwort vor dem Senden bearbeiten*, um die Aufgabe zu übernehmen und eine Nachricht dazu zu schreiben. Klicken Sie abschließend auf die Schaltfläche *Senden*.

④ Wollen Sie die Anfrage zurückzuweisen, klicken Sie in der Gruppe *Antworten* auf *Ablehnen*.

⑤ Wenn Sie die Aufgabe ablehnen, haben Sie die Möglichkeit, eine Begründung anzugeben.

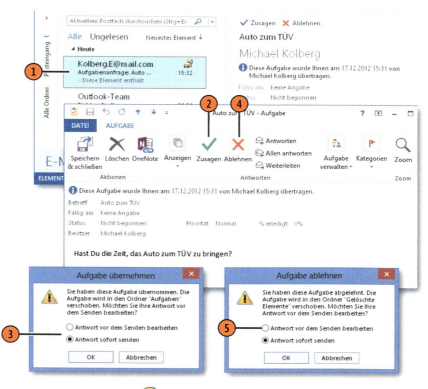

Achtung

Wenn Sie die Aufgabe annehmen, werden Sie zum permanenten Eigentümer der Aufgabe und sind damit die einzige Person, die die Angaben zur Aufgabe ändern darf.

Tipp ✓

Die Schaltflächen zum Zusagen bzw. Ablehnen einer Aufgabenanfrage finden Sie auch in der im Lesebereich angezeigten Aufgabenanfrage. Verwenden Sie diese Schaltflächen, um direkt das betreffende Dialogfeld – *Aufgabe übernehmen* bzw. *Aufgabe ablehnen* – anzuzeigen.

Eine Aufgabenanfrage weiterleiten

① Doppelklicken Sie im Bereich *E-Mail* auf die Nachricht mit der Aufgabenanfrage, um sie in einem separaten Fenster zu öffnen.

② Klicken Sie in der Gruppe *Antworten* auf *Weiterleiten*.

③ Geben Sie im Feld *An* die Person an, an die Sie die Aufgabenanfrage weiterleiten möchten.

④ Geben Sie evtl. weitere Informationen für den Empfänger an.

⑤ Klicken Sie abschließend auf *Senden*.

Gewusst wie

Sollte die Person, der Sie eine Aufgabe übertragen wollten, diese ablehnen, werden Sie darüber in einer Nachricht informiert. Sie können die Aufgabe dann erneut zuordnen: Öffnen Sie die abgelehnte Aufgabe und klicken Sie auf der Registerkarte *Aufgabe* in der Gruppe *Aufgabe verwalten* auf *Aufgabe zuweisen*. Geben Sie in das Feld *An* den Namen der Person ein, der Sie nun die Aufgabe übertragen möchten, und klicken Sie dann auf *Senden*.

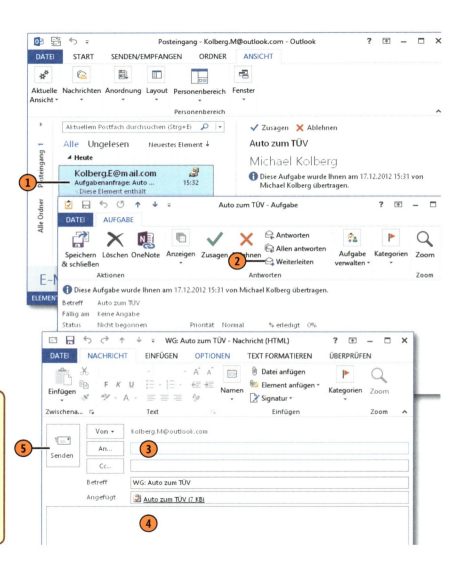

Statusberichte

Ein Statusbericht ist eine E-Mail-Nachricht, in der der Stand der Dinge zu einer Aufgabe zusammengefasst ist und der allen Personen in der Aktualisierungsliste zugesandt wird. Er enthält Details, z.B. den Zeitaufwand für die Aufgabe und den Namen der Person, die für die Aufgabe zuständig ist. Outlook adressiert automatisch einen Statusbericht für eine übertragene Aufgabe an alle Personen in der Aktualisierungsliste.

Einen Statusbericht senden

① Öffnen Sie die Aufgabe, zu der Sie einen Statusbericht senden wollen.

② Aktualisieren Sie die Angaben zur Aufgabe; bringen Sie z.B. den Aufgabenstatus auf den neuesten Stand.

③ Klicken Sie auf der Registerkarte *Aufgabe* in der Gruppe *Aufgabe verwalten* auf *Statusbericht senden*, um das entsprechende Nachrichtenformular zu öffnen.

④ Die Adressen des bzw. der Empfänger und der *Betreff* sind bereits eingetragen.

⑤ Dem Statusbericht können Sie bei Bedarf weitere Informationen hinzufügen.

⑥ Klicken Sie auf *Senden*.

Tipp ✓

Zur Angabe weiterer Einzelheiten, beispielsweise bezüglich des Aufwands, eignet sich besonders die Seite *Details* des Aufgabenformulars; siehe hierzu Seite 218.

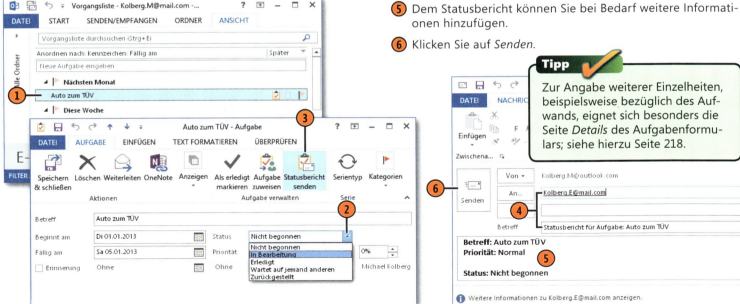

Aufgaben drucken

Wie alle Outlook-Bereiche bietet auch der Bereich *Aufgaben* umfangreiche Optionen für den Ausdruck. Sie können darüber eine Liste aller Aufgaben, aber auch die Details zu ausgewählten Aufgaben drucken.

Vorgangsliste oder Aufgabendetails drucken

① Wenn Sie beabsichtigen, Details zu einzelnen Aufgaben drucken zu lassen, markieren Sie diese Aufgaben zunächst.

② Klicken Sie auf die Registerkarte *Datei*.

③ Klicken Sie auf *Drucken*.

④ Wählen Sie das gewünschte Format aus. *Memoformat* ist nur verfügbar, wenn Sie zuvor Aufgaben markiert haben.

⑤ Kontrollieren Sie das zu erwartende Ergebnis in der Seitenansicht. Klicken Sie auf die Seitenansicht, um die Darstellung zu vergrößern bzw. zu verkleinern.

⑥ Bei längeren Listen können Sie hierüber die einzelnen Seiten in der Seitenansicht anzeigen.

⑦ Klicken Sie auf *Drucken*.

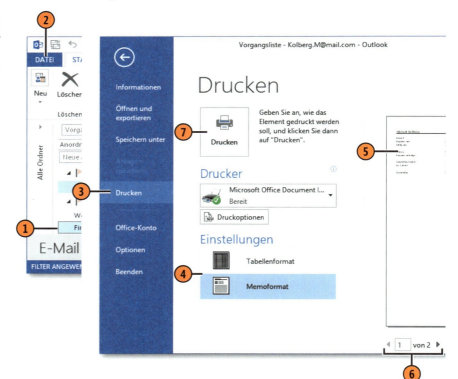

Tipp ✓

Wenn Sie nur einen Teil der Aufgaben drucken wollen, klicken Sie auf *Druckoptionen* und wählen die entsprechenden Seiten aus. Verwenden Sie unter *Einstellungen* die Option *Memoformat*, um pro Aufgabe eine Seite zu drucken.

10 Programmoptionen

Microsoft Outlook 2013 bietet eine Vielzahl von Möglichkeiten, die Verhaltensweise des Programms an Ihre Vorstellungen und Wünsche anzupassen. Den Zugang zu diesen Einstellungen finden Sie im Dialogfeld *Outlook-Optionen*.

Einige der dort gezeigten Optionen finden Sie bei allen Office 2013-Programmen; zum Teil werden Änderungen der Einstellungen in einem Office-Programm von den anderen Programmen übernommen. Dazu gehören beispielsweise Spracheinstellungen, Einstellungen für die Rechtschreibprüfung und Sicherheitseinstellungen.

Im Dialogfeld *Outlook-Optionen* sind die Outlook-spezifischen Einstellmöglichkeiten mit eigenen Kategorien vertreten – *E-Mail*, *Personen*, *Kalender* und *Aufgaben*. Der Bereich *E-Mail* ist zudem in mehreren Kategorien vertreten, beispielsweise für die Grundeinstellungen in der Kategorie *E-Mail*, bei den Optionen für Signaturen und Briefpapier und auch bei den Optionen in der Kategorie *Erweitert*.

Damit Sie das Beste aus Outlook 2013 herausholen können, sollten Sie zumindest die wichtigsten dieser Optionen kennen. Beachten Sie aber, dass in diesem Kapitel nicht alle Möglichkeiten zum Anpassen des Programms beschrieben werden.

Allgemeine Programmeinstellungen

Outlook bietet eine Vielzahl von Optionen, mit denen Sie das Programm an Ihre persönlichen Wünsche und Anforderungen anpassen können. Sie finden diese Programmoptionen in einem separaten Dialogfeld, das mehrere Kategorien enthält. Die Optionen, die ein typischer Anwender am häufigsten ändern wird, sind in der Kategorie *Allgemein* zusammengefasst.

Grundlegende Vorgehensweise

① Klicken Sie auf die Registerkarte *Datei* und dann auf *Optionen*.

② Wählen Sie im linken Bereich eine Kategorie.

③ Legen Sie im rechten Bereich die gewünschten Einstellungen durch Aktivieren/Deaktivieren bzw. Auswählen der betreffenden Optionen fest.

④ Bestätigen Sie mit *OK*.

Benutzeroberflächenoptionen

⑤ Die Minisymbolleiste wird eingeblendet, wenn Sie mit der rechten Maustaste auf eine Auswahl klicken. Über die Schaltflächen dieser Leiste können Sie beispielsweise Text schnell formatieren.

⑥ Mittels der Livevorschau werden die Auswirkungen bestimmter Formatierungsoptionen noch vor dem Klick auf die entsprechende Option im Text angezeigt.

⑦ Legen Sie fest, was auf dem Bildschirm angezeigt wird, wenn Sie den Mauszeiger auf einer Schaltfläche ruhen lassen.

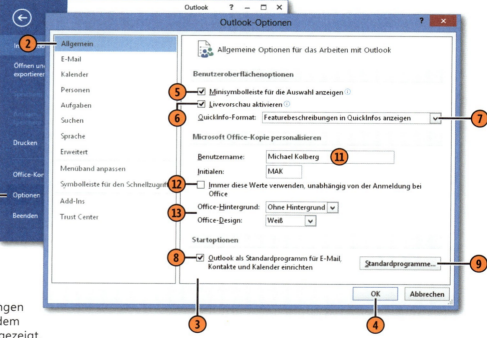

> **Siehe auch**
>
> Wie man mit der Minisymbolleiste arbeitet, erfahren Sie auf Seite 108.

Startoptionen

⑧ Legen Sie fest, ob Outlook als Standardprogramm zur Verwaltung von E-Mails, Kontaktinformationen und Terminen verwendet werden soll.

⑨ Legen Sie entsprechende Programmzuordnungen fest.

⑩ Aktivieren Sie die Kontrollkästchen der Dateitypen, die von Outlook standardmäßig geöffnet werden sollen. Deaktivieren Sie die anderen.

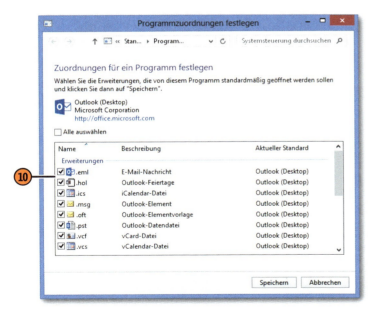

Microsoft Office-Kopie personalisieren

⑪ Im Feld *Benutzername* können Sie Ihren Namen eintragen. Das gilt auch für das Feld *Initialen*.

⑫ Legen Sie fest, ob diese Angaben auch verwendet werden sollen, wenn ein anderes Office-Konto verwendet wird.

⑬ Benutzen Sie die Listenfelder *Office-Hintergrund* und *Office-Design* zum optischen Anpassen der Programmoberfläche.

Gewusst wie

Die Optionen zum Festlegen des Office-Hintergrunds und des Office-Designs finden Sie auch in der Kategorie *Office-Konto* der Registerkarte *Datei*. Wenn Ihre Office-Programme auf anderen Computern mit Ihrem Konto verbunden sind, wird auch für diese Programme das von Ihnen hier ausgewählte Design verwendet. Wenn Sie das Design nur auf dem aktuellen Computer ändern möchten, verwenden Sie die Optionen in der Kategorie *Allgemein* im Dialogfeld *Outlook-Optionen*.

Tipp

Wenn Sie mehrere Optionen im Dialogfeld *Outlook-Optionen* ändern wollen, sollten Sie erst dann auf die Schaltfläche *OK* klicken, nachdem Sie alle gewünschten Einstellungen in den verschiedenen Kategorien durchgeführt haben. In der Mehrzahl der Fälle ist die Änderung dann sofort wirksam. In einigen wenigen Fällen müssen Sie zuerst Outlook schließen und dann wieder neu starten.

Der Bereich »E-Mail«

Den Großteil der Möglichkeiten zum Anpassen der Optionen, die das Arbeiten im Programmbereich *E-Mail* betreffen, finden Sie in der gleichnamigen Kategorie im Dialogfeld *Outlook-Optionen*. Hier können Sie beispielsweise festlegen, in welchem Format

E-Mail-Nachrichten standardmäßig verfasst werden, was beim Eintreffen von Nachrichten geschehen soll, wie Nachrichten automatisch gespeichert und wie sie standardmäßig gesendet werden.

Nachrichten verfassen

① Aktivieren Sie im Dialogfeld *Outlook-Optionen* die Kategorie *E-Mail*.

② Über das Dropdown-Listenfeld *Nachricht in diesem Format verfassen* legen Sie das Standardformat für E-Mails fest.

③ Sie können hier auch festlegen, dass vor dem Senden immer eine Rechtschreibprüfung vorgenommen wird.

Nachrichteneingang

④ Wenn eine neue Nachricht eintrifft, können Sie dies entsprechend signalisieren lassen.

⑤ Es kann auch auf dem Bildschirm eine Benachrichtigung ein- und langsam wieder ausgeblendet werden, selbst wenn Sie gerade ein anderes Programm verwenden.

Siehe auch

Informationen über die Einstellungen zu Briefpapier und Schriftarten finden Sie auf Seite 237. Die Editoroptionen werden auf Seite 238 f. behandelt. Details zu den Rechtschreibprüfungsoptionen finden Sie auf Seite 232 ff.

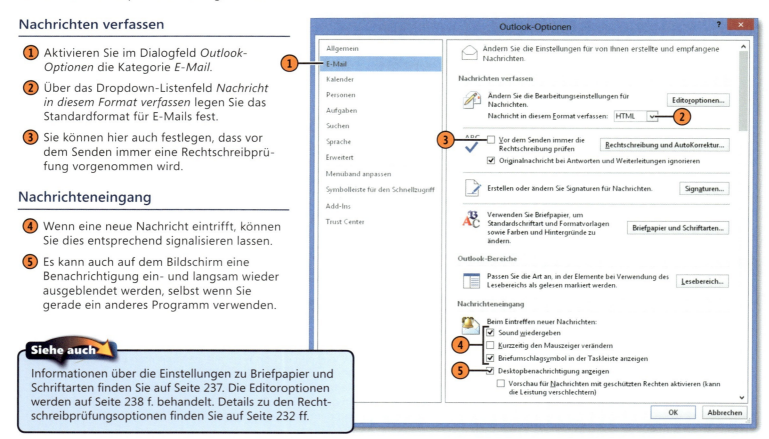

Unterhaltungen aufräumen

⑥ Standardmäßig werden beim Aufräumen die Elemente in den Ordner *Gelöschte Elemente* verschoben. Sie können aber über *Suche* einen anderen Ordner festlegen.

⑦ Der standardmäßige Umgang mit Unterhaltungssträngen lässt sich detailliert festlegen.

Antworten und Weiterleitungen

⑧ Bestimmen Sie, ob beim Weiterleiten oder beim Antworten dasselbe oder ein neues Fenster mit der ursprünglichen Nachricht verwendet werden soll.

⑨ Das *Präfix* wird angezeigt, wenn Sie eine Nachricht mit einem Kommentar versehen.

⑩ Legen Sie über die Dropdown-Listenfelder fest, wie Ihre Kommentare erscheinen. Bei einer Nachricht mit vielen Fragen besteht beispielsweise die Möglichkeit, Ihre Antworten direkt hinter die Fragen zu setzen.

Nachrichten speichern

⑪ Legen Sie fest, wo, wann und welche Nachrichten automatisch gespeichert werden. Standardmäßig werden Nachrichten während der Bearbeitung alle drei Minuten im Ordner *Entwürfe* gespeichert.

⑫ Legen Sie ggf. für die Sicherung von Nachrichten, die sich gerade in Bearbeitung befinden, einen anderen Speicherplatz fest.

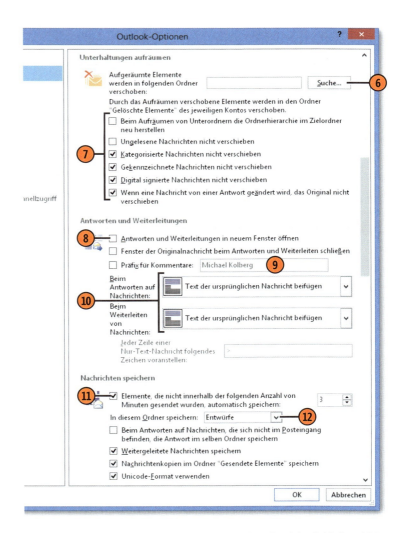

Nachrichten senden

(13) Legen Sie die Standardeinstellungen für die Einstufung in puncto Wichtigkeit und Vertraulichkeit fest. Abweichungen von der hier getroffenen Einstellung können Sie für jede Nachricht individuell festlegen.

(14) Der standardmäßige Umgang mit zu sendenden Nachrichten lässt sich detailliert festlegen.

Verlauf

(15) Legen Sie fest, ob standardmäßig eine Übermittlungsbestätigung und/oder Lesebestätigung von den Nachrichtenempfängern angefordert wird.

(16) Lesen Sie fest, was standardmäßig erfolgen soll, wenn eine von Ihnen empfangene Nachricht eine Lesebestätigung anfordert.

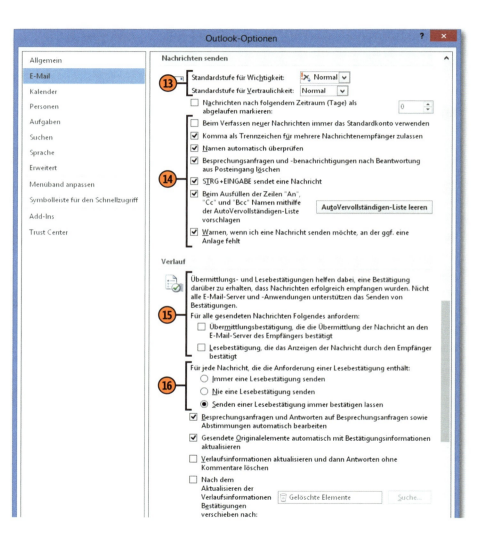

Spracheinstellungen

Sie können E-Mail-Nachrichten in anderen Sprachen verfassen oder auch mehrere Sprachen in einer Nachricht verwenden. Mit der Bearbeitungssprache sind das Tastaturlayout und die Korrek-

turhilfen für die jeweilige Sprache verbunden. Die Korrekturhilfen umfassen sprachspezifische Werkzeuge wie Wörterbücher für die Rechtschreib- und Grammatikprüfung.

Bearbeitungssprache und Tastaturlayout hinzufügen

(1) Aktivieren Sie im Dialogfeld *Outlook-Optionen* die Kategorie *Sprache*.

(2) Wählen Sie im Dropdown-Listenfeld die gewünschte Sprache aus.

(3) Klicken Sie auf *Hinzufügen*.

(4) Die installierten Bearbeitungssprachen werden in der Liste angezeigt. Standardmäßig sind nur die Sprachen *Deutsch (Deutschland)* und *Englisch (USA)* installiert.

(5) Falls eine Sprache ein spezielles Tastaturlayout erfordert, klicken Sie in der Liste der installierten Bearbeitungssprachen in der Spalte *Tastaturlayout* auf den Link *Nicht aktiviert*, um in der Systemsteuerung den Bereich *Sprache* (Windows 8) bzw. *Region und Sprache* (Windows 7) zu öffnen.

(6) Klicken Sie dort auf *Sprache hinzufügen* bzw. *Hinzufügen*, wählen Sie die gewünschte Sprache aus und bestätigen Sie, um das Tastaturlayout zu aktivieren.

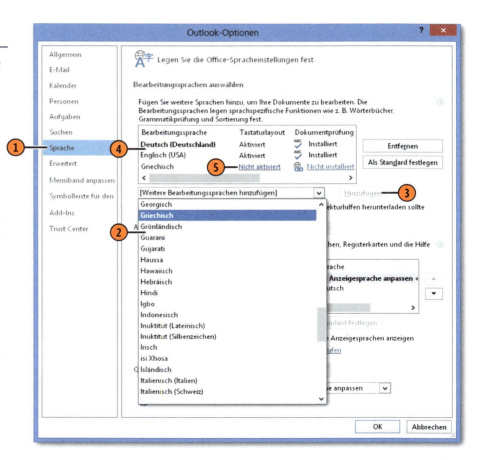

Rechtschreibkorrektur

Sie sollten sich kurz mit den Einstellungen zur Rechtschreibkorrektur beschäftigen, damit Sie wissen, was als Fehler gemeldet wird. Hierbei wird unterschieden zwischen Optionen, die für alle Office-Programme gelten, und Optionen speziell für Outlook. Außerdem können Sie über die AutoKorrektur typische Tippfehler, die Ihnen häufiger unterlaufen, automatisch bei der Eingabe korrigieren lassen.

Einstellungen zur Rechtschreibkorrektur

1. Aktivieren Sie im Dialogfeld *Outlook-Optionen* die Kategorie *E-Mail*.

2. Klicken Sie auf *Rechtschreibung und Auto-Korrektur*, um das Dialogfeld *Editoroptionen* zu öffnen.

3. Stellen Sie in der Kategorie *Dokumentprüfung* die Optionen ein, die für alle Office-Programme gelten (siehe nächste Seite).

4. Stellen Sie die speziellen Optionen für Outlook ein (siehe ebenfalls nächste Seite).

5. Wenn Sie dazu neigen, immer dieselben Tippfehler zu machen, sollten Sie die *Auto-Korrektur-Optionen* verwenden (siehe Seite 234).

Gewusst wie

Sie können im Dialogfeld *Outlook-Optionen* in der Kategorie *E-Mail* unter *Nachrichten verfassen* auch festlegen, dass vor dem Senden immer eine Rechtschreibprüfung durchgeführt wird.

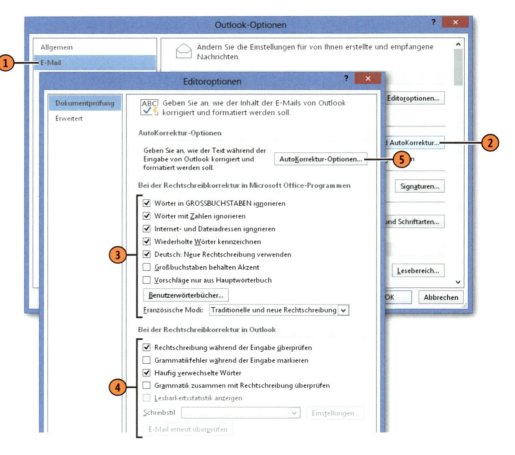

Bei der Rechtschreibkorrektur in Microsoft Office-Programmen

- Wörter, die nur in GROSSBUCHSTABEN geschrieben werden, werden in der Grundeinstellung nicht als fehlerhaft gemeldet.

- Wörter mit Zahlen werden in der Grundeinstellung von der Rechtschreibkorrekturfunktion ignoriert. Ein Tippfehler wie Nachr9cht – statt Nachricht – wird also bei der Prüfung nicht bemerkt.

- Als Internet- und Dateiadressen identifizierte Zeichenfolgen werden von der Rechtschreibkorrekturfunktion in der Grundeinstellung ignoriert.

- Die Kennzeichnung von wiederholten Wörtern durch die Rechtschreibkorrekturfunktion ist in der Grundeinstellung aktiviert und macht genau das, was es sagt.

- Die Beibehaltung von Akzenten auf Großbuchstaben müssen Sie ggf. erst aktivieren, damit entsprechende Fehler von der Rechtschreibkorrekturfunktion gemeldet werden.

- Ist Vorschläge nur aus Hauptwörterbuch aktiviert, werden Wörter, die Sie bei der Korrektur in ein Benutzerwörterbuch aufgenommen haben, nicht als Korrekturvorschlag angezeigt.

Achtung!

Wenn Sie die Optionen unter Bei der Rechtschreibkorrektur in Microsoft Office-Programmen in Outlook ändern, wird diese Änderung auch in alle anderen Office-Programme – beispielsweise Microsoft Word – übernommen.

Bei der Rechtschreibkorrektur in Outlook

- Rechtschreibung während der Eingabe überprüfen sollte aktiviert sein, damit die Rechtschreibprüfung nicht erst nachträglich – d.h. auf explizite Anforderung – durchgeführt werden muss.

- Ist Kontextbezogene Rechtschreibung aktiviert, werden auch Fälle als Fehler angezeigt, in denen ein Wort zwar – allein für sich gesehen – richtig, aber im aktuellen Kontext falsch ist – beispielsweise im Satz »Wir treffen ans dort«. (Diese Option ist nur während einer nachträglich durchgeführten Rechtschreibprüfung im Dialogfeld Editoroptionen verfügbar.)

- Grammatikfehler während der Eingabe markieren sorgt dafür, dass auch die Grammatikprüfung für alle Elemente – außer Notizen – verfügbar ist.

- Aktivieren Sie Grammatik zusammen mit Rechtschreibung überprüfen, wenn beide Prüfungen gleichzeitig durchgeführt werden sollen.

- Aktivieren Sie Lesbarkeitsstatistik anzeigen, wenn Sie nach Abschluss der Rechtschreibprüfung für den gesamten Text eine Lesbarkeitsstatistik anzeigen möchten.

- Sie können über die Dropdownliste Schreibstil eine von zwei Optionen auswählen: Nur Grammatik oder Grammatik und Stil. Wenn Sie die von der Grammatikprüfung für die Überprüfung von Texten verwendeten Grammatik- und Stilregeln ändern möchten, klicken Sie auf Einstellungen und legen im Dialogfeld Grammatikeinstellungen die gewünschten Einstellungen fest. (Diese Optionen sind ebenfalls nur während einer nachträglich durchgeführten Prüfung im Dialogfeld Editoroptionen verfügbar.)

AutoKorrektur-Optionen

① Klicken Sie im Dialogfeld *Editoroptionen* in der Kategorie *Dokumentprüfung* auf die Schaltfläche *AutoKorrektur-Optionen*.

② Geben Sie im Feld *Ersetzen* die von Ihnen häufig produzierte falsche Schreibweise eines Wortes ein.

③ Geben Sie im Feld *Durch* die korrekte Schreibweise ein.

④ Klicken Sie auf *Hinzufügen*.

⑤ Bestätigen Sie durch einen Klick auf *OK*. Anschließend wird die fehlerhafte Eingabe des betreffenden Wortes automatisch durch die korrekte Schreibweise ersetzt.

Tipp ✓

Beachten Sie auch die AutoKorrektur-Optionen im oberen Bereich des Dialogfeldes, womit u.a. häufig vorkommende Fehler durch falsche Tastaturbedienung automatisch korrigiert werden. Aber auch andere Eingaben können automatisch umgewandelt werden: Wenn Sie beispielsweise die drei Zeichen (r) eingeben, wird das automatisch in das Symbol ® umgesetzt. Diese Einstellungen sind bereits im Dialogfeld vermerkt. Das Programm führt diese Korrekturen unmittelbar nach Drücken der Leertaste bzw. der Eingabe-Taste durch.

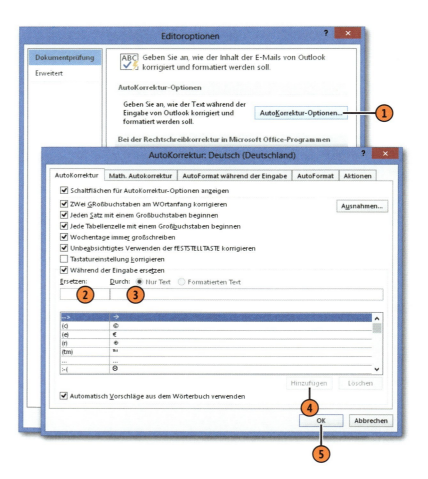

Sofortsuche

Mithilfe der Einstellungen in der Kategorie *Suchen* des Dialogfeldes *Outlook-Optionen* bestimmen Sie das Verhalten der Sofortsuchefunktion in allen Bereichen des Programms. In allen Outlook-Bereichen finden Sie die Möglichkeit, den Suchprozess zu individualisieren, ohne die Optionen ändern zu müssen; beispielsweise können Sie immer festlegen, wo gesucht werden soll.

Die Suchfunktion anpassen

① Aktivieren Sie im Dialogfeld *Outlook-Optionen* die Kategorie *Suchen*.

② Unter *Nur Ergebnisse anzeigen aus* regeln Sie, welche Orte standardmäßig durchsucht werden, wenn Sie die Suche starten. Beachten Sie, dass Sie hier sowohl den Ordner als auch das Postfach wählen können.

③ Sie können auch den Inhalt des Ordners *Gelöschte Elemente* bei der Suche berücksichtigen lassen.

④ Wenn diese Option aktiviert ist, werden die Suchergebnisse bereits angezeigt, während Sie das Suchkriterium noch eintippen.

⑤ Wenn diese Option aktiviert ist, werden die Fundstellen farbig gekennzeichnet. Ist sie deaktiviert, werden die Suchergebnisse nur aufgelistet.

⑥ Legen Sie hierüber die Farbe für die Hervorhebung fest.

> **Tipp** ✓
>
> Über die Schaltfläche *Indizierungsoptionen* öffnen Sie das gleichnamige Dialogfeld, in dem Sie festlegen können, welche Dateien indiziert werden sollen. Standardmäßig werden die gängigsten Dateien eingeschlossen. Das Einbeziehen größerer Datenmengen reduziert im Allgemeinen die Geschwindigkeit bei Routinesuchen.

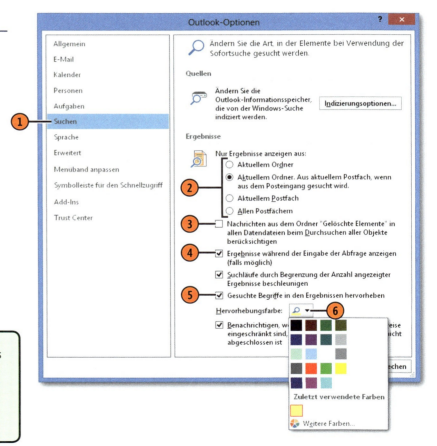

Signaturen und Briefpapier

Wenn Sie Ihre Nachrichten mit einer Signatur versehen wollen, müssen Sie diese zuerst erstellen. Hierbei besteht die Möglichkeit, dass Sie für jedes E-Mail-Konto eine eigene Standard-E-Mail-Signatur anlegen. Sie können Ihre E-Mail-Nachrichten auch mit einem individuellen Hintergrund – einem sogenannten Briefpapier – versehen.

Eine Signatur erstellen

① Aktivieren Sie im Dialogfeld *Outlook-Optionen* die Kategorie *E-Mail*.

② Klicken Sie auf die Schaltfläche *Signaturen*.

③ Klicken Sie auf der Registerkarte *E-Mail-Signatur* auf *Neu*.

④ Geben Sie einen Namen für die Signatur ein.

⑤ Klicken Sie auf *OK*.

⑥ Geben Sie im Feld unter *Signatur bearbeiten* den Text ein, der die Signatur bilden soll.

⑦ Wählen Sie zum Formatieren den gewünschten Bereich aus und benutzen Sie die Schaltflächen in der Symbolleiste.

⑧ Bestätigen Sie mit *OK*.

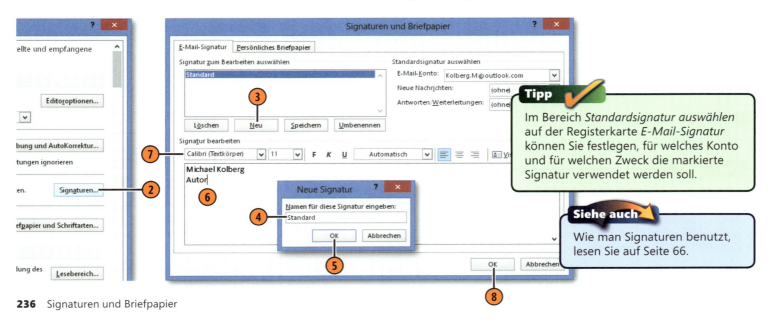

Tipp

Im Bereich *Standardsignatur auswählen* auf der Registerkarte *E-Mail-Signatur* können Sie festlegen, für welches Konto und für welchen Zweck die markierte Signatur verwendet werden soll.

Siehe auch

Wie man Signaturen benutzt, lesen Sie auf Seite 66.

Persönliches Briefpapier

(1) Klicken Sie im Dialogfeld *Outlook-Optionen* in der Kategorie *E-Mail* auf die Schaltfläche *Briefpapier und Schriftarten*.

(2) Klicken Sie auf der Registerkarte *Persönliches Briefpapier* auf die Schaltfläche *Design*.

(3) Wählen Sie für Ihre Nachrichten entweder ein Layout mit Schrifteinstellungen und ggf. Hintergrundgestaltung oder eines der Hintergrundbilder aus. Letztere sind mit dem Zusatz *(Briefpapier)* gekennzeichnet.

(4) Bestätigen Sie mit *OK*.

(5) Alternativ zu Design oder Briefpapier können Sie die Schriftarten wählen, die Sie standardmäßig in Ihren Nachrichten verwenden wollen. Hier wird zwischen mehreren Zwecken unterschieden: Sie können – getrennt für *Zum Verfassen einer Nachricht*, *Zum Antworten oder Weiterleiten einer Nachricht* und *Erstellen und Lesen unformatierter Textnachrichten* – die gewünschten Schriftparameter über die Schaltfläche *Schriftart* einstellen.

(6) In allen Fällen können Sie im Dialogfeld *Schriftart* die *Schriftart*, den *Schriftschnitt*, den *Grad*, diverse Darstellungsoptionen sowie die *Farbe* wählen.

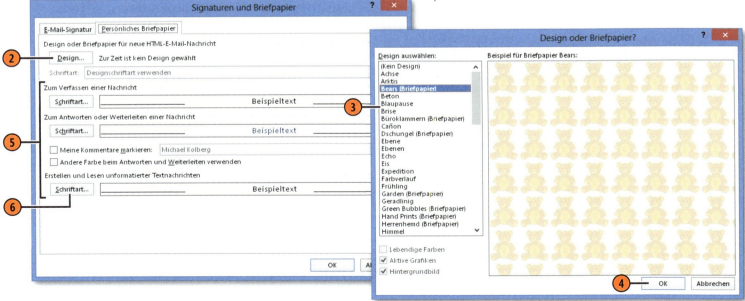

Erweiterte Editoroptionen

Über die erweiterten Editoroptionen legen Sie fest, wie sich der Editor beim Schreiben von Nachrichten verhalten soll. Wichtig sind hier besonders die Einstellungen im Bereich *Bearbeitungs-* *optionen*. Im Prinzip finden Sie hier Einstellungen, die Sie vielleicht schon von Microsoft Word her kennen.

Bearbeitungsoptionen festlegen

① Aktivieren Sie im Dialogfeld *Outlook-Optionen* die Kategorie *E-Mail*.

② Klicken Sie auf die Schaltfläche *Editoroptionen*.

③ Wählen Sie die Kategorie *Erweitert* und legen Sie die gewünschten Einstellungen fest.

Bearbeitungsoptionen – eine Auswahl

■ Über *Eingabe ersetzt markierten Text* geben Sie an, ob ein zuvor markierter Bereich durch eine Eingabe überschrieben wird.

■ Mit *Automatisch ganze Wörter markieren* werden jeweils komplette Wörter markiert, wenn Sie einen Teil eines Wortes und dann einen Teil des nächsten Wortes markieren. Außerdem werden das Wort und auf das Wort folgende Leerzeichen markiert, wenn Sie auf ein Wort doppelklicken.

■ Mit *Drag & Drop für Text zulassen* können Sie markierten Text durch Ziehen mit der Maus verschieben oder kopieren.

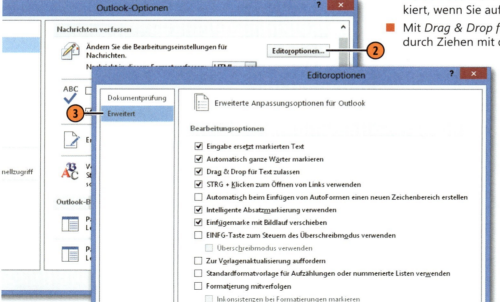

Siehe auch

Hinweise zum Arbeiten mit der Funktion Drag & Drop in Nachrichten finden Sie auf Seite 89.

- Mit *STRG + Klicken zum Öffnen von Links verwenden* müssen Sie mit gedrückter Strg-Taste auf den Link klicken, um das Linkziel anzusteuern. Andernfalls genügt ein Klick auf den Link, um zum Linkziel zu wechseln.

- Mit *Intelligente Absatzmarkierung verwenden* wird beim Markieren des ganzen Absatzes die Absatzmarke ebenfalls markiert. Damit bleibt beispielsweise die Formatierung des Absatzes automatisch erhalten, wenn Sie den Absatz ausschneiden und einfügen.

- Mit *Einfügemarke mit Bildlauf verschieben* wird der Cursor beim Bildlauf nach oben oder nach unten verschoben. Wenn Sie nach dem Durchführen eines Bildlaufs eine der Pfeiltasten drücken, steht der Cursor in der aktuell angezeigten Textpassage und nicht an seiner vorhergehenden Position.

- Wenn *EINFG-Taste zum Steuern des Überschreibmodus verwenden* aktiviert ist, können Sie die Einfg-Taste verwenden, um den Überschreibmodus zu aktivieren bzw. zu deaktivieren.

- Mit *Überschreibmodus verwenden* wird dieser Modus generell verwendet, d.h., beim Eingeben von Text wird vorhandener Text zeichenweise ersetzt.

- Ist *Zur Vorlagenaktualisierung auffordern* eingeschaltet, werden Sie beim Ändern von Text, auf den eine Formatvorlage angewendet wurde, gefragt, ob Sie die Formatvorlage auf den geänderten Text erneut anwenden wollen. Sie können dann die Formatvorlage basierend auf der zuletzt vorgenommenen Änderung aktualisieren oder die Formatierung der Formatvorlage erneut anwenden.

- Mit *Standardformatvorlage für Aufzählungen oder nummerierte Listen verwenden* werden Listenformatvorlagen statt auf der Grundlage der Aufzählungsformatvorlage auf der Grundlage der Standardabsatzformatvorlage erstellt.

- Aktivieren Sie die Option *Klicken und Eingeben aktivieren*, um die Einfügemarke durch Doppelklicken auf einen leeren Bereich im Nachrichtentextfeld zu positionieren und dort Eingaben durchführen zu können.

- Im Dropdown-Listenfeld *Standard-Absatzformatvorlage* wählen Sie die Formatvorlage aus, die beim Klicken und Eingeben auf den Text angewendet werden soll.

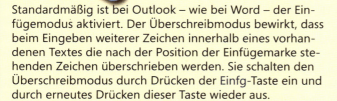

Gewusst wie

Standardmäßig ist bei Outlook – wie bei Word – der Einfügemodus aktiviert. Der Überschreibmodus bewirkt, dass beim Eingeben weiterer Zeichen innerhalb eines vorhandenen Textes die nach der Position der Einfügemarke stehenden Zeichen überschrieben werden. Sie schalten den Überschreibmodus durch Drücken der Einfg-Taste ein und durch erneutes Drücken dieser Taste wieder aus.

Tipp

Weiter unten auf der Seite der erweiterten Editoroptionen finden Sie noch andere Kategorien mit Optionen: Über den Bereich *Ausschneiden, Kopieren und Einfügen* können Sie beispielsweise regeln, wie sich Formate verhalten sollen, wenn sie zwischen verschiedenen Texten verschoben oder kopiert werden. Im Bereich *Anzeigen* können Sie u.a. festlegen, dass Tastenkürzel in den QuickInfos angezeigt werden.

Die Kategorie »Erweitert«

In der Kategorie *Erweitert* des Dialogfeldes *Outlook-Optionen* finden Sie eine Vielzahl zusätzlicher Optionen zum Arbeiten mit

Outlook – vieles, das in keine der anderen Kategorien unmittelbar hineinpassen würde, viele modulübergreifende Optionen.

Starten und Beenden von Outlook

① Aktivieren Sie im Dialogfeld *Outlook-Optionen* die Kategorie *Erweitert*.

② Standardmäßig wird beim Starten von Outlook zunächst der Posteingang angezeigt. Über *Suche* können Sie auch einen anderen Ordner festlegen.

③ Sie können auch festlegen, dass beim Beenden des Programms der Ordner *Gelöschte Elemente* automatisch geleert wird.

Outlook-Bereiche

④ Über *Navigation* können Sie festlegen, für welche Programmbereiche Schaltflächen in der Navigationsleiste angezeigt werden, und die Reihenfolge der Schaltflächen bestimmen.

⑤ Über *Lesebereich* können Sie das Verhalten und die Anzeige dieses Programmfensterelements festlegen. Beispielsweise können Sie durch Aktivieren der entsprechenden Option dafür sorgen, dass eine im Lesebereich angezeigte Nachricht nach einer bestimmten Zeitspanne automatisch als gelesen markiert wird.

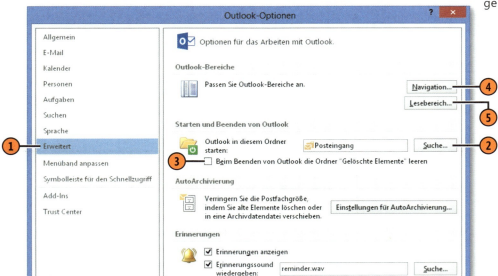

Siehe auch

Weitere Hinweise zu den Navigationsoptionen finden Sie auf Seite 34. Mit der *AutoArchivierung* können Sie alte Elemente in regelmäßigen Abständen entweder löschen oder verschieben; siehe zu dieser Funktion Seite 130 f.

Senden und Empfangen

6 Ist die Option *Bei bestehender Verbindung sofort senden* aktiviert, werden Ihre Nachrichten bei einer bestehenden Verbindung sofort an den Mailserver weitergeleitet. Ist die Option deaktiviert, werden die Nachrichten generell zuerst im Ordner *Postausgang* gespeichert, von wo aus sie dann zu einem späteren Zeitpunkt übermittelt werden.

7 Durch einen Klick auf die Schaltfläche *Senden/Empfangen* öffnen Sie das Dialogfeld *Senden-Empfangen-Gruppen*, in dem Sie für solche Gruppen festlegen, welche Aufgaben während einer Nachrichtenübermittlung in welcher Reihenfolge ausgeführt werden.

8 Im Listenfeld im oberen Bereich des Dialogfeldes werden die definierten Gruppen aufgelistet. In der Grundeinstellung ist nur eine Übermittlungsgruppe definiert, in der alle eingerichteten Konten zusammengefasst sind.

9 Wenn Sie eine weitere Gruppe definieren wollen, klicken Sie auf *Neu*, geben der Gruppen einen Namen und bestätigen mit *OK*.

10 Um einer Gruppe Konten zuzuordnen, markieren Sie sie und klicken dann auf *Bearbeiten*.

11 Im Dialogfeld *Übermittlungseinstellungen* können Sie anschließend festlegen, ob ein Konto Teil der Gruppe sein soll. Wählen Sie das Konto aus und aktivieren oder deaktivieren Sie dann die Option *Konto in dieser Gruppe mit einbeziehen*.

12 Bestätigen Sie über *OK*.

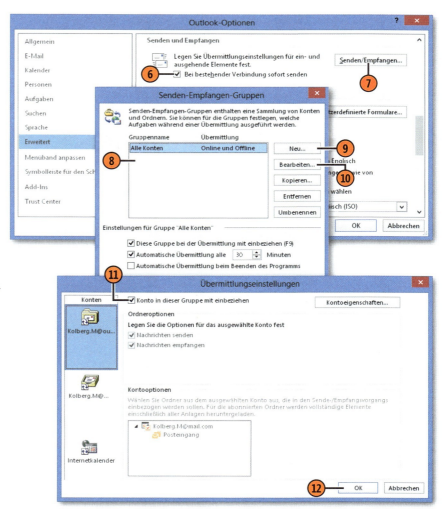

Sicherheitseinstellungen

Im Trust Center finden Sie die Einstellungen für die Sicherheit und den Datenschutz. Ein Großteil der dort verfügbaren Optionen gilt für alle Programme von Office 2013. Bei Outlook finden Sie hier aber noch weitere Elemente, auf die wir uns hier konzentrieren wollen. Beispielsweise können Sie Ihre Nachrichten mit einem digitalen Zertifikat versehen, mit dem Sie dem Empfänger garantieren, dass eine empfangene Nachricht wirklich von Ihnen stammt. Bevor Sie eine digitale ID benutzen können, müssen Sie eine solche erwerben.

Das Trust Center anzeigen

1. Aktivieren Sie im Dialogfeld *Outlook-Optionen* die Kategorie *Trust Center*.

2. Klicken Sie auf *Einstellungen für das Trust Center*.

3. Das Trust Center wird angezeigt.

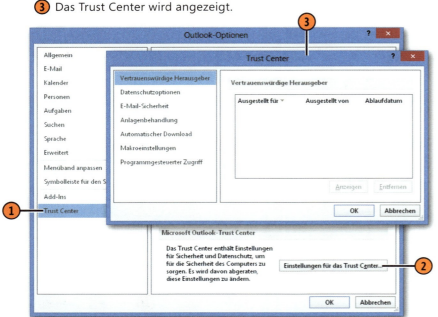

Wichtige Bereiche im Trust Center

- *Automatischer Download*: Outlook ist standardmäßig so eingestellt, dass das automatische Herunterladen von Bildern aus dem Internet blockiert wird. Sie können diese Automatik hierüber kontrollieren und ändern.

  - *Anlagenbehandlung*: Anlagen werden auch zur Verbreitung von Viren verwendet. Über diesen Bereich können Sie einige Einstellungen in Bezug auf E-Mail-Anhänge vornehmen.

  - *Programmgesteuerter Zugriff:* Mithilfe der Optionen in diesem Bereich können Sie bestimmen, wann Sie bei verdächtigen Aktivitäten gewarnt werden möchten.

  - *Datenschutzoptionen*: Über diesen Bereich regeln Sie den für Sie im Allgemeinen unsichtbaren Kommunikationsfluss zwischen Ihrem Rechnersystem und Microsoft über das Internet. Die Einstellungen, die Sie hier vornehmen, sind für alle bzw. die Mehrzahl der Office 2013-Programme gültig.

  - *E-Mail-Sicherheit*: Hier geht es darum, wie Sie dem Empfänger garantieren können, dass eine empfangene Nachricht wirklich von Ihnen stammt, und wie Sie den Inhalt einer Nachricht so sichern, dass Dritte ihn nicht allzu einfach lesen können. Für beide Zwecke verwenden Sie ein digitales Zertifikat, auch digitale ID genannt.

Automatischer Download

(1) Aktivieren Sie im Dialogfeld *Trust Center* die Kategorie *Automatischer Download*.

(2) Standardmäßig ist die übergeordnete Option *Bilder in HTML-Nachrichten oder RSS-Elementen nicht automatisch herunterladen* aktiviert. Wenn Sie sie deaktivieren, bedeutet das einen automatischen Download solcher Elemente.

(3) Sie können diese Option aber auch aktiviert lassen und dann die betreffenden Unteroptionen aktivieren/ deaktivieren. Sie können z.B. festlegen, dass E-Mail-Nachrichten von Adressen, die sich in der Liste *Sichere Absender* befinden, als Ausnahmen behandelt werden.

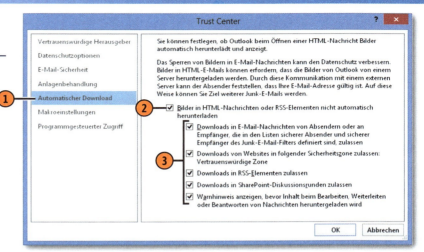

Anlagenbehandlung

(1) Aktivieren Sie die Kategorie *Anlagenbehandlung*.

(2) Deaktivieren Sie diese Option, wenn Sie vermeiden wollen, dass Ihre persönlichen Informationen den Eigenschaften von Anlagen hinzugefügt werden.

(3) Die vorhandenen Programme zur Anlagenvorschau sind standardmäßig aktiviert. Sollen keine Programme zur Anlagenvorschau verwendet werden, aktivieren Sie diese Option.

(4) Um nur bestimmte Programme zur Anlagen- und Dokumentvorschau zu deaktivieren, klicken Sie auf *Anlagen- und Dokumentvorschau* und deaktivieren im Dialogfeld *Dateivorschauoptionen* die betreffenden Anwendungen.

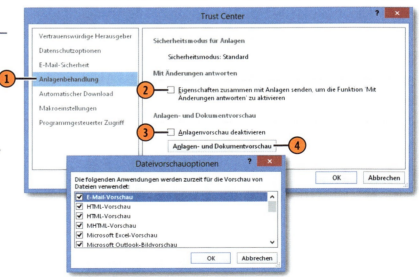

Digitale ID (Zertifikat) importieren

① Aktivieren Sie im Dialogfeld *Trust Center* die Kategorie *E-Mail-Sicherheit*.

② Klicken Sie auf *Digitale ID anfordern*, um zu einer Webseite mit Informationen zu Zertifizierungsstellen geleitet zu werden, über die Sie ein Zertifikat erwerben können.

③ Klicken Sie auf *Importieren/Exportieren*.

④ Stellen Sie sicher, dass die Option *Bestehende digitale ID aus einer Datei importieren* aktiviert ist.

⑤ Geben Sie im Feld *Importdatei* Pfad und Namen der Zertifikatsdatei ein oder klicken Sie zum Auswählen der Datei auf *Durchsuchen*.

⑥ Wenn beim Speichern der Zertifikatsdatei ein Kennwort gesetzt wurde, geben Sie dieses hier ein.

⑦ Klicken Sie auf *OK*, um das Zertifikat in Outlook zu importieren.

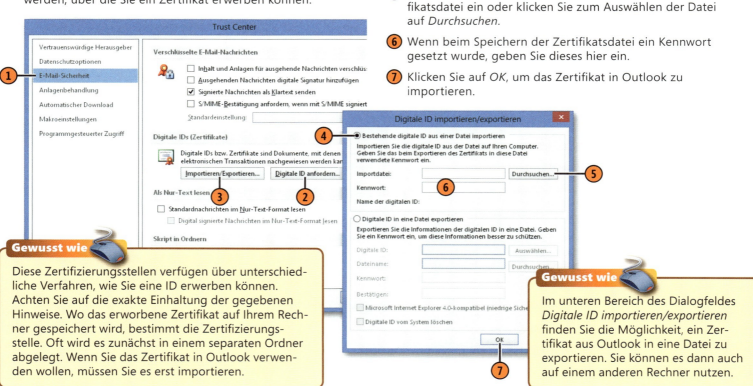

Gewusst wie

Diese Zertifizierungsstellen verfügen über unterschiedliche Verfahren, wie Sie eine ID erwerben können. Achten Sie auf die exakte Einhaltung der gegebenen Hinweise. Wo das erworbene Zertifikat auf Ihrem Rechner gespeichert wird, bestimmt die Zertifizierungsstelle. Oft wird es zunächst in einem separaten Ordner abgelegt. Wenn Sie das Zertifikat in Outlook verwenden wollen, müssen Sie es erst importieren.

Gewusst wie

Im unteren Bereich des Dialogfeldes *Digitale ID importieren/exportieren* finden Sie die Möglichkeit, ein Zertifikat aus Outlook in eine Datei zu exportieren. Sie können es dann auch auf einem anderen Rechner nutzen.

Die Optionen »Verschlüsselte E-Mail-Nachrichten«

■ Mit *Inhalt und Anlagen für ausgehende Nachrichten verschlüsseln* sichern Sie alle ausgehenden Nachrichten mit den darunter gewählten *Standardeinstellungen*.

■ Über *Ausgehenden Nachrichten digitale Signatur hinzufügen* wird allen ausgehenden Nachrichten eine digitale Signatur hinzugefügt, sodass die Empfänger überprüfen können, ob die Nachrichten von Ihnen stammen und nicht geändert wurden.

■ *Signierte Nachrichten als Klartext senden* bedeutet, dass Empfänger, deren Programme solche Signaturen nicht unterstützen, die Nachricht dann ohne Überprüfung der digitalen Signatur lesen dürfen.

■ *S/MIME-Bestätigung anfordern, wenn mit S/MIME signiert* gewährleistet, dass nur signierte S/MIME-Nachrichten empfangen werden, die sicher sind.

Die Optionen »Als Nur-Text lesen«

■ Sie können festlegen, dass Outlook alle Nachrichten, die Sie öffnen, automatisch im Format *Nur Text* anzeigt. Aktivieren Sie dazu die Option *Standardnachrichten im Nur-Text-Format lesen*.

■ Sie können auch *Digital signierte Nachrichten im Nur Text-Format lesen* aktivieren, um die mit einer digitalen Signatur versehenen Nachrichten einzuschließen. Damit schalten Sie aber die Funktion der digitalen Signatur aus. Sie können die Nachricht zwar lesen, aber die Überprüfung der Signatur kann nicht ausgeführt werden und Sie können sich nicht sicher sein, wer der Absender ist und ob die Nachricht geändert wurde.

Wissenswertes zu digitalen Zertifikaten

■ Eine digitale ID setzt sich aus einem öffentlichen Schlüssel, einem privaten Schlüssel und einer digitalen Signatur zusammen. Wenn Sie eine Nachricht digital signieren, fügen Sie ihr Ihre digitale Signatur und Ihren öffentlichen Schlüssel hinzu. Die Empfänger können anhand Ihrer digitalen Signatur Ihre Identität überprüfen.

■ Ihren öffentlichen Schlüssel verwenden Empfänger, um Ihnen verschlüsselte E-Mail-Nachrichten zu senden, die nur Sie mit Ihrem privaten Schlüssel lesen können. Um verschlüsselte Nachrichten zu senden, muss das verwendete Adressbuch digitale IDs der Empfänger enthalten. Auf diese Weise können Sie die öffentlichen Schlüssel der Empfänger verwenden, um Nachrichten zu verschlüsseln. Wenn ein Empfänger eine verschlüsselte Nachricht erhält, wird sie mit seinem privaten Schlüssel zum Lesen entschlüsselt.

Der Bereich »Personen«

Auch für den Bereich *Personen* bietet das Dialogfeld *Outlook-Optionen* diverse Optionen, mit denen Sie dieses Modul an Ihre persönlichen Arbeitsgewohnheiten anpassen können. Wichtig sind hier beispielsweise die Einstellmöglichkeiten für die Reihenfolge der Ablage.

Ablage- und Registereinstellungen

① Aktivieren Sie im Dialogfeld *Outlook-Optionen* die Kategorie *Personen*.

② Nehmen Sie unter *Name und Ablage* die Einstellungen für die Ablage vor.

- Über die Optionen im Dropdown-Listenfeld *Namensreihenfolge* können Sie die Voreinstellung für die Reihenfolge der Bestandteile des Namens neuer Kontakte auswählen.

- Im Dropdown-Listenfeld *Ablagereihenfolge* können Sie zwischen unterschiedlichen Sortierfolgen der Anzeige wählen.

- Mit *Beim Speichern neuer Kontakte auf Duplikate überprüfen* wird bei erneuter Eingabe eines bereits existierenden Namens ein Dialogfeld angezeigt, über das Sie entweder den neuen Kontakt nochmals hinzufügen oder den vorhandenen Kontakt mit den neuen Informationen aktualisieren können.

③ Mit *Zusätzliches Register anzeigen* können Sie ein weiteres Register mit nicht lateinischen Buchstaben anzeigen lassen. Wählen Sie die zu verwendende Sprache im Dropdown-Listenfeld aus.

④ Bestätigen Sie durch einen Klick auf *OK*.

Gewusst wie

Die Optionen unter *Onlinestatus und Fotos* ermöglichen das Anpassen der zu Kontakten angezeigten Zusatzinformationen. Sie können hier die Anzeige von Fotos abschalten.

Der Bereich »Aufgaben«

Auch den Outlook-Bereich *Aufgaben* können Sie an Ihre Arbeits-gewohnheiten anpassen. Mit den Optionen in der Kategorie

Aufgaben können Sie z.B. festlegen, dass für alle Aufgaben zum Fälligkeitsdatum standardmäßig eine Erinnerung angezeigt wird.

Standarderinnerung an Aufgaben festlegen

① Aktivieren Sie im Dialogfeld *Outlook-Optionen* die Katego-rie *Aufgaben*.

② Aktivieren Sie die Option *Erinnerungen für Aufgaben mit Fälligkeitsdatum aktivieren*.

③ Stellen Sie die Uhrzeit ein, zu der die Erinnerung erfolgen soll. Wenn Sie Outlook später starten, erscheint die Erinne-rung nach dem Start.

Weitere Aufgabenoptionen

④ Mit *Meine Aufgabenliste … aktualisieren* legen Sie fest, dass in der Aufgabenliste eine Kopie aller delegierten Aufgaben gespeichert wird. Die Aufgaben werden automatisch aktua-lisiert, wenn sich der Status der Aufgaben ändert.

⑤ Mit *Statusbericht senden …* legen Sie fest, dass ein Status-bericht gesendet wird, wenn eine übertragene Aufgabe als erledigt markiert wird.

⑥ Über die beiden Paletten können Sie festlegen, in welchen Farben überfällige und erledigte Aufgaben angezeigt werden sollen.

⑦ Über *Schnellklick* können Sie den Zeitrahmen für die Nachverfolgung festlegen, der beim Klicken auf die Spalte *Kennzeichnung* benutzt wird.

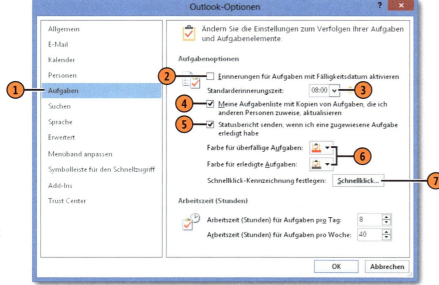

Der Bereich »Kalender«

Auch für den Kalender stehen diverse Optionen zur Verfügung, mit denen Sie die Funktionen dieses Bereichs an Ihre Arbeits- gewohnheiten anpassen können. Legen Sie darüber z.B. den Standard für Ihre persönliche Arbeitszeit fest.

Arbeitszeit definieren

① Aktivieren Sie im Dialogfeld *Outlook-Optionen* die Kategorie *Kalender*.

② Nehmen Sie die Einstellungen im Bereich *Arbeitszeit* vor.

- Mit *Beginnt* und *Endet* legen Sie Ihre Geschäftszeiten fest.

- Aktivieren Sie für *Arbeitswoche* die Wochen- tage, die Sie als Arbeitstage festlegen wollen. Sie können hier jeden Tag einzeln aktivieren oder deaktivieren. Nur diese Wochentage werden in der Ansicht *Arbeitswoche* ange- zeigt.

- Im Dropdown-Listenfeld *Erster Wochentag* können Sie festlegen, welcher Wochentag als erster Tag im Kalender in der Wochenansicht oder der Ansicht *Arbeitswoche* angezeigt wird.

- Im Dropdown-Listenfeld *Erste Jahreswoche* können Sie festlegen, welche Woche als erste Woche im Jahr gilt. Ihre Wahl hat Auswirkun- gen auf die Anzeige der Wochennummern im Datumsnavigator.

③ Bestätigen Sie durch einen Klick auf *OK*.

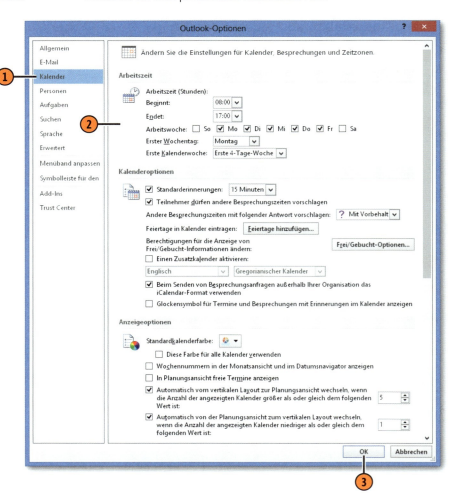

Kalenderoptionen

■ Wenn Sie standardmäßig eine Erinnerung an Termine wünschen, aktivieren Sie die Option *Standarderinnerungen* und legen im Dropdown-Listenfeld die Standardzeit für Erinnerungen fest.

■ Aktivieren Sie *Teilnehmer dürfen andere Besprechungszeiten vorschlagen*, wenn Sie zulassen wollen, dass Empfänger einer Besprechungsanfrage einen Alternativtermin vorschlagen können.

■ Über die Schaltfläche *Feiertage hinzufügen* können Sie eine Feiertagsdatei importieren, in der Sie die betreffenden Feiertage auswählen können. Diese Einstellungen haben in einigen Ansichten Einfluss auf die Farbgebung im Kalender.

■ Über die Schaltfläche *Frei/ Gebucht-Optionen* öffnen Sie ein Dialogfeld, über das Sie festlegen können, wie Ihre Termindaten anderen zur Verfügung gestellt werden sollen.

■ Über *Einen Zusatzkalender aktivieren* können Sie die Datumsangaben eines weiteren Kalenders anzeigen lassen. Unter welchen Kalendern hier gewählt werden kann, ist installationsbedingt.

■ Mit der Option *Beim Senden von Besprechungsanfragen außerhalb Ihrer Organisation das iCalendar-Format verwenden* bewirken Sie, dass für solche Anfragen generell dieses Format verwendet wird.

Anzeigeoptionen

■ Mit *Standardkalenderfarbe* bestimmen Sie die Farbe für den Kalenderhintergrund.

■ *Diese Farbe für alle Kalender verwenden* bewirkt, was es sagt. Standardmäßig wird vom Programm für jeden Kalender eine eigene Farbe gewählt.

■ Die Verwendung von Wochennummern ist im geschäftlichen Umfeld gängig. Mit *Wochennummern in der Monatsansicht und im Datumsnavigator anzeigen* bewirken Sie eine entsprechende Anzeige.

Zeitzonen

① Über das Dropdown-Listenfeld *Zeitzone* können Sie die gewünschte Zeitzone einstellen.

② Im Feld *Beschriftung* geben Sie der aktuell gewählten Zeitzone zur schnelleren Identifikation einen Namen, der oberhalb der Zeitleiste angezeigt wird.

③ Sie können eine zweite Zeitzone hinzufügen und diese im Kalender anzeigen lassen. Ein nützliches Feature, wenn Termine zwischen Personen in unterschiedlichen Zeitzonen abgestimmt werden müssen.

④ Durch einen Klick auf die Schaltfläche *Zeitzonenwechsel* können Sie schnell zwischen der aktuellen und der zweiten Zeitzone umschalten. Wenn Sie beispielsweise regelmäßig zwischen München und London pendeln, setzen Sie die aktuelle Zeitzone auf Münchener Zeit und die zweite Zeitzone auf Londoner Zeit. Wenn Sie sich nach London begeben, vertauschen Sie die Zeitzonen.

Wetter

⑤ Legen Sie fest, ob Wetterinformationen im Kalender angezeigt werden.

⑥ Auch die zu verwendende Temperaturskala können Sie wählen.

Stichwortverzeichnis